国家社会科学基金重点项目（15AJY021）资助

新常态下我国影子银行体系的风险溢出效应及其对货币政策的影响研究

马亚明　著

中国金融出版社

责任编辑：肖丽敏
责任校对：孙　蕊
责任印制：陈晓川

图书在版编目（CIP）数据

新常态下我国影子银行体系的风险溢出效应及其对货币政策的影响研究/
马亚明著．—北京：中国金融出版社，2021.3
ISBN 978 - 7 - 5220 - 1088 - 5

Ⅰ.①新… Ⅱ.①马… Ⅲ.①非银行金融机构—金融风险—研究—
中国②非银行金融机构—影响—货币政策—研究—中国　Ⅳ.①F832.39
②F822.0

中国版本图书馆 CIP 数据核字（2021）第 057529 号

新常态下我国影子银行体系的风险溢出效应及其对货币政策的影响研究
XINCHANGTAI XIA WOGUO YINGZI YINHANG TIXI DE FENGXIAN YICHU
XIAOYING JIQI DUI HUOBI ZHENGCE DE YINGXIANG YANJIU

出版
发行　**中国金融出版社**

社址　北京市丰台区益泽路 2 号
市场开发部　（010）66024766，63805472，63439533（传真）
网 上 书 店　www.cfph.cn
　　　　　　（010）66024766，63372837（传真）
读者服务部　（010）66070833，62568380
邮编　100071
经销　新华书店
印刷　北京七彩京通数码快印有限公司
尺寸　169 毫米 ×239 毫米
印张　16.25
字数　256 千
版次　2021 年 4 月第 1 版
印次　2021 年 4 月第 1 次印刷
定价　58.00 元
ISBN 978 - 7 - 5220 - 1088 - 5
如出现印装错误本社负责调换　联系电话（010）63263947

前　言

　　美国次贷危机爆发后，在反思危机的原因时，普遍认为影子银行的期限错配、高杠杆率及监管缺位是危机的深层原因，因此影子银行体系逐渐受到监管者、学术界、金融业界的广泛关注。我国影子银行体系与美国及欧洲等国家存在很大的差别，国外的影子银行以资产证券化为核心，通常的表现形态为投资银行、货币市场基金、结构性投资载体等。一般认为，我国影子银行体系是金融抑制和监管套利的产物，其充当的是补充银行融资的角色，主要表现为"银行的影子"。2008年国际金融危机爆发后，我国推出了应对危机一揽子计划，此后由于紧缩性的信贷政策，银行理财产品、银信合作以及证券公司"通道"业务等非标业务的快速发展及银行信贷业务的表外化处理，影子银行的规模急剧扩大，2016年达到顶峰，占GDP比重接近80%。影子银行体系作为一种横跨直接融资和间接融资的金融创新，能够缓解企业资金的困难，同时影子银行开辟了多元化的居民和企业投资渠道，丰富了居民和企业的投资渠道，以多特征、多层次、多方式的金融服务产品和衍生工具满足了居民和企业的投资需求，但在经济新常态背景下，影子银行的潜在风险对经济、金融体系的影响及其对中央银行货币政策效力的损害也不能忽视。2017年中央经济工作会议提出三大攻坚战之首是防范化解重大风险，指出"要把防控金融风险放到更加重要的位置，下决心处置一批风险点，着力防控资产泡沫，提高和改进监管能力，确保不发生系统性金融风险"。在我国经济下行压力持续加大，面临三期叠加的新常态背景下，一方面，亟须金融为实体经济转型提供支持，影子银行在其中仍然大有可为；但另一方面，影子银行的风险溢出及其对宏观调控的影响又不能忽视，因此，全面认识影子银行及其运行机制，定量分析影子银行体系对我国宏观经济、系统性金融风险和货币政策的影响，对实现我国经济向高质量发展转型及维护我国金融的安全与稳定无疑都具有重要的理论价值与现实意义。

本书在梳理我国影子银行发展历程、特征、运行机理及其对宏观经济影响的基础上，探究经济"新常态"背景下我国影子银行的风险、对金融体系的风险溢出效应以及其对货币政策的影响，在此基础上提出我国影子银行监管的思路与对策。本书围绕两条主线展开：（1）微观层面，影子银行体系中单个金融机构对系统性风险的贡献度与风险溢出效应；（2）宏观层面，影子银行对宏观经济与货币政策的影响。本书采取理论建模、计量经济分析和对策建议相结合的研究范式，在对现有文献进行梳理、归纳的基础上，结合我国影子银行的特有形态，构建影子银行体系风险外溢和对货币政策影响的理论分析框架，进而用现有数据进行经验分析或进行数值模拟分析，得出研究结论，最后针对性地提出政策建议。本书的核心内容主要分为三个模块：第一部分为影子银行的宏观经济效应，以房地产市场为切入点，探讨了影子银行对宏观经济的影响，主要内容为第3章和第4章。第二部分为影子银行的风险与风险溢出，在分析我国影子银行的风险及其对系统性金融风险影响的基础上，从地方政府债务、商业银行体系、股市极端风险三个层面细致分析了我国影子银行的风险溢出效应，其具体内容分别为第5章、第6章和第7章。第三部分为影子银行对货币政策的影响，从我国影子银行的顺周期性、影子银行引致货币窖藏、影子银行与杠杆等视角分析了影子银行对货币政策的影响，其主要内容为第8章至第11章。第8章从我国影子银行的顺周期性探讨了其对货币政策的影响；第9章从货币窖藏的视角剖析了影子银行对货币政策效力的影响；第10章和第11章分别从企业部门杠杆差异和金融杠杆的角度，分析了我国不同货币政策工具的传导效果及政策选择。第12章为本书的研究结论与政策建议。本书的主要研究结论：（1）影子银行在拓宽投融资渠道、提升金融效率、服务实体经济及产业结构升级等方面具有积极的促进作用；（2）影子银行由于具有金融窖藏功能，充当了资金"脱实向虚"的重要通道，从而影响了金融资源的配置效率和宏观政策的调控效力；（3）影子银行已成为我国金融复杂网络体系中的重要网络节点，其风险及溢出效应不容忽视，但目前风险溢出强度处于可控状态；（4）影子银行为高风险企业提供了一条特殊的融资渠道，但由于其高风险溢价未能有效解决企业部门杠杆率差异过大的问题，因而影响到货币政策的有效性。

2003—2005 年我曾就职于信托公司这一典型的中国影子银行机构，对影子银行一直"念念不忘"，2015 年我成功申请了国家社科基金重点项目"新常态下我国影子银行体系的风险溢出效应及其对货币政策的影响研究"（15AJY021），本书是该课题的最终研究成果之一。我的博士研究生王虹珊、胡春阳、段奇奇，硕士研究生徐洋、贾月华、宋羚娜、聂丹蕾、朱琳等参与了课题资料的收集和部分章节的撰写，感谢他们的辛勤付出。本书在撰写过程中，参考并引用了国内外诸多学者的成果，在此表示诚挚的感谢！感谢项目结项时匿名外审专家所提的宝贵建议。由于学识水平有限，书中难免存在疏漏之处，特别是在研究逻辑和理论分析体系严谨合理性方面还存在一定的缺陷，恳请各位专家、读者批评指正。

马亚明
2020 年 7 月于天财园

目 录

第1章
导 论

1.1 研究背景与选题的意义

从 20 世纪七八十年代开始，为了保持经济增长率，发达国家逐渐放松了对金融的管制，全球金融体系开始了一场剧烈的革命。到了 90 年代，传统银行体系之外的非银行体系逐步得到发展和繁荣，这一方面增强了资本的流动性，提高了资源的配置效率，对实体经济的发展起到了积极作用，进而促进了全球金融创新和金融市场的快速发展；另一方面，由于监管的缺失，其风险迅速积累，成为整个金融业的一大隐患。2007 年美国次贷危机爆发后，在反思危机的原因时，普遍认为，影子银行的期限错配、高杠杆率及监管缺位是危机的深层原因，因此影子银行体系逐渐受到监管者、学术界、金融业界的广泛关注。2007 年，美国太平洋投资管理公司执行董事麦卡利（McCulley）最先提出了影子银行体系的概念，他将影子银行界定为"非银行投资渠道、工具和结构性产品杠杆化的组合"。2008 年，纽约联储行长盖斯乐（Geithner）提出影子银行是在传统银行系统之外的非银行融资系统，他将其称为"平行银行体系"（Parallel Banking System）。2010 年，英格兰银行副行长保罗·塔克（Paul Tucker）将影子银行界定为"向企业、居民和其他金融机构提供流动性、期限搭配和杠杆化融资服务，从而不同程度上替代商业银行信贷功能的工具、结构、公司或市场及其组合"。金融稳定委员会（FSB，2011）认为影子银行是指游离于银行监管体系之外、可能引发系统性风险和监管套利等问题的非正式银行系统实体和活动的信贷中介。

黄益平（2012）从产品特征出发，认为中国影子银行主要包括向公众销售理财产品的信托融资与由金融机构作中介的委托融资。王涛力和李建军（2013）以影子银行产品的投资类型及资金来源为依据，将影子银行划分为货币类（回购、货币市场基金、资产证券化、信用衍生品）、产品类（银行、银信、银证合作类理财）、信贷类（资产管理、信托、金融租赁）、民间借贷类（融资担保、小贷、典当、PE、民间网络借贷平台）、互助类（商会、俱乐部）、地下金融类（私人钱庄、合会）。巴曙松（2012）从机构与业务特征出发对我国影子银行进行了分口径界定：最窄口径包括银行理财业务和信托资产；较窄口径则增加了财务公司、金融租赁公司、汽车及消费金融公司等非银行金融机构；较宽口径则进一步增加了银行同业业务、委托贷款等表外业务、融资担保公司、小贷及典当等非银行金融机构或业务；最宽口径则包含了民间借贷。周莉萍（2012）、李波和伍戈（2011）、刘煜辉（2013）等认为中国的影子银行体系呈现类信贷业务为主、与银行业务密切相关等信用中介特征，但复杂程度相对较低。由此可见，我国影子银行体系与美国及欧洲等国家存在很大的差别，国外的影子银行以资产证券化为核心，通常的表现形态为投资银行、货币市场基金、结构性投资载体等。一般认为，我国影子银行体系是金融抑制和监管套利的产物，其充当的是补充银行融资的角色，主要形态是银行理财产品、信托融资、融资性担保公司、民间借贷、地下钱庄、典当行等。2017年之前的十年我国影子银行发展非常迅速（见图 1 –1），截至 2016 年末，我

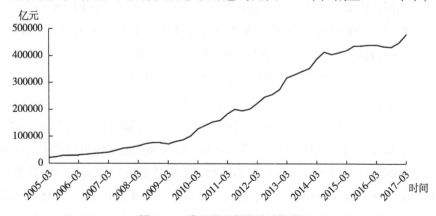

图 1–1　我国影子银行资产规模

国影子银行的规模超过 50 万亿元，占 GDP 比重接近 80%。从图 1 - 1 不难发现，2004 年以前，我国影子银行规模较小，2008 年国际金融危机爆发后，我国推出了应对危机一揽子计划，此后由于紧缩性的信贷政策，银行理财产品、银信合作以及证券公司"通道"业务等非标业务的快速发展及银行信贷业务的表外化处理，影子银行的规模急剧扩大，2016 年达到顶峰，2017 年以后由于对影子银行的监管加强，我国影子银行资产总额几乎没有增长。

我国影子银行的快速发展也引起了监管部门的高度重视，原银监会自2009 年底开始，一直在发文规范和引导银信合作、银证合作、银银合作、银保合作等影子银行业务的发展，但由于 2009 年底中央银行实行相对紧缩的货币政策以后，受存贷比、人民银行合意信贷规模等信贷政策的限制银行信贷资金远远不能满足基础设施建设、房地产投资商以及中小企业的融资需求，在监管的"缝隙"中，影子银行成为商业银行规避监管措施的工具，成为这些资金的主要供给方，其规模没有得到有效遏制。随后，山东海龙、江西赛维、三峡全通产品等违约事件及 2013 年 6 月和 12 月金融市场的两次"钱荒"接踵而至，充分暴露了影子银行可能带来的风险。2014 年 1 月 7 日，《国务院办公厅关于加强影子银行监管有关问题的通知》（简称 107 号文）要求全面加强对影子银行的监管，影子银行问题再次成为我国学术界与政策制定者的热门话题。

另外，我国经济增速从 2012 年起开始回落，2012—2018 年 GDP 的增速分别为 7.7%、7.7%、7.4%、6.9%、6.7%、6.8%、6.6%，中国经济告别过去 30 多年平均两位数的高速增长，从高速增长转向高质量发展阶段，经济发展步入新常态。在实体经济增速下行和"三期叠加"的背景下，随着供给侧结构性改革和去杠杆的持续推进，我国宏观经济中的一些深层次问题开始涌现，如 2018 年大量出现的民营企业债券违约、P2P 平台的跑路现象和超百家上市公司的爆雷。实体经济的恶化，势必会影响金融体系的稳定。而事实上影子银行已经成为我国金融体系的一个重要组成部分，不可能独善其身。尤其需要关注的是，我国影子银行的规模占 GDP 的比重已接近 80%，而且影子银行与传统金融业务交织在一起，在我国经济增速下行的背景下，影子银行的潜在风险对经济和金融体系的影响有多大？我国影子银行的野蛮生长和房地产价格泡沫是否会引发系统金融风险？实体经济的违约风险是否会传递到影子银行体系，进而传染到商业银行和金融市场，形成系统性金融风险？影子银行体系会如何影响货币政策的实施效果？影子银行体系作为一种横跨直接融资和间接融资的金融创新，能够促进实体经济和金融经济的发展，能够缓解企业资金的困难，同时影子银行开辟了多元化的居民和企业投资渠道，丰富居民和企业的投资渠道，以多特征、多层次、多方式的金融服务产品和衍生工具满足居民和企业的投资需求。影子银行在短期对经济发展的作用是明显的，但是，凡事皆是"双刃剑"，影子银行的积极作用固然要重视，但其风险隐患和对中央银行货币政策效力的损害也不能置之不管。在金融层面，传统信贷转向票据融资、同业业务和理财产品等，表内业务向表外转移，影子银行金融机构充当通道、加嵌套链条、做过桥、放杠杆，导致资金在金融体系内部空转；在实体企业方面，表现为部分企业未将资金投入生产经营中，而是购买理财产品、炒股票、从事资本运作等金融活动，企业金融化趋势出现。我国的影子银行若不受监管，极其容易逃避宏观调控，导致资金流向房地产等高收益但是国家宏观调控不希望其过热的行业，大量的资金流入会进一步催生行业泡沫，加剧产能过剩，这种负面的系统性风险，不仅无利于经济结构的调整和升级，反而使其恶化实体经济，进而影响金融体系的稳定。2017 年中央经济工作会议提出三大攻坚战之首是防范化解重大风险，指出"要把防控金融风险放到更加重要的位置，下决心处置一批风险点，着力防控资产泡沫，提高和改进监管能力，确保不发生系统性金融风险"。在我国经济下行压力持续加大，面临三期叠加的新常态背景下，一方面，急需金融为实体经济转型提供支持，影子银行在其中仍然大有可为；但另一方面，影子银行的风险溢出及其对宏观调控的影响又不能忽视，因此，全面认识影子银行及其运行机制、定量分析影子银行体系对我国宏观经济、系统性金融风险和货币政策的影响，对实现我国经济向高质量发展转型及维护我国金融的安全与稳定无疑都具有重要的理论价值与现实意义。

1.2 文献综述

1.2.1 影子银行发展的驱动因素

（1）微观层面因素

关于影子银行发展微观层面驱动因素的理论主要有市场竞争论、金融创新论、监管套利论及腐败论等。Cetorelli 和 Perstiani（2012）指出市场竞争是传统银行深度参与影子银行行为的重要推动力；而监管套利是影子银行业兴起的重要原因（Pozsar 等，2010；Schwarez，2012）。有学者建立理论模型分析影子银行监管套利机制，虽然具体渠道不同，但确实证明了影子银行的产生是为应对传统银行业高昂的监管成本（Plantin，2014；Harris，2014）；也有学者指出腐败导致的不公平竞争驱使影子银行发展，且腐败程度越高，影子银行发展规模越大（Hindriks 等，1999）；2012 年美联储董事塔鲁洛（Daniel K. Tarullo）在旧金山联邦储蓄银行会议上指出机构投资者对安全性、流动性高的金融产品、工具的需求促进了影子银行的迅猛发展。李扬（2011）与其观点相似，认为影子银行源于金融创新，应投资者和筹资者的交易需求而生，是基于市场交易而发展起来的监管套利行为；范琨（2012）认为 20 世纪 60 年代中后期，监管机构不断放宽对金融创新的监管，在利润驱使下传统银行通过金融产品和工具创新逃避监管和资本要求，促使影子银行快速发展；而资产证券化技术的发展使得大量微观创新产品在传统银行应用，银行经营模式由依赖存款发放贷款、赚取息差的信用风险密集型转变为依靠批发融资、赚取非利息收入的市场风险密集型（陆晓明，2014）。

李建军和胡凤云（2013）认为中小企业难以通过正规银行体系获得融资是其依赖影子银行并促进影子银行发展的重要原因；万晓莉等（2016）通过研究我国以银行为核心的影子银行业务监管套利演变路径发现，我国的存贷比和商业银行信贷规模及投向限制是我国影子银行发展的根本驱动因素；孙博（2016）梳理了中国影子银行的发展路径，认为商业银行基于较严重金融抑制引致的自主突破、监管套利与金融创新，以及其他一些与欧美类似的共性驱动因素共同促进了我国影子银行的发展，而且这些驱动因素具有一定的可持续性。

（2）宏观层面因素

宏观层面上，学者们主要从金融周期、社会融资、货币政策及金融抑制等方面开展研究。Gorton 和 Metrick（2010）认为影子银行源于实际货币供给不能满足货币需求，是需求引致的广义货币供给；Goel 和 Nelson（2016）运用模型量化分析了发达国家和发展中国家的影子银行体系，认为较高通货膨胀和税收是影子银行发展的主要驱动因素，而对发展中国家而言，创业成本高、政府服务管理落后也是影子银行兴起的重要原因；王达（2012）认为美联储货币政策目标与金融监管框架的不一致加速了金融脱媒和金融创新,资产证券化技术的发展使传统银行经营方式由"发放—持有"转为"发放—分散",为影子银行发展创造了前提条件,而机构投资者对安全流动资产的大规模超额需求为影子银行提供了融资,促进其发展。

在我国影子银行发展驱动因素研究中,严格金融管制和金融抑制促使银行与其他机构合作"类贷款"业务并发展为"中国式影子银行"是学者的普遍共识(万晓莉等,2016)。我国影子银行规模扩张集中于国际金融危机之后,与危机后宽松的货币环境及长期的金融抑制有密切的联系(王曼怡、张译文,2014);也有学者认为我国影子银行的迅速崛起源于体制因素,是中央宏观调控转向后银行与地方政府为解决地方债务问题联合自救行为激发的金融创新(刘煜辉,2013);李建军等(2015)运用拉姆齐模型分析发现我国社会信贷供给长期不足是影子银行出现的主要原因,即我国影子银行是金融抑制的产物,是市场对监管不足的自我矫正;胡利琴(2016)运用非对称 NARDL 模型和门限回归模型对影子银行的风险承担研究发现,长期的利率管制和紧缩性货币政策配合是我国影子银行发展的主要诱因。

1.2.2 影子银行的特征及微观机理

影子银行与金融创新有密切的联系,是基于市场需求产生的。在影子银行参与的信用中介活动中,广泛运用证券化技术和批量融资(Pozsar 等,2010),而证券化技术的大量运用可追溯至 20 世纪 70 年代为解决美国房贷市场资金短缺而成立的美国政府赞助企业及后来的房利美(FannieMac)和房地美(Fredi-Mac),它们作为中介机构将零售房贷打包成债券批量出售给投资者,使银行房贷资产流转加速,从而增加房贷供给,这种基于市场需求的证券化技术创新后来被各类影子银行广泛采用(陆晓明,2014),提高了金融市场信用中介效率,有助于危机前美国房地产市场的繁荣和房价高企。

复杂性是影子银行发展过程中不断强化的特征,主要体现在产品技术创新度高、信用关系复杂及机构关系复杂。Pozsar 等(2010)将一般影子银行信用中介链条细分为七步,并指出影子银行系统中用于抵押的资产都是一系列证券化和担保贷款技术的产物,且基础资产质量越差,信用中介链条越长,代理问题越突出。范琨(2012)指出影子银行刻意用最复杂的技术和手段创造处于金融监管盲区的产品，从而享受超高收益。影子银行活动的复杂性还体现在传统银行和信用评级机构的介入。Gorton 和 Metrick（2010）认为危机前 20 年影子银行快速发展时期对应着美国 20 世纪 80 年代监管放松时期，证券化贷款、回购协议和货币市场共同基金等非银行金融活动快速发展，银行为应对日趋激烈的竞争而更有动力去参与"监管套利"活动，建立专门化非银行实体将许多业务移除表外。Mathis 等（2009）通过建立动态模型研究信用评级行为表明，信用评级机构在经济繁荣期对信用评级的高估行为助长了影子银行的快速发展。

复制传统银行信用中介功能是影子银行的核心特征。影子银行的信用中介活动中包含信用互换、期限互换和流动性互换。影子银行将发行的债券按照追索权优劣进行分层，满足不同风险需求的投资者实现信用互换（Pozsar 等，2010）；而为追求高利润，影子银行在资产方配置长期贷款、股权等长期资产，在负债方利用货币共同基金等工具获得短期融资，以此影子银行与资本市场的筹资者和货币市场的投资者实现期限互换（Crotty 和 Epstein，2008）；胡滨等（2015）认为影子银行是一个涉及金融产品、机构和市场的动态而复杂的三维体系，其最为基本的功能是期限转换、流动性转换以及信用风险转换。

我国的影子银行产生于"金融抑制"的大背景下，是以套利性融资为核心的金融创新，同样发挥了期限转换、信用互换和流动性互换等功能，但主要是传统银行系统融资功能的补充，复杂程度较低，依附于传统银行系统存在是其显著特征（袁增霆，2011；范琨，2012）；李波、伍戈（2011）认为中国还不存在严格意义上的影子银行，主要是传统银行的延伸和拓展，可以称为"银行的影子"；周莉萍（2012）则认为中国的影子银行体系直接复制了商业银行的某些功能；巴曙松等（2017）指出中国的影子银行以商业银行为主导，在严格监管之下规模增长可控，且产品跨越了不同的金融细分领域；何启志等（2017）通过对比中美影子银行发现，中国的影子银行以息差和中间收入为主要利润源，运作结构相对简单，是以间接融资为主导的金融市场中对商业银行的小幅信用延展。

1. 2. 3 影子银行的宏观经济效应

（1）影子银行与货币政策

影子银行的信用创造功能对货币政策的有效性造成直接冲击。Gurley 和

Shaw（1960）首先提出了非银行金融机构信用创造的可能性；Gorton 和 Metrick（2010）从商业银行创造货币机制的角度理解基于回购协议的批发融资市场，认为以回购协议创造流动性的影子银行体系具备了信用创造功能。李波、伍戈（2011）从影子银行资产负债表入手分析发现，影子银行的资产扩张行为会产生类似商业银行的货币创造，回购协议使得 CDO 等具有"货币"属性的证券化产品可迅速转化为现金，并指出回购合约等预留扣减率的高低类似货币乘数决定了影子银行信用创造能力大小。周莉萍（2011）和王博、刘永余（2013）都认为影子银行所创造的信用不稳定，容易受到宏观波动和公众预期的影响。李扬（2011）指出影子银行通过交易向市场提供流动性，不仅影响流通中货币总量，而且从根本上动摇了货币当局的调控基础。

影子银行会影响货币政策工具的有效性。对数量型工具，Andrew Sheng（2011）通过数据证明影子银行会扩大货币实际供应量，提出了更广义的"M5 = M2 + 影子银行"作为货币供应量的新衡量标准。Pozsar（2014）指出货币总量是货币政策总需求管理的重要指标，但现行统计方法中不包括影子银行体系中回购等具有"货币"属性的金融资产，但回购交易为市场提供了流动性且往往是在金融系统中空转，而非服务实体经济；李向前等（2013）用 VAR 模型分析证明了影子银行确实扩大了货币供应量。阎庆民、李建华（2014）则认为影子银行的信用创造功能使得货币供给内生化，在此条件下货币供应总量控制无效。对价格型工具，回购协议中控制着杠杆率高低的预留扣减率会间接影响金融市场短期利率，在以市场为基础的金融体系中，影响利率调节机制（Adrian 和 Shin，2009）；IMF（2014）指出影子银行提供的高收益"类"安全性、流动性的金融资产会扭曲市场无风险利率定价，抬高利率水平，使官方利率调节失效。马亚明、徐洋（2017）则基于 DSGE 模型研究了影子银行的"金融窖藏"功能，认为中国的影子银行在信贷过程中产生了货币渗漏效应，无论是数量型工具还是价格型工具的货币政策实施效果均被削弱。

影子银行与货币政策相互影响的非对称效应。Meeks 等（2014）认为紧缩的货币政策使商业银行信贷规模的增速下降，却加速了影子银行规模的扩张，两者之间长期存在此消彼长的替代关系；Igan 等（2016）运用 FAVAR 模型研究美国私人部门资产负债表对货币政策冲击的传导，发现货币政策紧缩时，货币市场基金资产增加而资产担保证券发行商等影子银行中介机构资产会收缩。

我国学者对这种非对称效应进行了更深入的研究。胡利琴（2016）对不同货币政策工具和影子银行的交互影响进行研究最终发现，不同政策工具对影子银行影响也是不同的。其中，数量型货币政策工具对影子银行规模的影响具有逆周期的特点，而价格型的政策工具对其则产生顺周期的特点。王振、曾辉（2014）运用修整 IS – LM 模型研究影子银行与货币供给的关系，并通过 SVAR 模型实证，得出货币政策紧缩时，影子银行规模倾向于扩张，但长期内影响不明显，却从总体上增大了货币政策效果的不可预估性和监测难度。

（2）影子银行与金融稳定

在影子银行与金融系统风险方面，学者重点关注了影子银行的高度依赖流动性及期限错配问题。Adrian 和 Shin（2009）认为影子银行体系的高杠杆率和其资产、负债期限错配加剧了金融体系的不稳定性，在次贷危机后必须加强对其监管；Gorton 和 Metrick（2010）分析了 2007 年美国五大投行的资产负债表，发现回购是其主要资金来源，而回购扣减率决定了这些金融机构可利用的最高杠杆率，当回购扣减率发生微小变化，会对整个影子银行系统的流动性产生巨大冲击，这是导致危机中影子银行崩塌的重要原因；Paul Tucker（2010）认为影子银行是具有较高流动性的机构，其业务不仅影响到金融体系的稳定，而且为宏观审慎监管带来挑战；Meeks 等（2014）指出影子银行大量购买 ABS、MBS 等证券会提高系统的杠杆水平，其风险随之外溢到银行、证券等行业，成为金融系统不稳定性的诱发因素；Adair Turner（2012）认为造成不稳定的原因在于影子银行在期限错配的过程中对流动性的需求，即对证券化产品的流动性需求越强，其造成的不稳定性就越大；毛泽盛、万亚兰（2012）利用 1992—2010 年的年度数据测度我国影子银行规模与银行体系的稳定性，发现两者之间存在 U 形关系，即存在一个阈值，如果低于这个阈值，影子银行发展能促进银行体系的稳定，反之则会加剧银行体系的不稳定性；李丛文、闫世军（2015）则从实证角度基于 GARCH – 时变 – Copula – CoVaP 模型研究发现中国的影子银行与商业银行的关联性逐步增强，风险溢出效应整体可控但仍需防范。

在影子银行与宏观经济周期方面，诸多学者意见不一。Verona 等（2011）将影子银行部门引入 DSGE 模型，认为影子银行会对货币政策产生冲击，而长期宽松的货币政策与微观经济的扭曲相结合导致了经济的繁荣与衰退。周莉萍

（2013）通过描述次贷危机前后美国主要金融指标的变化发现，影子银行体系具有显著的顺期性，并指出这种顺周期性会通过回购市场的抵押融资机制传导至商业银行，从而使整个金融体系表现出顺周期性。陆晓明（2014）认为中美影子银行都具有明显的顺周期性，但发挥的结构性作用不同。美国的影子银行主要刺激消费需求，导致了总需求过高的周期性失衡和消费需求占比过大的结构性失衡。而中国的影子银行以补充银行融资为特征，主要促进产能过剩行业投入过高的结构性失衡。而在实证方面，裘翔、周强龙（2014）运用DNK－DSGE框架研究认为中国的影子银行具有显著的逆周期性，在货币紧缩时期，传统利率传导机制失效，中央银行的加息行为会提高影子银行系统的综合收益，促进影子银行信贷规模增长。方先明等（2017）运用TVP－VAR模型验证了影子银行发展对金融稳定有双向作用，短期内可以优化金融资源配置，有利于金融稳定，而影子银行向传统金融机构及实体经济的风险溢出效应会在长期对金融稳定产生负面冲击。

（3）影子银行与经济增长

影子银行的发展对经济增长是一把"双刃剑"。学者 Gross（2007）和 Rydstrom（2007）对影子银行持积极的态度，认为影子银行可以使平民享受到更多的金融资源，会对经济产生正向的促进作用；Schwarcz（2012）认为影子银行不同于传统的金融中介机构，可以拓宽投资者的投资渠道，从这个角度来看对经济是有效率的，然而也应认识到其对经济产生的巨大风险；Meeks 等（2014）将商业银行和影子银行放入动态宏观模型研究其资产证券化行为发现，影子银行的杠杆率高低对经济有不同影响，杠杆较低时可以为宏观经济提供信贷支持，稳定经济，杠杆率过高时则会带来经济不稳定因素。

巴曙松（2013）指出我国影子银行与美国的影子银行有本质区别，在一定程度上发挥了直接融资和服务实体经济的功能，是金融结构复杂化和融资多元化的表现。刘珺等（2014）和李建伟、李树生（2015）则认为影子银行对经济增长存在非对称效应。具体来看，影子银行在短期内可以满足企业的融资需求，对实体经济能产生正向的推动作用。但长期内，在信贷规模总量控制下，国有大型企业在低成本资金竞争中拥有比较优势，故影子银行实际推高了中小企业的融资成本，加剧中小企业融资困难，最终体现为影子银行对经济的长期促进作用有限，也增大宏观调控政策的难度。史焕平、李泽成（2015）

利用马尔科夫转换机制下的 SVAR 模型研究影子银行对经济增长的非对称性，发现在货币紧缩背景下，影子银行规模的扩张给产出带来的正向影响要强于货币宽松时的影响，并且在经济高速发展时，二者的促进作用更加明显。

1.2.4 影子银行的风险及监管

（1）影子银行的风险与风险溢出

无公共流动性支持，影子银行的期限错配行为极易引发流动性风险。Diamond 和 Dybvig（1983）建立流动性保险模型，阐述了银行"软资产、硬负债"型资产负债表期限错配的内生性，因此存在挤兑风险；影子银行将传统银行信贷资产通过资产证券化技术转化为资产支持债券等长期资产，在负债端以短期资本市场融资，形成期限更短的负债结构，并通过反复的资产证券化和系统内重复交易，使影子银行产品逐渐脱离基础资产，造成金融资产价格扭曲，流动性风险在金融系统内大量集聚（陆小康，2011）；Pozsar 等（2010）指出影子银行像传统银行一样期限错配，但其短期融资不依靠存款而依靠发行短期债券从货币市场融资，且不受中央银行流动性和存款保险制度支持，市场瘫痪时的资本缺口会造成系统性后果；Duca（2015）运用实证方法分析影子银行在非金融企业短期融资中的所占份额发现，当市场短期流动性溢价高或期现溢价反映出市场前景恶化时，影子银行的融资量会大幅下降，说明影子银行对流动性高度敏感；巴曙松（2009）指出影子银行由于具有对流动性高度敏感、产品复杂且交易不透明、不受监督、高杠杆操作等特征，流动性不足时极易引发投资者恐慌，遭遇挤兑，蕴含巨大风险。

缺乏监管的高杠杆经营造成信用过度扩张。危机发生时，美国五大投行的平均杠杆率超过 30 倍，主要对冲基金杠杆率超过 50 倍，房利美、房地美的杠杆率高达 62.5 倍（Adrian 和 Shin，2010）；Crotty 和 Epstein（2008）指出，传统银行体系依靠存款融资发放贷款，并受到资本充足率、存款准备金等制度的严格监管。而影子银行在金融创新基础上依靠高杠杆经营短期内迅速发展，突破了现有的银行监管制度与体系，产品设计建立在特定假设之上，形成了高风险的运作方式；Shin（2008）指出，尽管加杠杆是金融机构提升盈利能力的重要方式之一，但过高的杠杆率使得它们在面对重大的非预期损失冲击时，极容易丧失债务清偿能力，因而形成巨大的潜在风险威胁；易宪容（2009）指出，影子银行借助金融创新进行过度信用扩张导致的房地产泡沫和证券化衍生工具泛滥是美国次贷危机的真正根源。

与传统金融机构界限模糊，风险溢出效应明显，并具有跨界传染特征。Muller（2006）指出资产证券化交易链条使得影子银行系统内部机构资产负债间产生了关联性，某一机构资产状况变化导致其违约率变化，可能会对其他机构资产产生影响；Gandel（2011）认为当投向和规模受限制时，传统银行已经在一定程度上对影子银行形成了依赖性，这使得影子银行与传统银行间的界限更加模糊，甚至影子银行已经成为传统银行的一部分；Ludwig（2012）认为对传统银行更严厉的监管进一步驱动了监管套利，进而引致传统银行的影子银行业务增加及风险集聚；Gorton（2012）认为回购市场恐慌挤兑引发的银行系统恐慌是全球金融危机的根源；何德旭、郑联盛（2009）认为影子银行极大地推进了金融全球化进程，也将其蕴含的风险分散到世界各处，由此造成了美国次贷危机向全球性金融危机的转变；钟伟、谢婷（2011）同样指出影子银行资本的全球配置和跨境流动，使其风险在全球扩散，并缺乏最后贷款人保护，致使危机快速蔓延。

李建军、薛莹（2014）分析了中国影子银行的风险传染机制，认为会计账户传染机制是影子银行风险在金融机构内部最主要的风险传染机制，通过市场心理恐慌与行为选择机制放大而形成系统性风险，再通过货币、信用机制传导到实体经济；并通过投入产出法分析得出信托是我国影子银行最主要的风险源，而商业银行是系统性风险的主要承担者。

（2）影子银行的监管

从历史来看，金融监管总是伴随着金融危机而发展，任何时间爆发的金融危机都会引发人们对监管的广泛关注和反思，从而引起监管方式的转变（易宪容，2003）。2007年次贷危机中影子银行系统坍塌教训，对以往以资本监管为核心的巴塞尔协议监管体系提出了挑战，要求各国对流动性风险引起重视，转向更为全面的宏观审慎监管。

克鲁格曼（2009）强调，影子银行作为信用中介复制了传统银行的部分功能，并在危机发生时受到救助，应该受到严厉监管；Stein（2010）认为，对商业银行、对冲基金、证券公司等具有信贷风险敞口的机构，都采用相同的资本标准监管是比较困难的，但对资产支持证券市场进行监管则具有可行性；

同时提出应限制影子银行创造那些并非它们所言的无风险或低风险的证券。Pozsar 等（2010）认为，由于影子银行与传统银行具有相近的功能，因而采用"功能监管"效果可能更好，而"机构监管"只会导致商业银行借助影子银行开展更多的监管套利。Schwarcz（2012）认为，对影子银行监管的重点是最大化其经济效率和最小化其可能引致的风险；Michael Funke 等（2015）认为影子银行在中国是金融抑制的产物，过于严格的利率管制导致了资金的低效配置，利率市场化可以有效减少监管套利，从而限制影子银行的规模。

另外一些学者通过将影子银行的活动模型化来探讨影子银行的监管问题。Gennaioli 等（2013）构建了以贷款发起、交易为核心的影子银行模型，分析了影子银行体系与金融稳定的关系。结果表明，在理性预期假设下，影子银行体系是稳定的，且有利于提高社会福利。但如果参与者的尾部风险严重低估，影子银行活动将可能产生系统性风险，并可能引发金融危机，因此有必要对影子银行系统杠杆率进行监管和政策干预。Plantin（2015）则构建了一个包括家庭、企业、银行，同时考虑监管者行为的四部门数理模型，分析了影子银行对商业银行信贷渠道的影响。结果表明，当监管者可观测银行的交易行为时，加强对传统银行的资本监管有助于降低银行倒闭的概率和对其他经济体的负外部性，但传统银行会绕道影子银行体系进行监管套利。

国内学者对于"影子银行体系"的监管研究大都以美国影子银行为例，在分析影子银行的运作模式、风险及其监管的基础上，提出我国影子银行体系发展与监管的启示。钟伟、谢婷（2011）指出对我国影子银行体系的监管突破点是，一方面要加强外部监管，另一方面要减轻其内生脆弱性；袁增霆（2011）认为，对影子银行业务不能强行阻断，但应对其采取审慎监管；周莉萍（2012）指出，我国影子银行的监管不应盲目复制国外的监管模式，而应根据我国影子银行的实际情况，在有效监测其内在的风险机理基础上鼓励其发展；裘翔、周强龙（2014）认为应当降低金融机构的准入门槛，并适时地推进利率市场化以解决影子银行带来的问题；崔治文、刘建平（2015）认为应当将影子银行所造成的社会融资规模纳入货币政策中介目标选择的考虑范围。

1.2.5 文献评述

影子银行的发展营造了新的金融生态环境和更为复杂的金融市场结构，

2007 年次贷危机后国内外学者对其研究逐渐深入，并取得了突破性进展，研究视角由单一关注其风险对次贷危机的推动转变为全面审视其微观机理、宏观效应、驱动因素及存在意义等，研究方法由以描述事实为主的定性分析逐渐转为更为科学严谨的理论模型与实证分析，但关于影子银行诸多问题仍未形成共识，各国在影子银行监管方面仍面临诸多挑战。上述研究成果对认识影子银行的微观运行机理、特征、宏观经济效应以及如何对其进行监管具有重要的借鉴意义，为本书的后续展开也奠定了良好的理论基础，但存在如下重要问题尚待解决：

（1）我国影子银行一直在与监管赛跑，随着监管的加强其运行机理是如何演变的？它对我国宏观经济产生怎样的影响？特别是对我国房地产市场和产业结构的升级有何影响？

（2）在经济增速下行，地方债务、信托产品、银行理财产品频繁出现违约的背景下，如何定量测度我国影子银行机构的系统性风险贡献度？我国影子银行体系与传统商业的业务交织在一起，其对传统商业银行的风险溢出效应到底有多大，如何定量分析？金融强监管对影子银行风险有何影响？

（3）我国影子银行体系提供的融资占社会融资总额的 30% 左右，在主流宏观经济学模型 DSGE 的分析框架下，影子银行体系影响货币政策的机理是什么？影子银行对货币政策有效性有何影响？在经济新常态和考虑影子银行体系的背景下，我国货币政策该如何选择以增强其调控效果？

这些正是本书试图进一步研究的问题，也是本书的学术价值和应用价值所在。

1.3　研究思路与主要内容

本书研究的主要目标是在梳理我国影子银行发展历程、特征、运行机理及其对宏观经济的影响的基础上，探究经济"新常态"背景下我国影子银行的风险、对金融体系的风险溢出效应以及其对货币政策的影响，在此基础上，提出我国影子银行监管的思路与对策。本书围绕下面两条主线进行：（1）微观层面，影子银行体系中单个金融机构对系统性风险的贡献度与风险溢出效应；（2）宏观层面，影子银行对宏观经济与货币政策的影响。本书采取理论建模、计量经济分析和对策建议相结合的研究范式，在对现有文献进行梳理、归纳的基础上，结合我国影子银行的特有型态，构建影子银行体系风险外溢和对货币政策影响的理论分析框架，进而用现有数据进行经验分析或进行数值模拟分析，得出研究结论，最后针对性提出政策建议。本书的核心内容主要分为三个模块：第一部分为影子银行的宏观经济效应，以房地产市场为切入点，探讨了影子银行对宏观经济的影响，主要内容为第 3 章和第 4 章；第二部分为影子银行的风险与风险溢出，在分析我国影子银行的风险及其对系统性金融风险影响的基础上，选择地方政府债务、商业银行体系、股市极端风险三个层面细致分析了我国影子银行的风险溢出效应，其具体内容分别为第 5 章、第 6 章和第 7 章；第三部分为影子银行对货币政策的影响，从我国影子银行的顺周期性、影子银行引致货币窖藏、影子银行与杠杆等视角分析了影子银行对货币政策的影响，第 8 章从我国影子银行的顺周期性探讨了其对货币政策的影响，第 9 章从货币窖藏的视角剖析了影子银行对货币政策效力的影响；第 10 章和第 11 章分别从企业部门杠杆差异和金融杠杆的角度，分析了我国不同货币政策工具的传导效果；第 12 章为本书研究结论与政策建议。

本书的内容结构、技术路线如图 1 - 2 所示。

本书共分为 12 章，具体章节内容安排如下：

第 1 章为导论，主要论述本书选题的背景与选题意义、国内外研究的文献综述、研究的思路与主要内容、研究方法与创新之处等。

第 2 章，从监管政策演进的视角，梳理了我国影子银行的发展历程和业务模式，并基于中美影子银行体系的比较分析，阐明了我国影子银行体系形成的原因和典型特征，为后续的理论模型分析和实证分析奠定了基础。

第 3 章，在理论层面分析了我国影子银行体系对房地产市场的影响机制和资金流动渠道以及影子银行对产业结构的影响的基础上，通过建立带有随机波动的时变参数向量自回归（TVP - VAR）模型，实证检验了影子银行、房地产投资和产业结构合理化三者之间的内在关联以及动态影响，结果表明：第一，影子银行的发展对房地产行业投资水平和产业结构合理化均产生了积极的促进作用，但影子银行体系大部分资金流入了房地产市场，提高了房地产行业的投资水平，而只有小部分的影子银行资金是通过为中小创新型企业发展提供资金补给而间接地推动产业结构调整升级；第二，房地产投资水平的提高吸聚了过

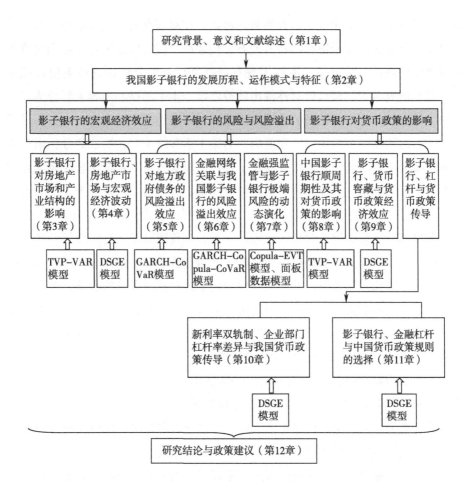

图 1-2　框架结构与技术路线

多的信贷资金，因此在社会资金总量一定的基础上，抢占了其他产业尤其是高效产业的金融资源，从而不利于我国产业结构合理化发展；第三，随着我国产业结构逐渐趋于合理优化，其会对影子银行业务产生持续需求。

　　第4章，首先构建了 VAR 模型，分析了影子银行规模冲击对通货膨胀、产出、房价、货币供应量等经济变量的影响，在此基础上，将影子银行、房地产市场纳入动态随机一般均衡模型，分析了影子银行规模、房地产规模、房地产价格等相互间的作用关系和面对冲击时的响应，结果表明，负向的利率冲击和正向的生产率冲击都会使产出和通货膨胀出现上升，但对影子银行规模、银行信贷、房地产规模、房地产投资、房地产价格等变量造成完全不同的影响，说明两类冲击的传导路径和具体机制是不同的，同时，发现单一的货币政策不能同时实现调控"稳定房价"和"影子银行规模"的双重目标。

第 5 章，在系统阐述我国影子银行体系与地方政府债务关联风险的基础上，深度剖析我国影子银行业务对地方政府债务的风险传导机制，并且采用 GARCH - CoVaR 模型定量测度我国各类影子银行机构对地方政府债务的系统性风险溢出效应。结果表明：整体而言，虽然我国影子银行业务规模扩张较快，但对地方政府债务的风险溢出效应未超出可控范围；其中不同类型的影子银行业务所暴露的风险程度也不尽相同，证券类影子银行对我国地方政府债务的风险溢出效应最大，其次是信托类机构、民间借贷类机构，最后是地方政府融资平台类机构。

第 6 章，在阐述我国影子银行体系的风险及风险溢出的特征的基础上，基于我国影子银行与传统商业银行的紧密关联性，采用 GARCH - Copula - CoVaR 拓展模型测度了我国各类影子银行机构对传统商业银行的风险溢出及其动态效应。结果表明，证券类影子银行对我国商业银行的风险溢出效应最大，其次是信托业，最后是民间借贷类机构。整体而言，各类影子银行的风险溢出强度处于可控状态，但在 2015 年的股市大波动中，它们的风险溢出效应明显增强。

第 7 章，引入 Copula - EVT 模型，测算我国影子银行机构的自身极端风险概率和极端风险网络关联度。基于机构自身极端风险的视角，信托公司自身极端风险最高，强监管周期开启后证券、信托、保险三类机构自身极端风险均大幅度降低，2018 年股市波动期保险公司自身极端风险有所抬升。基于极端风险网络的视角，信托公司整体极端风险网络关联度最高，在 2016—2018 年强监管期间，三类机构的整体极端风险网络关联度均明显降低，但仍高于各自最低水平，信托部门与保险部门行业内关联度并未明显降低。机构异质性研究结果显示，金融强监管政策显著降低了非银行金融机构的极端风险网络关联度，影子银行规模比重对极端风险网络关联度呈 U 形影响，转折点约为 0.3，未来部分证券公司与信托公司仍需进一步控制影子银行业务规模。

第 8 章，基于 TVP - VAR 模型，重点对经济周期、影子银行、货币政策的动态关系进行理论和实证分析，结果表明：我国影子银行具有顺周期性，宏观经济环境的变化使得顺周期行为具有时变性；影子银行降低了广义货币供应量的可测性、可控性和相关性，M2 作为数量型货币政策中介目标的有效性值得商榷，同时影子银行对宏观经济的冲击会间接地影响到影子银行自身的运行，形成正反馈环机制，放大经济的周期性波动，增加货币政策调控的难度。

第 9 章，我国影子银行体系在充当融资工具的同时，也充当了货币资金从实体经济渗漏到金融系统的工具，本章构建了包含影子银行体系在内的多部门动态随机一般均衡（DSGE）模型，重点探究了当影子银行体系存在部分"金融窖藏"功能时，即影子银行系统中有部分资金无法贷出，参与货币创造的情况下，货币政策冲击对总产出、消费、投资、利率等宏观经济变量的影响。结果表明，当存在"金融窖藏"现象时，不论是数量型货币政策，还是价格型货币政策，其有效性都受到了削弱。

第 10 章，在考虑我国新利率双轨制背景下的利率黏性特征和企业杠杆率差异因素的基础上，通过建立纳入影子银行体系的四部门 DSGE 模型研究了不同企业部门杠杆率差异水平下货币政策传导的有效性，并对不同存款利率水平下价格型与数量型货币政策工具在传导效果方面进行比较分析。结果表明，当企业杠杆率差异处于合理区间时，货币政策对主要经济变量的传导是有效的，且当利率完全实现市场化并处于一定区间内时，利率等价格型货币政策工具在平滑宏观经济波动方面更具优势，而数量型货币政策工具则在刺激总产出的快速增长方面具有优势。

第 11 章，构建了包含影子银行、金融杠杆的动态随机一般均衡（DSGE）模型，分析得出中国宏观审慎的货币政策规则对调控金融杠杆具有显著的成效，宽松的价格规则和紧缩的数量规则都可以有效地抑制影子银行信贷规模。社会福利分析表明，货币政策盯住金融杠杆时可以提高中国宏观审慎的货币政策规则调控的力度，但会增大宏观经济变量的波动幅度，社会福利损失反而增加。

第 12 章是本书的主要结论与政策建议，对全书的主要观点进行了归纳与总结，并提出我国影子银行发展及货币政策选择的政策建议。

1.4 研究方法、创新点与不足之处

本书的研究方法主要体现在以下几个方面：

（1）文献研究法。通过对已有文献进行归纳整合，梳理影子银行发展的驱动因素、影子银行的特征及微观机理、影子银行的宏观经济效应、影子银行的风险及监管等相关文献、理论和经验，进而分析影子银行体系的风险溢出机制和对货币政策的影响机理，通过大量收集与整理文献，总结形成文献综述报告，为全书奠定了坚实的理论基础。

（2）实地访谈与调研法。利用曾在信托公司与保险公司任职的优势，对相关信托公司和商业银行进行了调研，了解它们在经济"新常态"背景下的业务模式及风险状况，考察它们引发系统性风险和监管套利的可能性，获取了它们在金融强监管后业务模式变化的第一手资料，为后续的理论研究提供案例和经验支持。

（3）计量经济学的分析方法。运用 TVP - VAR 模型、VAR 模型、GARCH - CoVaR 模型、GARCH - Copula - CoVaR 模型、Copula - EVT 模型、面板数据模型等计量经济学模型，通过协整分析、Granger 因果检验、方差分解、脉冲响应分析等手段，对影子银行对房地产市场和产业结构的影响、影子银行对主要宏观经济变量的影响、影子银行对地方政府债务的风险溢出效应、我国影子银行对商业银行的风险溢出效应、金融强监管与影子银行极端风险的动态演化、中国影子银行顺周期性及其对货币政策的影响等进行实证分析。

（4）动态随机一般均衡（DSGE）模型分析。在第 4 章、第 9 章、第 10 章、第 11 章分别构建了包含影子银行体系的四个 DSGE 模型，细致分析了影子银行对房地产市场与宏观经济波动的影响机理，并从货币窖藏、利率双轨制与企业部门杠杆率差异、金融杠杆三个视角探讨了影子银行体系对货币政策的影响。

（5）比较分析法。从影子银行产生背景、发展程度、体系架构、产品模式、与商业银行的关系等方面对中美影子银行体系进行了细致的比较分析；在 DSGE 的分析框架下，对货币窖藏程度不同时货币政策的宏观经济效应、在不同企业部门杠杆率差异水平下价格型与数量型货币政策工具的传导效果、两类货币政策规则的不同方向冲击对"去杠杆""稳增长""防风险"等目标的调控效果等进行比较分析。

影子银行的风险溢出及其对货币政策的影响既是一个热点，也是具有前沿性质的课题。本书的主要观点和创新之处可能体现在以下几个方面：

（1）在我国经济进入"新常态"，经济增速面临下行风险的背景下，在如何防范系统性金融风险的前提下提高宏观调控政策效果是中央银行面临的难题之一，本书选择对我国系统性金融风险和宏观政策调控效力有重要影响的影子银行体系作为研究对象，从我国影子银行体系的自身特殊性出发，多维度、多视角分析了影子银行体系对我国宏观经济、特别是房地产市场的影响机理、影子银行体系的风险溢出效应、影子银行对货币政策影响的内在逻辑和机理。

（2）我国影子银行主要表现为银行的"影子"，与传统商业银行之间存在更密切的关联关系，同时也是地方政府融资的重要渠道，本书聚焦这两个视角，运用 GARCH - Copula - CoVaR 拓展模型和 GARCH - CoVaR 模型定量测算了我国影子银行对商业银行和地方政府债务的风险溢出效应，结果表明各类影子银行的风险溢出强度处于可控状态，其中证券类影子银行对我国商业银行和地方政府债务的风险溢出效应最大，其次是信托业和民间借贷类机构，而现有文献认为风险溢出贡献最大的是信托类影子银行，造成结论偏差的原因可能是现有文献在选择样本数据时忽略了 2015 年发生的股市大波动直接放大了证券类影子银行机构的风险溢出效应。

（3）金融网络关联是影子银行风险溢出的重要原因，金融强监管的一个重要目的就是减少金融机构之间的网络关联度。本书运用 Copula - EVT 模型，测算我国影子银行机构的自身极端风险概率和极端风险网络关联度，并首次分析了强监管周期开启后影子银行机构极端风险的动态演化，结果表明金融强监管政策显著降低影子银行机构的极端风险网络关联度，影子银行规模比重对极端风险网络关联度呈 U 形影响，转折点约为 0.3，为我国去杠杆和金融强监管政策提供了理论与实证佐证，说明该政策基本达到了预期的效果。

（4）影子银行体系在对传统银行信贷形成了替代和补充的同时，也部分充当了"金融窖藏"的功能，成为资金"脱实向虚"的重要推手。本书探究了当影子银行体系存在部分"金融窖藏"功能时，即影子银行系统中有部分资金没有进入实体经济，参与货币创造的情况下，货币政策冲击对总产出、消费、投资、利率等宏观经济变量的影响。结果表明，当存在"金融窖藏"现象时，不论是数量型货币政策，还是价格型货币政策，其有效性都受到了削弱。

（5）利率双轨制是影子银行存在的重要条件之一，本书在考虑我国新利率双轨制背景下的利率黏性特征和企业杠杆率差异因素基础上，通过建立纳入影子银行体系的四部门 DSGE 模型，模拟分析了在不同企业部门杠杆率差异水平下货币政策传导的有效性，结果表明，利率双轨制环境延续的时间越久，货币政策通过商业银行向影子银行传导受到的阻塞效应越大，信贷资源在高风险企业与低风险企业之间配置的不均衡性就越显著；当两类风险企业间杠杆率差异维持在一定区间内，货币政策冲击对总产出水平的影响显著；反之，如果杠杆率差异过大，货币政策对宏观经济的调控能力会大大下降，进而得到了我国两类风险企业杠杆率差异 l 的最优区间为 $[1, 1.5]$。

当然，本书也有不足之处，有待在今后的研究中进一步改进和提高。存在的不足之处主要有：（1）我国影子银行体系比较复杂，除包括窄口径的银行理财产品、信托公司、证券公司、保险公司、民间借贷等外，还包括互联网金融、小额贷款公司、典当行、融资性担保公司等，但由于有些数据的不可获得性，本书在实证分析时只是选择了我国影子银行中最具代表性的几类机构，特别是忽略了曾经发展迅速的 P2P，这势必会使实证分析结果有一些偏差；（2）本书的研究样本主要选择的是上市公司，但我国影子银行体系中的金融机构多为非上市公司，例如在我国 68 家信托公司中，陕西国投、安信信托、爱建集团 3 家上市的信托公司规模较小，不能完全代表信托行业的整体情况，因此信托类的影子银行的风险溢出效应可能被低估，此外，在评估影子银行的风险溢出时，使用的是上市金融机构的股价数据，股价变动不能完全反映金融机构的风险和风险溢出效应；（3）本书在第 4 章、第 8 章、第 9 章和第 11 章建立了四个 DSGE 模型，这四个 DSGE 模型的共同之处是均假定影子银行向高风险企业提供融资，商业银行向低风险企业提供融资，但由于分析的问题和视角不一样，四个模型未完全统一，今后的研究可以考虑在统一的分析框架下，分别讨论货币窖藏、企业部门杠杆率差异和金融杠杆对货币政策有效性的影响；（4）本书的一般均衡模型基本都是假定封闭经济环境，未考虑开放经济条件而构建的 DSGE 模型，与真实的经济环境还是存在一定的差异，在我国金融业开放不断扩大的背景下，影子银行与国际资本流动、汇率政策势必会交织在一起，这些都将是在今后的研究中需要进一步弥补的地方。

第 2 章
我国影子银行的发展历程、运作模式与特征

2.1 我国影子银行的发展历程与运作模式

美国影子银行起源于 20 世纪 60 年代，21 世纪以来，由于放松监管和金融创新深化而得到迅猛发展，美国影子银行的典型特征是货币基金和证券化，与发达的金融市场紧密相关。

中国的影子银行与"美国"的证券化的影子银行存在明显的区别，中国的影子银行发展较为初级，其证券化操作不明显，更多的是发挥商业银行补充的替代金融中介，其为那些无法获得商业银行信贷的资金需求者提供着流动性支持，但其缺乏流动性来源和监管对象，进而其内生的脆弱性易于爆发。中国的影子银行体系是建立在传统商业银行基础之上的，其更像是"商业银行的影子"，商业银行通过银信合作、委托贷款、理财产品以及同业业务等募集大量资金，并用这些资金为影子银行提供流动性支持，影子银行是商业银行绕过监管的重要手段，通过这种表外运作，使得原本无法从商业银行获得信贷支持的实体获得资金支持。为此，根据影子银行的发展特征、外部宏观环境变动以及监管政策指引将影子银行发展分为 4 个发展阶段：影子银行萌芽阶段（2003—2007 年）、影子银行快速增长阶段（2008 年至 2013 年 4 月）、影子银行平稳增长阶段（2013 年 4 月至 2017 年）和影子银行强监管（2017 年至今）。自 2003 年前后我国影子银行开始出现，直到 2008 年，影子银行存量一直是缓慢增长，这段时期可以看作是我国影子银行萌芽期。2008 年爆发国际

金融危机后，我国政府出台了应对危机一揽子计划使得社会上流通的货币规模变大，促使银行理财产品、银信银证通道类非标业务快速发展，加之传统商业银行不断进行信贷资产的表外化处理，影子银行存量大幅增加，这段时间可以看作是影子银行爆发时期。2013 年以来，理财产品、非标业务等开始逐渐受到监管，影子银行也随之进入平稳发展期。2017 年以后，由于去杠杆和对影子银行的强监管，我国影子银行的规模几乎没有增长，2018 年影子银行规模开始萎缩。

2.1.1　影子银行萌芽阶段（2003—2007 年）

影子银行的一个重要组成形式就是理财产品，其发展始于 2003 年，中国银行在这年首次推出了"汇聚宝"外汇理财产品，随后，中国农业银行和中国工商银行相继发售了外汇结构性存款，理财市场初现端倪。进一步，2004 年中国光大银行开发了"阳光理财 B 计划"的人民币理财产品，其募集资金主要用于央行票据、国债与政策性金融债等产品的投资。自此，拉开了人民币理财产品的序幕，各家银行都推出了各自的理财产品。银行理财业务的发展引起了监管层的警觉，2005 年，中国银行业监督管理委员会出台了《商业银行个人理财业务管理暂行办法》和《商业银行个人理财业务风险管理指引》。2006 年以后，理财产品投资进一步开疆扩土，其募集资金开始投向信托贷款和信贷资产，为客户提供了表外融资的渠道，是日后银信、银证和银基合作影子银行的雏形。

纵观 2003—2007 年影子银行业务发展，是在监管指引下可控、有序的探索过程。在利率双轨制的背景下，银行理财业务的发展丰富了投资组合，满足了不同投资者的需求；银行理财产品通过利差获取收益，经营风险相对可控。

2.1.2　影子银行快速增长阶段（2008 年至 2013 年 4 月）

由于银信合作理财产品为银行信贷资产提供了不受监管的"表外"渠道，2008 年以后，各商业银行加深与信托公司的合作，并将募集资金投向股票、基金等权益类资产和信托贷款、信贷资产等债务类资产。2008 年 6 月，中国银监会发布《关于外资银行发售人民币信托类理财产品有关事项的通知》，其使得信托公司和外资银行开展银行银信合作的渠道被放宽，影子银行规模开始大幅度增长。

国际金融危机后，应对危机一揽子计划导致 2009 年贷款规模迅速扩大，而存款增长相对不足，许多银行逼近贷存比监管红线。进入 2010 年，货币政策逐步由宽松转向稳健，中央银行 6 次调整准备金率，两次上调存贷款基准利率，使得银行流动性逐步紧张。宏观调控政策的骤然转向使得经济刺激政策推动下建立的大批在建项目尤其是地方融资平台项目需要大量后续资金支持；与此同时，受制于资本充足率压力和严格的贷存比监管，商业银行的资产负债表难以迅速扩张。

在此背景下，银行理财产品正式演变为商业银行贷存比达标的重要工具，具体表现为：一方面，商业银行通过发售银行理财产品吸纳存款，增加了存贷比计算的分母；另一方面，商业银行借道银行理财业务减少表内信贷规模（将表内存量信贷资产转化为理财产品挪腾至表外）或增加表外融资（借道表外理财业务编写发放新增贷款），减小了贷存比计算的分子。银行理财产品的收益率客观地反映了资金市场的供求关系，理财产品的发行规模对金融机构的存贷款具有明显的替代效应，干扰了货币政策的执行效果，同时，不透明的资产池运作模式也使得银行体系内积聚了较高的系统性风险。影子银行规模不断扩大，而其绕过监管创新的速度也较快。据中国社科院金融法律与金融监管研究基地发布的《中国金融监管报告 2013》测算，2012 年底中国影子银行规模或达到 20.5 万亿元。

2010 年以来，"银信"合作模式遭遇挑战，中国银监会下发了《中国银监会关于规范银信理财合作业务有关事项的通知》，在政策上对具有融资性质的银信合作理财产品进行了限制，融资类银信合作理财产品的发行逐渐降低，中国银监会严控"银信"合作理财业务风险以及兑付风险的频发，证券、基金公司趁机打响"价格战"抢占银行通道业务。特别是在 2012 年以后，券商资产管理新政实施，证券公司通过"定向资产管理业务"、基金公司通过"专项资产管理计划"代替传统银信合作理财产品，"银信"合作理财业务模式逐渐被"银证"合作、"银基"合作模式挤占或取代，影子银行进行了更大幅度的创新，市场上开发出了多项其他理财产品类型。2011 年，中国银监会发布了多项监管规定（见表 2-1），对银信合作业务、委托贷款、衍生品交易业务、投资票据等相关业务做了更明确的规范，严格管理理财资金的资金投向。具体见表 2 - 1。

表 2 - 1　　　　　　　　　　相关部委对影子银行的监管

时间	部委	相关规定	内容
2010 年 8 月	中国银监会	《关于规范银信理财合作业务有关事项的通知》	银信合作资产转入表内，并按照 150% 的拨备率计提拨备，大型银行和中小型银行分别按照 11.5% 和 10% 的资本充足率计提资本；融资类银信合作业务的余额比例不得高于 30%
2011 年 1 月	中国银监会	《进一步规范银信理财合作业务的通知》	银信合作贷款余额应当按照每季至少 25% 的比例予以压缩，对商业银行未转入表内的银信合作信托贷款，应按 10.5% 的比例计提风险资本
2011 年 6 月	中国银监会	《商业银行理财业务监管座谈会会议纪要》	叫停使用理财产品募集资金发放委托贷款、通过投资于信托受益权来规避银信理财监管、理财户委托信托公司设立单一资金信托投资于银行资产存量信贷资产以及信托公司发行集合信托产品将募集资金用于购买银行信贷资产
2011 年 9 月	中国银监会	《关于进一步加强商业银行理财业务风险管理有关问题的通知》	要求商业银行应严格按照企业会计准则的相关规定，对本行资金所投资的理财产品中包含的贷款和票据纳入表内核算，并建立健全会计核算制度，明晰存贷比等监管指标并适当计提必要的拨付

资料来源：作者整理。

纵观 2008 年至 2013 年 4 月影子银行的发展历程，主要有如下特点：（1）影子银行业务绕过监管进行套利。尽管监管层推出多项管理办法、通知以及纪要，但影子银行业务在某一项业务受到严格管控时，往往开发更多的新业务以规避监管；（2）影子银行经营风险上升，在这一阶段，影子银行产品多为短期产品，但其募集资金多用于长期投资，其承担期限错配以及融资成本上升的风险；（3）影子银行开始向"资产池—资产池"模式转变，其在分散风险和留存收益的同时，也加大了运作透明度低、产品和资产脱离的风险。

2.1.3　影子银行平稳增长阶段（2013 年 4 月至 2017 年）

影子银行资产池的不透明运作、流动性风险和期限错配引起了监管层的高度关注，2013 年 3 月，中国银监会下发了《关于规范商业银行理财业务投资运作有关问题的通知》（8 号文），对商业银行理财产品所有非标债权类投资进行了规范，制定了 35% 的理财产品余额上限，规范银行理财"非标"投向，明确指出银行不能为非标债权或股权融资。此时，影子银行的监管已经开始向银行理财以外的领域延伸。2013 年末，中国银监会又下发了《关于加强影子银行业务若干问题的通知》（107 号文）。文件提到，影子银行的产生是金融发展、金融创新的必然结果，作为传统银行体系的有益补充，在服务实体经济、丰富居民投资渠道等方面起到了积极作用。其对中国的影子银行进行了全面的梳理，并且明晰了问责制度，被市场称为影子银行基本法。

影子银行体系是应投资者和筹资者们多样化需求而产生的，并依托现代强大的互联网技术得以迅速发展。它反映了我国金融从单一功能的传统商业银行模式向为客户提供融资、金融理财、风险管理、价值提升等在内的全面金融服务的新型金融业转型。2013 年以来，监管层在影子银行监管问题上，采用了疏堵结合的办法，引导影子银行走出"影子"，回归本源。在此背景下，影子银行发挥着连接资金富余投资者与资金短缺使用者的桥梁作用，提高了资源配置的效率。重要监管政策如表 2 - 2 所示。

表 2 - 2　　　　　　　　2013 年后影子银行重要监管政策梳理

时间	文件名称	主要影响
2013 年	《关于规范商业银行理财业务投资运作有关问题的通知》（银监发〔2013〕8 号文）	对理财资金投资非标资产进行总量控制，禁止资金池业务
2014 年	《关于规范金融机构同业业务的通知》（银发〔2014〕127 号文）	禁止信托受益权买入返售业务，约束同业资金投向非标资产
2016 年	《关于规范银行业金融机构信贷资产收益权转让业务的通知》（银监办发〔2016〕82 号文）	要求信贷资产收益权转让全额计提资本，限制银行通过理财业务出表隐匿不良资产的监管套利行为
2016 年	《商业银行理财业务监督管理办法（征求意见稿）》	限制理财资金投资方向，提出第三方托管和计提风险准备等要求
2017 年	中国银监会对商业银行业开展"三违反，三套利，四不当"的自查治理工作	打击市场乱象，对同业存单、委外投资等套利行为进行严厉监管
2017 年	《关于提升银行业服务实体经济质效的指导意见》（银监发〔2017〕4 号文）	提高银行系统对实体经济服务的能力和水平，避免资金空转

同业业务创新是这一时期影子银行发展的最大特征。在 2014 年之前，仍通过同业代付、买入返售等方式将银行资金投向非标资产，达到变相信贷投放的目的。随着非标基础资产收益率下降和全面监管同业业务的《关于规范金融机构同业业务的通知》（银发 127 号文）出台，2014 年之后，银行主要通过应收款项类投资非标资产，然而这已不是主要的资金流向。同业存单、同业理财的兴起形成的"同业链条—委外投资—标准化资产（债券）"模式成为 2014 年之后的主导型模式。

（1）银行资产负债端：同业业务创新为主导，同业与理财业务相互交织

从《关于规范银行业金融机构信贷资产收益权转让业务的通知》（8 号文）开始，"理财资金—通道业务—非标资产"的模式面临严格监管，通过理财业务进行表外融资的途径难以实现，影子银行的金融创新重点不得不回归表内，使得同业业务成为 2013 年后影子银行发展的主要形式。

我国银行同业业务主要包括以下几种类型：同业拆借、同业存款、同业借款、同业代付和买入返售（卖出回购）等。这里主要关注六项会计科目，其中同业资产包括"存放同业""拆出资金"和"买入返售"；同业负债包括"同业存放""拆入资金"和"卖出回购"，如表 2-3 所示。

表 2-3　　　　　　　　　　中国银行同业资产与同业负债会计科目

同业资产	同业负债
（1）存放同业	（1）同业存款
（2）拆出资金	（2）拆入资金
（3）买入返售	（3）卖出回购

资料来源：根据张一林的《中国银行间市场的运行逻辑》整理。

其中，在同业资产方中，存放同业是指商业银行放在其他银行和非银行金融机构的存款，满足客户与本银行之间各类业务往来的资金清算需求及部分盈利性需求；拆出资金是指金融机构（主要是商业银行之间）为了调剂资金余缺而短期借出资金的行为，一般无抵押物要求；买入返售是指先买入某金融资产，如债券、票据、股票、信托受益权等，再按约定价格进行回售从而融出资金的行为。在同业负债方中，同业存款是指因支付清算和业务合作等的需要，其他银行或非银行金融机构存放在商业银行的存款；拆入资金为金融机构

（主要是商业银行之间）为了调剂资金余缺而短期借入资金的行为；卖出回购是根据回购协议按约定价格卖出金融资产，如债券、票据、股票、信托受益权等，从而融入资金的行为。

（2）非银金融机构渠道端：对非银行机构的委外投资的兴起

委托投资业务（以下简称委外投资）是指委托人（以银行为主）将理财和自营资金委托给外部机构管理人，由外部机构管理人按照约定的范围进行主动管理的投资业务模式。银行的委外投资与2013年前流行的通道业务区别在于：第一，委外投资由银行直接将资金委托给非银金融机构管理，而不是设立资管类产品作为通道；第二，在委外投资中，非银金融机构对银行资金进行主动管理，而非通道业务中只能接受银行指令或投资建议；第三，委外投资本质上是银行的投资业务，资金主要流向股票、债券等市场，而通道业务的主要目的是对企业的融资业务，资金主要流向信贷等非标资产。

银行的委外投资从2015年开始出现快速扩张，最初是由于许多中小银行不具备资产管理能力，只能将资金委托外部专业机构进行管理。随着债券市场的兴起，委外投资成为银行为了加杠杆、提高投资收益率而普遍采用的方式。

从银行类型来看，开展委外投资比重较高的是股份制上市银行和城商行。从委外机构来看，证券公司的资产管理计划是银行主要的合作对象，其次为基金及子公司专户。此外，2015年下半年以来，存款性公司对其他金融机构的债权规模急剧上升，这也从侧面反映了委外投资的规模扩大。

（3）最终标的资产端：资金由非标资产向债券等标准化资产流动

在不同时期内，不同资产的收益率之间存在轮动。2013年后，中国经济增速放缓，导致信贷类基础资产的收益率逐渐走低。此外，对于银行体系资金投向非标资产的监管也日趋严格。在2014年下半年至2015年上半年，股票市场迎来牛市，银行理财等资金通过各种伞形信托、结构化证券产品投向股市，之后的股市震荡又导致银行资金向债券市场转移。

理财资金投向债券及货币市场类资产的比重在2013年后直线上升，而非标资产投资则呈现出明显下降的趋势。2016年，仅理财资金投资债券类资产的比重就达到43.76%，债券市场成为理财、同业等影子银行资金最主要的标的资产。具体的影子银行资金投向如图2-1所示。

从图 2 - 1 中可以看出，投资于权益类产品和其他投资的 WMP 资产在 2017 年底的份额显著增加至 16.2%，而 2016 年底的比例为 9.0%。债券（主要是公司部门债券）仍然是银行发行的 WMPs 的最大资产类别，尽管其在 2017 年的份额下降。就行业风险，相关投资和最终借款人而言，WMP 投资缺乏公开披露。信用交易的多个层次也降低了透明度，许多 WMP 投资可能具有较高的单一行业或借款人风险。WMP 的资产构成转移到类似权益的产品和其他产品。

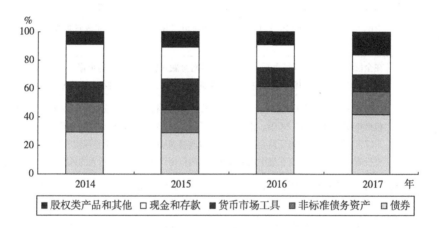

图 2 - 1　2014—2017 年影子银行资金去向的比例结构

（资料来源：穆迪. 中国影子银行监管报告 [Z]. 2018）

2.1.4　影子银行强监管（2017 年至今）

原银监会范文仲 2018 年 3 月提出："要加强影子银行的监管，填补监管真空。我们不要用机构的名称去监管它，不论是理财、信托还是基金还是 fintech、P2P、众筹，不要看名称，只要具有社会资金归集功能的就要明确准入的要求，只要进行显性或隐性收益承诺的，就要具备负资本和拨备的损失吸收能力，只要存在期限错配、流动性转换这种特质，就要遵守相应的流动性风险管理规则。这跟你叫什么名字没有关系。我们一定要有这样一种风险维度的监管理念。所以我们还一定要有一个系统重要性的监管的理念、原则，要打破出身论。"强监管是影子银行 2017 年至今的重要特点，具体的监管政策如表2 - 4所示。

表 2 - 4   2017 年后影子银行重要监管政策梳理

2017 年 4 月	中国证券登记结算有限责任公司（CSDC）宣布了一项收紧使用公司债券作为抵押品的要求的计划。中国银监会发布八项指导方针/意见和誓言，以提高监管有效性，加强对银行业的风险控制。已经解除了主要的财务风险，包括债券投资外包；涉及多层信贷交易的银行间业务；WMP 业务；与房地产行业相关的风险，地方政府融资工具和互联网金融；以及民间借贷市场对正规银行体系的风险。银行必须对遵守法律法规和监管套利/不正当操作进行自我检查。中国银监会对银行贷款的交叉担保进行调查，并确定有风险的企业借款
2017 年 5 月	银行理财产品登记中心收紧银行理财产品构成和结构的披露规则
2017 年 6 月	中国人民银行与其他 16 个中国政府部委将电子融资整改预计完成日期延长至 2018 年 6 月
2017 年 7 月	在全国金融工作会议结束后，政府履行其对金融风险保持警惕的承诺，并推动改革以遏制杠杆作用。设立国务院金融稳定发展委员会更好地监督金融稳定和发展
2017 年 8 月	中国人民银行决定在计算符合自 2018 年第一季度银行总负债三分之一的批发融资上限时，包括期限不到一年的 NCDs。银监会要求所有信托公司以政府支持的中国信托注册公司 2017 年 11 月底，中国证监会发布新规，以改善 MMF 行业的流动性风险管理，重点关注大型投资者对 MMF 的潜在集中风险及其对国内信用评级较低的发行人的风险敞口
2017 年 10 月	习近平总书记在党的第十九次全国代表大会上的讲话强调了建立双重支柱财政政策框架的重要性，并重申了维护金融稳定的持续监管政策优先性
2017 年 11 月	中国人民银行、中国银监会、中国证监会、中国保监会和国家外汇管理局等中国监管部门联合发布征求意见稿，以规范金融机构的资产管理业务。该指引建立了涵盖银行，信托公司，证券公司，共同基金管理公司，保险公司和期货公司等所有资产管理产品的综合监管框架，这将进一步减少金融行业监管套利的范围
2017 年 12 月	中国银监会发布征求公众意见的商业银行流动性风险监管的修订草案，这将会阻碍影子银行在结构性产品中使用短期市场资金进行长期投资的做法。银监会通过银信合作安排加强对渠道业务的监管审查，这将进一步缩小监管套利的范围。中国人民银行和中国银监会发布新规，以纠正互联网消费金融的过度行为
2018 年 1 月	中国银监会推出更严格的规定，规范银行的委托贷款业务。委托贷款的资金来源受到严格的监管审查，严禁对债券、衍生品和广泛的资产管理产品进行投资。中国人民银行、中国银监会、中国证监会和中国保监会联合发布新规，规范债券交易，进一步推动金融业去杠杆化。这些协调举措限制了金融机构对债券回购和逆回购的杠杆作用，重点是在没有正式协议的情况下打击"质押融资"活动。银监会发布声明，要求在 2018 年加强监管，严格监督影子银行业务活动，重点关注理财产品，银行间和表外业务以及多层次交易。中国银监会根据巴塞尔银行业监督管理委员会的框架，发布商业银行大额风险管理规定草案征求公众意见。中国资产管理协会（AMAC）发布声明，禁止私人募集资金通过委托贷款、信托贷款、小额贷款和私人贷款等方式扩展影子信贷

2.1.5　我国影子银行体系及运作模式

我国影子银行体系是由"以银行为主导的体系内影子银行"和"以非银行中介机构为主导的体系外影子银行"两部分构成。本章以资金提供者为起点，构建了如图 2-2 所示的影子银行结构体系。

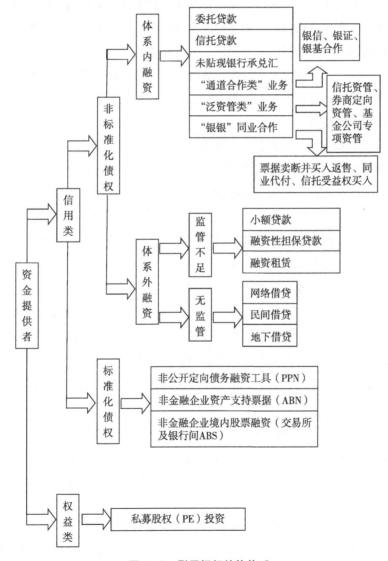

图 2-2　影子银行结构体系

（资料来源：作者编制）

对传统银行信贷业务进行替代、补充以及延伸可以说是我国影子银行得以产生的本质原因，而资金供给不外乎有两种产品方式：一是信用类，二是权益类。首先，所谓权益类产品，顾名思义就是对企业净资产、净收益的分配追索权，这里主要是以私募股权投资为典型模式。而其中的信用类产品又可以分为两类，如图 2-2 中所列示的，一是标准化债权工具，依托于资本平台进行公开标准化买卖及流通的产品；二是非标准化债权工具，主要是依托于中介机构的媒介作用，在小范围内进行的非标准化流通产品。再细分一步，非标准化债权融资包括体系内通道和体系外通道，前者是银行等拥有专业金融牌照的机构在发挥主导作用，后者主要是自发形成的民间、地下借贷以及互联网金融、小贷、融资租赁等，这些中介机构没有金融牌照。下文中主要详细介绍了其中部分影子银行业务类型。

（1）委托贷款、信托贷款、未贴现银行承兑汇票

所谓委托贷款，是指其他投资机构或者个人投资者将特定的款项委托给商业银行，而后商业银行利用自身投融资中介和资金结算中介的身份代理委托人开展相关业务。在操作流程上，首先是出资人与融资人对资金总额、投资回报率、投资方向以及使用期限等达成确定意见，其次商业银行接受双方的申请并开立专项账户，并在后续资金使用过程中负责监督管理。信托贷款，是银行来决定资金投向，是在委托贷款的资金使用用途上更加自由化的一种产品，同时也简化了流程。所谓未贴现银行承兑汇票，是指持票人将没到期的承兑票据卖给银行以盘活资金，而银行为持票人提供融资并以贴现利息为补偿收益。对于商业银行来说，这三项业务都是间接放贷，都是资产负债表表外业务，银行只是起了资金周转的作用，赚取一定的中介费用，而不会占用资本金，也不需提取风险准备金。

从图 2-3 中可以看出，自 2002 年以来，我国委托贷款、信托贷款和未贴现银行承兑汇票这三类业务规模合计总量处于持续增长状态，其中，2013 年合计约增长 5.16 亿元，是增长最快的一年，2015 年，由于政策监管及调控措施的出台，三大业务合计规模有所缩小，之后又开始反弹。

（2）"通道合作类"及"泛资管类"影子银行业务

由于存在严格的监管政策，银行的表内资产如传统信贷资产、已贴现承兑汇票等，都会受到总贷款金额、资金投向、存贷比等因素的限制，同时还需要

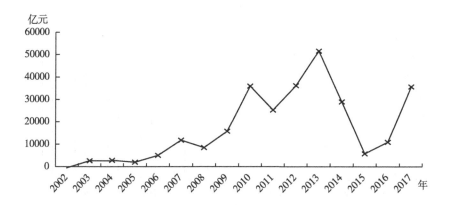

图 2 - 3　2002—2017 年委托贷款、信托贷款、未贴现银行承兑汇票每年新增量
（资料来源：Wind 数据库）

提取并占用银行风险资本金，为了逃避监管，2008 年以后，商业银行开始发行大量的理财产品来对接信托、券商、基金子公司等的资产管理计划，通过这些通道类公司买断信贷资产来实现出表，从而变相地逃避了监管部门对银行的信贷限制，为实体经济提供更多资金支持。这就是"通道合作类"影子银行业务。随着金融的不断创新，政府机构、企业、小贷公司等还可以将自身持有的非标准化资产进行类资产证券化操作来实现融资，简单来说就是将具有固定资金回流的资产，如应收账款、股权、债权和项目经营收益权，作为底层资产，以此为基础来发行信托、券商等资产管理计划产品，并用应收账款和收益权的定期回款作为偿还资金。这就是"泛资管类"影子银行业务。现实中，这两类业务都通过银行理财产品来吸收闲散资金，图 2 - 4 表示的是 2007 年以来我国银行理财产品资金余额变动情况。

从图 2 - 4 中我们可以发现，自 2007 年起，我国银行理财产品规模呈现不断上升趋势，截至 2017 年底，全国银行业理财产品存续余额已达到 29.54 万亿元，同比增长 1.69%。长期以来，为了严控系统性风险的发生，债券等标准化资产一直是理财资金配置的主要资产，同时新发行的理财产品中低风险型产品占据主要部分。

（3）"银银"同业合作

长期以来，银行系统中的资金体量巨大，监管机构为了防止风险的出现需要对银行业实施严格的监控，这也就造成商业银行业务受限，资金得不到充分

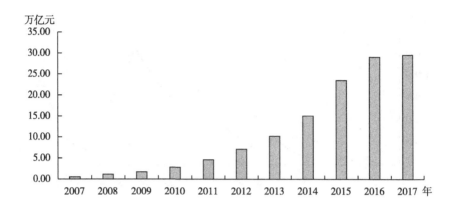

图 2 - 4 2007—2017 年我国银行理财产品资金余额

（资料来源：Wind 数据库）

利用。随之就产生了许多新兴业务方式，如"银银同业"合作渠道，由于银信合作受到限制，从 2011 年开始，银银同业渠道流通的资金体量不断增加，业务类型也不断出现更新，如票据卖断并买入返售、同业代付等。其中票据卖断并买入返售是指，商业银行在资金出现紧张的情况下，将其手中持有的尚未到期的票据卖给其他商业银行以取得资金融通，同时，资金融出方（也是证券融入方）与资金需求方签订协议，要求资金需求方（也是证券融出方）在规定时间以规定金额赎回票据的行为。同业代付是指银行与银行之间进行的一种短期资金拆借，即银行先是委托他行代其支付款项，后期再进行还款并支付一定利息补偿的行为。同业代付业务可以在债权、债务关系不发生转移的条件下，为资金需求方解决融资问题。综上所述，这两种典型业务均属于银银合作模式下的同业创新，在一定程度上可扩大银行传统的融资方式，同时，该类业务不受贷款规模及存贷比限制，也无须缴纳准备金，是一种表外业务。

（4）私募股权投资

所谓私募股权投资，是指投资人筛选出行业发展前景光明，企业发展潜力巨大的未上市公司，而后通过非公开的方式募集资金对这些满足一定条件的公司进行前期股权投资，以对其进行生产资金的补给，当企业规模和经营达到一定条件后，再通过公开上市、并购重组、第三方收购或管理层回购等方式，卖出投资者手中的股份来运行退出机制，同时赚取高额红利的一种投资方式。国内一些私募基金不仅仅投资于实体经济产业，还会参与股票及大宗商品期货、期权等衍生金融产品的交易，存在信用、期限和流动性错配风险。除此之外，私募基金与商业银行关系密切，如果私募基金持有银行牌照，或商业银行持有基金牌照，将会扩大风险。

由图 2-5 可以看出，我国私募股权基金在 2006—2008 年平稳快速发展，募集金额年年创出新高，之后受到 2008 年国际金融危机的冲击影响，业务规模开始收缩。但 2009 年以后，募集金额又开始波动反弹，尤其是近几年呈现爆发式增长。2016 年，融资总额创历史新高，为 6652 亿元，新募基金数量达到 1392 只。

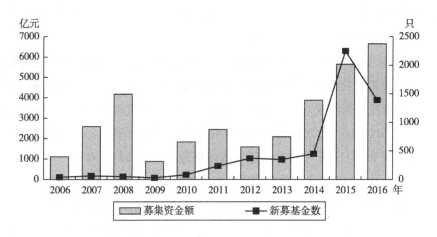

图 2-5　我国 2006—2016 年私募股权基金数量和募集金额

(资料来源：清科数据库)

2.2　我国影子银行兴起的原因及特征

2.2.1　我国影子银行兴起的原因

2008 年国际金融危机后，我国影子银行得到了蓬勃发展，究其原因，需要从金融资源的需求与供给两方面进行分析，金融歧视的存在导致金融资源在社会各部门分配不均，一些部门旺盛的融资需求无法从正规金融体系得到满足时，就会积极寻求正规金融以外的其他融资渠道。另外，银行业金融机构的监管套利动机也是影子银行产生的重要原因。

（1）金融资源供给与需求不平衡

金融资源供给与需求不平衡涉及两个不平衡：一是商业银行信贷供给与企业部门旺盛的融资需求间的不平衡；二是金融产品供给与旺盛的投资需求间的不平衡。这两个方面的不平衡都促进了影子银行的产生。

①商业银行信贷与融资需求不平衡

2009 年下半年以来房地产行业价格快速上涨，从 2010 年开始，我国政府针对房地产行业的调控政策频出，力度空前。从年初的"国十一条"到 4 月17 日的"国十条"再到"9·29 新政"，三轮调控贯穿全年。作为国家产业政策的配套措施，商业银行针对房地产行业的贷款开始收紧，房地产开发商资金压力巨大，促进了影子银行的发展。

在 2009 年信贷催生的投资浪潮中，由地方融资平台主导的基础设施投资扮演了尤其重要的角色，但融资规模迅速膨胀的同时也带来一系列问题，比如运作不够规范、偿债风险日益加大、部分银行业金融机构对融资平台信贷管理缺失等。2010 年 6 月，《国务院关于加强地方政府融资平台公司管理有关问题的通知》发布，对融资平台公司进行清理规范。商业银行针对地方政府融资平台的授信趋紧，而融资平台投资的项目多为中长期项目，一旦资金链断裂，投资项目很可能沦为"烂尾工程"，巨大的资金缺口急需其他融资渠道来填补。

当下，我国正进行经济"升级版"路径探索，中小企业对托住经济增速的合理区间"下限"、实现经济发展创新驱动，发挥着举足轻重的作用。中小企业规模小，缺乏优质抵押品或其他担保且信息不透明，商业银行基于成本收益的权衡，在授信过程中更加偏爱大企业。无法从正规金融渠道得到资金支持，中小企业只能寻求其他渠道融资。

②金融产品供给与旺盛投资需求不平衡

长期以来，居民的金融资产以商业银行存款为主。随着经济增长，居民财富不断积累，金融需求趋于多元化，银行存款已经不能满足一部分人的收益要求。由于金融抑制现象的存在，通货膨胀时期实际利率水平甚至为负，严重损害了居民的投资利益。股市不景气、房地产行业整顿一直持续，居民投资逐渐恢复理性。影子银行产品的发展拓宽了资金盈余者的投资渠道。与银行存款利率相比，影子银行产品收益率相对较高，对利率市场化形成倒逼机制，突破了对银行存款利率上限的管制。与股票、房地产等投资工具相比，影子银行有来自政府和银行的隐性担保，风险相对可控。从影子银行产品的热销程度看，居民部门渴望投资工具的多样化。

（2）监管套利

从理论上来讲，传统银行体系是整个金融市场中重要的资金融通中介，在金融资金链条上处于核心地位，因此对银行体系进行严格审慎的金融监管对于保证资本市场稳定发展是十分有必要的，但是，金融管制是一种非市场化的行为限制，在一定程度上会增加金融机构的经营成本，降低整个市场的运行效率和活力。为了逃避或者绕开现有法律层面的金融管制，各类金融机构会主动采取监管套利等行为，以求降低净监管负担并获得更高收益。具体而言，处于商业银行资产负债表内的资产产品会受到一系列数量指标如存贷比、贷款规模、资本充足率、拨备覆盖率、杠杆等的限制，而证券、基金、保险以及担保公司等其他金融业态在相关指标上的监管要求较为宽松，因此商业银行便有充足的动力通过运用较少受到管制的影子银行业务模式来规避上述监管。监管套利的金融业务会使得整个银行业的监管指标失去准确性与实效性，监管部门便无法据此掌握金融体系的真实风险水平，蕴含较大的风险。

我国影子银行目前的业务内容实质上与传统银行信贷无异，仍然主要是实现投融资功能，但是在监管程度方面，影子银行所面临的金融管制却不像传统银行体系那么严格，因而便成为传统机构进行监管套利的重要工具或渠道。银行体系有大量闲置的流动性资金，但受制于监管要求而无法进行直接投资放贷，于是便催生出了影子银行体系或者是影子银行业务进行监管套利，这便是影子银行得以产生的主要原因之一。

（3）金融创新

与传统银行体系相比，影子银行的发展环境更加宽松自由，受到的监管约束相对较少，对于新技术、新理念表现得更为敏感，因此孕育了很多的金融创新产品。客观地讲，金融机构也是追求盈利的单位。为了满足更多融资方的资金需求，实现自身利润最大化，20 世纪 70 年代前后，欧美发达金融市场掀起了一股金融创新的浪潮，其主要手段是通过创新产品类型来分散并细化风险，并通过这些多样性的金融产品来解决实体企业面临的不同程度的投融资困难，因此便表现出投资银行、货币市场共同基金以及资产证券化急速扩张，掉期、期权交易等衍生产品和服务大量激增的现象。长期以来，我国金融市场是以单一的银行体系为主,多元化金融体系的过渡进程十分缓慢,但受到海外证券化产品的传播影响,加之利率市场化的不断改革,近几年我国金融市场产品也加快了创新步伐,开始自发性地转型升级,银行理财产品、信托贷款、私募股权投资基金以及资管类、通道类合作业务逐渐展开。进入 21 世纪以后,随着互联网信息科技的快速发展,互联网金融开始慢慢出现,通过充分利用云计算、大数据以及信息抓取等先进媒介工具来降低信息成本,获取数据资源,商业银行开展的电子银行、手机银行已逐渐成为银行主要渠道,其他金融机构推出的小额信贷、众筹产品等新型工具为众多企业提供融资支持。作为我国影子银行重要的组成部分,这些创新业务满足了广大的投资者多元化融资渠道的要求,也使金融机构实现了更高的投资收益回报,是影子银行体系发展的重要推动力量之一。

(4)利率市场化的不足

目前,我国还没有实现真正的利率市场化,存贷款利率还不是真实存贷款需求的表现,这就使得实际需求得不到满足、实际供给得不到收益,从而出现了民间借贷滋生、理财产品野蛮生长。具体而言,一方面,一些地位较高、具有信息优势的大企业和政府机构能够以较低的价格获得银行贷款从而进行民间投资;另一方面,商业银行内部催生出了融资类银信理财产品等满足市场的需求。这些都为影子银行的产生创造了便利的条件,并且这种模式不断地发展,从而产生形式更加稳定的影子银行。利率市场化的不足是影子银行的"温床",它使得影子银行拥有了融资中介的优势,被融资方能够自主定价满足自身的利益追逐,融资方支付高额利息满足自身融资需求,从而取代了利率市场化的作用。

2.2.2 我国影子银行的特征

(1)中美影子银行体系的比较

20 世纪 60 年代以来,商业银行在美国金融中介体系中的重要性逐渐降低,迎合市场业务需求的市场型金融中介逐渐占据主导地位。货币市场基金、证券化相关的影子银行机构、融券及回购业务逐渐发展起来。美式影子银行主要依托于资本市场,非银行金融机构是主要构成主体,证券化活动是其核心,具有较高的杠杆率。基于不同的金融发展阶段,我国影子银行在产生背景、发展程度、体系架构、产品模式等方面呈现出与美国影子银行不同的特点,中美影子银行的主要区别如表 2-5 所示。

表 2 - 5   中美影子银行差异对比

不同点	中国	美国
背景	①利率市场化处于收官阶段 ②金融抑制程度高 ③融资困难 ④资产证券化程度低 ⑤金融业分业经营 ⑥金融市场发展程度低	①利率市场化完成近十年 ②金融抑制程度低 ③流动性充裕 ④资产证券化程度高 ⑤金融业混业经营 ⑥金融市场发展程度高
发展程度	国际金融危机后才得以发展，仍处于初级阶段，还没形成体系	经历过完整的发展周期，已建立起较为成熟的影子银行体系
体系架构	以商业银行为主导；主要是通道业务或同业业务，市场化程度低，参与者主要是信托公司、证券公司、基金公司等	依托于资本市场，由非银行金融机构主导；参与主体主要是投资银行、对冲基金、货币市场基金、结构性投资机构等
商业银行和非银行金融机构关系	合作大于竞争，非银行金融机构通常作为商业银行监管套利的"通道"	竞争大于合作，多体现为平行竞争关系
产品模式	结构简单，以"银行影子"为主，银行理财、同业业务为主要表现形式，产品复杂程度及创新性不及美国	结构复杂，以衍生品、证券化及再证券化为主，包括 ABS、ABCP、CDS 等
杠杆率	金融市场体系处于初级阶段，资产证券化业务规模小，杠杆率低于美国但高于传统银行体系	金融市场发达，证券化程度高，叠加型金融衍生产品，杠杆率高
融资手段	零售渠道为主	批发渠道为主
投资者	零售客户为主	机构投资者为主
运作模式	信用链条短，参与主体相对较少，过程相对简单	信用链条长，参与主体众多，过程复杂
运作效率	金融工具种类少，交易摩擦大，效率低	专业化程度高，生产批量化，效率高
资金成本	高	低
风险	影子银行参与主体间关联程度高且缺乏风险隔离机制，刚性兑付导致风险没有真正从商业银行剥离	投资多元化，建有风险隔离机制，一般情况下风险较低，但在金融危机发生时会有系统性风险
服务对象	主要是实体经济，也存在资金在金融体系"空转"情形	虚拟经济

资料来源：根据张明（2012）、陈继勇和甄臻（2013）、王喆等（2017）、何启志等（2017）整理。

中美影子银行也存在如下共同点：都具备期限转换和流动性转换功能；都游离于常规监管体系之外；最后贷款人机制缺失。

（2）我国影子银行体系的特征

①以商业银行为中心

我国影子银行是商业银行监管套利的产物，"以银行为中心"是我国影子银行的显著特征，也有学者将我国的影子银行形容为"银行的影子"。商业银行是我国影子银行信用链条中的重要一环，甚至在很多业务中占据主导地位，是影子银行的重要资金来源。在银信、银证、银基等合作模式中，信托公司、证券公司和基金公司都是商业银行腾挪信贷资产以规避监管指标和各项监管政策的通道，商业银行是主导者，合作的金融机构依其指令行事，收取通道费。在交易形式上，商业银行也许已经转移了信用风险，实则不然，在刚性兑付的潜规则下，风险并未真正剥离。

②明显的融资属性

影子银行根据运行机制的不同可以分为交易型影子银行和信贷型影子银行。我国影子银行的"银行中心化"特征决定了信贷型影子银行在我国占据主流地位。我国影子银行主要在商业银行体系无法直接涉足的领域提供融资服务，这些领域一般不受监管或受监管程度低。孙国峰和贾君怡（2015）提出银行影子作为我国影子银行的组成部分，实际上是商业银行开展的"类贷款"业务，其本质和商业银行贷款相同，具有信用创造功能，为市场注入流动性，但不占用信贷额度。

③关联性强

商业银行为规避监管，需要和其他金融机构进行合作，开展影子银行业务。随着监管的跟进，影子银行业务模式日趋复杂，涉及的主体越来越多以规避管制，这就使得影子银行与商业银行以及其他金融机构间联系日益密切，金融机构间的关联度显著提高，主要体现为频繁的业务往来、资金的交叉流动等。

从我国影子银行的发展演进过程可以看出以下几个特点：

①"银行的影子"是我国影子银行的主要特征。我国影子银行发展的基本逻辑：由于受资本充足率约束和存贷比约束，商业银行将传统的存贷业务转移到资产负债表外进行业务创新，发售理财产品是重要的手段，并通过与非银

行金融机构开展合作来达到信用扩张的目的。银信、银证、银基、银保合作等通道业务以及买入返售、应收款项投资、同业存单、同业理财等同业业务先后成为影子银行运作的主要模式。影子银行既是传统银行信贷的补充和替代，同时又极度依赖于传统银行，甚至成为商业银行规避监管、实现信贷出表的通道。

②金融机构间的高度关联性。影子银行体系内的资金流转日益频繁，金融网络关系也越发复杂和隐蔽，机构之间的交叉传染风险值得关注（方先明等，2017）。影子银行通过理财、同业业务显著地扩张了商业银行的资产负债表，延长了金融机构之间的信用链条。

③规避监管是影子银行发展的直接动因，监管套利是中国影子银行产品创新的主要方式。影子银行的模式演变往往经历了兴起—扩张—收缩的过程：一种影子银行模式的兴起通常是根据现有监管政策进行的市场化选择，然而随着业务规模不断扩大、金融风险逐渐积累，监管层通常会出台政策来规范现有模式，导致原有的套利空间消失。而出于寻求利润的动机，金融机构又会创造出新的影子银行模式。金融创新与金融监管的博弈贯穿于中国式影子银行发展的全过程。利润驱动是影子银行进行金融创新的基本动因，资产收益率轮动决定了影子银行最终的资金投向。2009 年之后，房地产行业、地方融资平台以及广大中小企业的融资需求是当时影子银行发展的重要动力。2013 年之后，银行投资非标投资的成本上升而收益率下降，股票、债券市场等标准化资产收益率相继提高转而成为影子银行的投资重点。影子银行资金的流入进一步充裕了市场流动性，甚至出现不断加杠杆、资金空转的泡沫化繁荣。

第 3 章
我国影子银行对房地产市场
和产业结构的影响

我国影子银行扮演着传统银行信贷供给补充的角色，为整个社会提供大量资金支持。它的发展肯定会对我国实体经济、房地产市场和整体产业结构产生重大影响。影子银行是把"双刃剑"，在增加投融资产品多元化、推进金融市场开放程度、促进实体经济健康发展等方面发挥积极作用，同时由于影子银行的趋利性，将大量资金投入房地产行业，助推了资产价格的上涨，致使实体经济产生"脱实就虚""产业空心化"等消极作用。

3.1 影子银行对房地产市场的影响机制

3.1.1 影子银行对房地产市场的影响机制

我国宏观经济受房地产市场的影响非常大。一方面由于房地产市场具有金融属性，吸引大量闲散资金投资其中，是资金密集型产业；另一方面是房地产市场对我国经济发展起到了非常重要的基础性作用，对上下游企业的辐射带动效应非常显著，特别是对传统的制造业、建材业、零售业等，是劳动密集型产业。房地产市场的快速发展对我国经济平稳增长发挥着重要作用，因此当2008年国际金融危机对宏观经济形成巨大冲击时，政府层面像早期一样，出台了多项措施刺激房市以求拉动经济增长，房地产价格也在此期间呈现快速上涨趋势。然而，2010年以后我国经济进入"新常态"，房地产价格膨胀使其中蕴含严重的系统性风险，于是政府开始改变对房地产市场的宏观调控措施，陆续出台了"国十条""国五条""新八条"和"2013 国五条"等法规条文，并且对房地产市场进行针对性限购限贷等政策措施，严控房地产市场对于金融资源的不合理占用。

从房地产开发商以及投资者角度，商业银行信贷水平的缩紧使得房地产开发商面临巨大的融资压力，多数房地产公司出现资金链紧绷乃至断裂的现象；同时持续上涨的房价刺激着购房者的投资需求，也进一步加大了房地产企业的开发建设力度，继而整体融资需求旺盛。在面临严格资金调控监测的背景下，房地产开发商以及众多投机、投资者为了解决融资不足的困难，只能积极探索传统银行之外的其他融资方式来筹集资金，从而对影子银行规模快速扩张起到重要的推动作用。房地产融资的巨大资金缺口以及商业银行信贷约束造成的融资渠道转移，可以说是一个促使我国影子银行规模迅速膨胀的重要原因。从影子银行方面来看，房地产行业是很典型的资金密集型行业，对于资金的需求很大，这一方面是因为房价的不断上涨使这一行业的利润率远高于其他行业，另一方面就是我国政府对房地产行业的调控政策密集出台，限制银行对这一行业信贷规模的上升，资本本身的逐利性就会使房地产行业成为影子银行进行监管套利的重要领域。

统计数据方面也表明影子银行是房地产市场融资的重要通道：委托贷款、信托贷款和未贴现银行承兑汇票这三类传统业务形式一直以来都是影子银行向房地产市场输送资金的重要渠道，在 2009 年三者总额为 15751 亿元，2011 年上升至 25268 亿元，2017 年最新数据甚至达到 35689 亿元；房地产信托基金也是房地产企业从影子银行融资的另一重要渠道，在 2009 年初规模仅为 450 亿元，经过几年的高速发展，特别是 2010 年后其重要作用越发明显，规模已飙升至 1993 亿元，同比增幅达到 344%。

3.1.2　影子银行资金进入房地产市场的渠道

通过研究我国影子银行在监管套利过程中业务模式的演变方式，从中可以发现影子银行资金进入房地产市场的主要渠道是银行通道业务、委托贷款、信托贷款和房地产信托投资基金（见图 3 - 1）。

影子银行对房地产企业的委托贷款指的是影子银行接受客户的委托，将其资金按照委托合同约定以贷款的方式发放给指定的房地产企业。2012 年

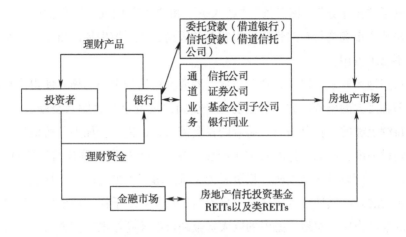

图 3 – 1 影子银行资金进入房地产市场的渠道

后，各监管机构反复提示了房地产行业过热可能引发的信贷风险，通过各项调控政策限制市场资金和银行理财资金流入房地产行业，甚至在 2012 年底关闭了房地产企业在资本市场的融资渠道，自此之后房地产委托贷款就加速增长。影子银行的信贷贷款与委托贷款方式类似，是指信托公司通过集合资金信托计划吸收机构和自然人的资金，然后将资金定向投向房地产企业。但和委托贷款比较，信托贷款方式具有很大的灵活性和自主性，审批流程很快，所以对房地产企业有很大的吸引力。对于委托贷款和信托贷款的投资对象选择方面，首先因为房地产行业存在很大的供需不平衡，其次由于国家的各类调控政策，房地产企业存在很大的资金缺口，所以需要大量的资金维持经营，再加上房地产企业大多以房产作为抵押物，而且信用保证强和收益率高，因而成为委托贷款和信托贷款的主要投资对象。在我国金融分业监管的背景下，信托公司作为唯一一个横跨货币市场、资本市场、实业三大领域进行投融资业务的金融机构，成为商业银行规避监管投资房地产行业进而获得巨额收益的最优渠道。

"泛资管"类银行理财产品是影子银行介入房地产市场的另一种典型业务形式。商业银行由于受到国家政策等各类监管以及自身风险偏好的影响，向房地产投资的规模很难满足房地产企业实际的融资需求。为了规避监管同时分享房地产行业的超额收益，商业银行通常就会通过其他方式绕道进入房地产行业，例如商业银行通过集合资金信托计划、券商定向资管计划和基金子公司专项资管计划等方式来买断信贷资产，将表内信贷规模转移到表外，进而发放不占信贷额度的房地产贷款。正是这些通道业务的存在，不断提高了房地产市场整体的资金水平，反而降低了国家相关机构通过货币政策调控房价的效果。这类业务，本质上就是银行利用各类通道监管较宽松的漏洞进而达到资产出表达到规避监管、赚取超额收益的目的。此外，存款准备金、资本充足率和信贷规模等监管要求以及对通道业务加强监管也促使银行在同业业务领域进行创新博弈，于是便出现了银银同业合作类影子银行，2010 年后规模不断壮大并形成多元化发展态势。同业代付、银行间过桥、受益权买入返售等是这类影子银行的主要业务模式。相较于其他模式，银银同业业务的优势在于同业资产资本计提少，而且在一定程度上可以将真实信贷规模、资本充足率进行隐瞒，实现监管套利。事实上，银银同业合作并不仅仅是在金融体系内部以同业资产的方式循环，更多情况是商业银行将银银合作作为一种通道，进行多层嵌套，在规避监管机构的监管前提下进入实体经济追求超额收益，这也是影子银行进入房地产市场的重要方式之一。

房地产信托投资基金（REITs）是近几年市场上出现的房地产投融资新型工具，它的产品结构是依托信托原理搭建，以收益凭证方式从市场上公开或私募融资，然后由专门的机构进行投资管理，将租金收入以分红的形式给投资者分配。REITs 是一种创新的投融资工具，最开始出现在 20 世纪 60 年代的美国。截至 2016 年第三季度末，全球范围内共有 36 个国家和地区建立了 REITs 市场，有超过 408 只上市 REITs，总市值超过 1.7 万亿美元。在我国 REITs 起步较晚，2003 年才进入香港市场，但随着政府颁布和实施相关政策，以及北京、上海、天津相继被确定为 REITs 试点市场，我国的 REITs 市场未来发展潜力巨大。对于我国房地产企业来说，由于地产回报周期较长，其对长期限资金的需求更强，但目前通过贷款、债券、股票以及信托等方式获取融资的期限都偏短，给商业地产企业的资金匹配、现金流管理造成诸多压力。而 REITs 产品的主要特征一是可以上市交易，具有很好的流动性；二是资产多元化，经营管理专业；三是高比例派息。对于房企而言，REITs 是一种新型的转变固定资产产生流动性的工具和手段；对于中小投资者而言，REITs 让他们能够在不需要积累巨额资金的情况下直接参与商业地产投资。作为一个创新型投融资产品，REITs 有着其他传统渠道没有的优势。

3.2 影子银行对实体经济和产业结构的影响

3.2.1 影子银行对实体经济的影响

我国的影子银行体系是在特殊的国内经济环境下发展起来的，它的服务对象是实体经济，目的是为了解决信贷供需失衡和中小企业融资难的问题。这也是由单一融资向多元化融资渠道转变、金融体制转型的必然需求。适度的影子银行发展会拓宽融资渠道，促进资源配置效率提高，有利于实体经济发展，但过度的影子银行规模膨胀会对实体经济产生不利影响，如图 3-2 所示。

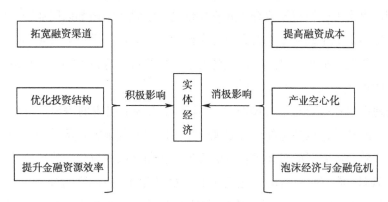

图 3-2 影子银行对实体经济的影响

拓宽融资渠道是影子银行对实体经济的重大影响。商业银行是我国长期以来实体经济依赖的主要融资方式，但正规金融体系因信贷规模、资本充足率和存贷比等监管条件而无法满足与实体经济相匹配的资金供给，影子银行的产生就降低了企业对于银行信贷的过度依赖，实现了多元化信贷方式满足实体经济的融资需求。而且在我国，中小企业在整个经济结构中占比很高，对国家的 GDP 和税收增长贡献很大，作为最活跃的企业，增加了就业岗位机会，但由于其企业规模较小、产业结构不合理、有效抵押物不足、管理不规范等原因而很难从商业银行获得贷款支持。影子银行的快速发展在一定程度上解决了中小企业的融资难问题，优化实体经济的投资结构，尤其是小额贷款公司、网贷公司和民间借贷公司等弥补了大量信贷缺口。最后，影子银行一方面利用高于商业银行利率吸收社会闲散资金并用于投资，另一方面其具有丰富的产品类型便于上市流通交易，因此促进了资本的流动性，使得资源由效益较低的行业流向效益较高如新兴高科技产业行业，整体上是把金融对实体经济资源的配置效率提高了。

对于实体经济来说，影子银行是一把"双刃剑"，如果得不到有效监管，任其无序发展和过快膨胀，便会对实体经济产生消极作用。首先，由于影子银行资金链条较长、吸收资金的成本较高，且缺乏完善风险监管措施，往往会向贷款企业收取较高利息和服务费用，所以在实体经济的融资成本方面，影子银行在一定程度上能起到推高作用。其次，影子银行由于具有较高投资回报率，会吸收大量社会资本，进而对实体经济产生"挤出效应"。加之大型国企及上市公司会利用"壳资源优势"将资金也大量投入影子银行体系进行内部循环，造成中小企业生产资本不足、收益不敌成本，长此以往便会在实体经济中出现"脱实就虚""空心化"等严重现象。最后，资本具有逐利性，为了获得较高收益，影子银行体系会不断地进行自我繁殖和衍生，超出实体经济的真实需求，当这种膨胀遇到不利的外部影响时，便会如2008年国际金融危机一样，对我国经济体系产生非常严重的冲击。

3.2.2　影子银行对产业结构的影响

影子银行是为我国传统商业银行信贷业务进行补充支持的中介机构，它对实体经济发展产生的作用可以归纳为：影子银行运用金融创新工具将社会闲散资金汇聚起来进行资源配置，投放到传统商业银行信贷投放较少的行业领域，一方面实现了金融对社会资源的合理配置，使市场资金得到有效利用；另一方面也可以为资金需求得不到满足的行业、企业提供渠道以获得资金支持，有助于实体经济的发展。

影子银行通过发行多样化的融资产品，将社会流动资金聚集起来，然后再通过多样化的投资渠道为实体经济提供资金供给，逐渐形成产业资本后就可在社会和行业中实现循环运转。在这个资源调配的过程中，影子银行的作用是通过循环利用社会上短期的、流动性强的资金，加以运转成长期的、相对稳定的生产资金，从而为实体经济提供支持。影子银行对社会资金资源进行了再分配，提高了金融资源的使用效率，对产业发展和产业结构升级作出了贡献。从行业细分领域来看，农户所在的传统农业对单笔资金额度需求不大，带有分散性强和缺失抵质押物的特征，这就造成了农户从银行获得信贷支持很困难，即使国家多次出台政策鼓励对农户放贷，但体量依然很小。因此，在我国的一些偏远或欠发达地区，民间借贷、地下贷款等影子银行业务一直存在。此外，随着互联网的发展和普及，网络借贷和网上小额贷款公司也深入农村和一些偏远山区为当地农户提供资金支持，这些渠道都在一定程度上解决了农户面临的融资难、融资贵的问题。在工业以及服务业领域，也同样存在着众多中小企业因经营规模较小、资信程度较低、缺乏合格抵押品而无法从传统银行中获得充足资金的问题，正是影子银行的存在，为这些中小企业提供资金支持，为它们弥补了资金缺口，从而使其继续发展壮大。和传统商业银行相比，影子银行受到的国家监管较宽松，对市场的敏感性更高，业务实施更加自由，其可以通过对放贷企业发展现状和前景进行充分的调研，从而将资金更多地投向战略性新兴产业、环保产业以及高科技产业，并减少对落后夕阳产业及僵尸企业的投资。综上所述，影子银行可以对社会上的生产要素进行合理分配，集合社会资金向更高效的行业、企业流动，从而实现行业间、企业间的优胜劣汰，实现资源的配置选择，促进产业结构的优化升级。当然，影子银行由于资金链条较长，要求的投资收益回报较高，也会对众多企业形成一定的融资成本压力，进而对产业发展产生负面影响。

3.3 影子银行体系对房地产市场和产业结构影响的实证分析

3.3.1 TVP – VAR 模型介绍

VAR 模型目前是计量经济学领域研究的一个基本分析工具，有着广泛的使用范围，但传统的静态 VAR 模型为了简化模型结构，假定待估系数和扰动项的方差、协方差矩阵都是常数，这样一来虽然可以降低计算难度，但是也同时把该模型对不稳定经济系统变量间关系的解释效力降低了，而是默认经济系统一直处在均衡状态，很少发生结构性变化，这显然和现实情况不符。为此，国内外很多学者开始对传统 VAR 模型进行改进扩展，其中 Primiceri（2005）提出了完全意义上的 TVP – VAR 模型，即对于系数、方差和协方差全部设定为时变的，在此基础上，Nakajima（2011）利用 TVP – VAR 模型进行实证分析。这种模型设定能够准确地模拟出经济变量之间的时变特性，对于潜在经济结构关系的拟合效果更加显著，应用范围也更加广泛。

（1）模型推导

TVP – VAR 模型是带有随机波动的时变参数向量自回归模型，是通过对 SVAR 模型调整和扩展而得到的，SVAR 模型如下：

$$Ay_t = F_1 y_{t-1} + \cdots + F_s y_{t-s} + u_t, t = s+1, \cdots, n. \tag{3.1}$$

其中，y_t 是 $k \times 1$ 阶可观测向量，A，F_1，$\cdots$，F_s 是 $k \times k$ 阶系数矩阵，u_t 是 $k \times 1$ 阶随机扰动项并假设 $u_t \sim N(0, \sum \sum)$，同时指定 A 为下三角形递归矩阵，

$$\sum = \begin{pmatrix} \sigma_1 & \cdots & 0 \\ \vdots & \ddots & \vdots \\ 0 & \cdots & \sigma_k \end{pmatrix}, A = \begin{pmatrix} 1 & 0 & \cdots & 0 \\ a_{21} & 1 & \cdots & 0 \\ \vdots & \ddots & \ddots & 0 \\ a_{k1} & \cdots & a_{k,k-1} & 1 \end{pmatrix}$$

指定 $B_i = A^{-1} F_i$，$i = 1$，$\cdots$，s，则模型（1）就可以转换为

$$y_t = B_1 y_{t-1} + \cdots + B_s y_{t-s} + A^{-1} \sum \varepsilon_t, \varepsilon_t \sim N(0, I_k) \tag{3.2}$$

将所有 B_i 中的行向量堆叠在一起，形成 $k^2 s \times 1$ 阶 β 向量，同时定义 $X_t = I_k \otimes (y'_{t-1}, \cdots, y'_{t-s})$，其中 $\otimes$ 表示克罗内克积，则模型（2）就可以写成：

$$y_t = X_t \beta + A^{-1} \sum \varepsilon_t \tag{3.3}$$

然后将模型（3.3）中所有的参数进行时变化，则动态扩展后的模型为

$$y_t = X_t \beta_t + A_t^{-1} \sum_t \varepsilon_t, t = s+1, \cdots, n \tag{3.4}$$

这里的 β_t、A_t 以及 $\sum_t$ 都是随时间变化的变量。指定 $a_t = (a_{21}, a_{31}, a_{32}, \cdots, a_{k,k-1})'$ 表示下三角形矩阵 A_t 中非 0 和非 1 的元素，指定 $h_t = (h_{1t}, h_{2t}, \cdots, h_{kt})'$，其中 $h_{jt} = \log \sigma_{jt}^2$，$j = 1$，$\cdots$，$k$，$t = s+1$，$\cdots$，$n$，为了进一步描述时变参数的变动过程，假设式（3.4）中的所有时变参数全部服从一阶随机游走过程，则如下：

$$\beta_{t+1} = \beta_t + u_{\beta t}, a_{t+1} = a_t + u_{at}, h_{t+1} = h_t + u_{ht} \tag{3.5}$$

$$
\begin{pmatrix} \varepsilon_t \\ u_{\beta t} \\ u_{at} \\ u_{ht} \end{pmatrix} \sim N \left(0, \begin{pmatrix} I & 0 & 0 & 0 \\ 0 & \sum_{\beta} & 0 & 0 \\ 0 & 0 & \sum_{a} & 0 \\ 0 & 0 & 0 & \sum_{h} \end{pmatrix} \right) \tag{3.6}
$$

其中, $t = s+1, \cdots, n, \beta_{s+1} \sim N(u_{\beta 0}, \sum_{\beta 0}), a_{s+1} \sim N(u_{a0}, \sum_{a0}), h_{s+1} \sim N(u_{h0}, \sum_{h0}), \beta_t$ 是用来衡量滞后项对当前项的非线性影响, a_t 代表变量之间的同期响应的非线性关系, h_t 用来衡量外生的随机冲击。以上就是 TVP – VAR 模型的全部推导过程。

（2）模型估计方法

时变参数向量自回归模型因为具有高维度且非线性，经典的最大似然估计方法对此模型的拟合效果不是很好，即使能把似然函数写出来，将其最大化也是非常困难的。所以对于时变参数向量自回归模型，最合适的估计方法是马尔科夫蒙特卡洛方法（MCMC）。其逻辑方法为：首先计算出待估参数的先验概率分布函数，然后利用观测到的已知信息来得出贝叶斯后验概率分布，之后再利用 MCMC 方法从高维后验分布中抽取样本并最终计算估计值。

3.3.2 变量说明与数据检验

（1）变量说明

影子银行对房地产市场和对产业结构的影响是本章研究的主要内容。在于博（2015）的基础上，以金融结构差异为视角，考虑数据可得性，用以下四层面数据之和表示影子银行存量，如表 3 – 1 所示。

表 3 –1 影子银行规模测算

	层面	构成	数据来源
影子银行	最窄口径	委托贷款 + 信托贷款 + 未贴现银行承兑汇票	Wind 数据库
	创新型融资工具	资产支持证券 + 非公开定向债务融资工具 + 非金融企业资产支持票据	Wind 数据库 上海清算所
	银银同业	同业债权 – 同业负债 – 同业持有金融债	Wind 数据库 中国债券信息网
	权益类融资工具	非金融企业境内股票融资	Wind 数据库

有关房地产市场指标，考虑到影子银行主要是为房地产市场提供资金用于投资和发展，这里就用房地产企业资金来源总额减去银行贷款、利用外资、个人按揭房贷和自有资金后的金额，作为影子银行对房地产企业投资水平 REI；这部分原始数据来源于 Wind 数据库。

产业结构的优化升级是随着经济社会的发展而逐渐开展的，参考干春晖、郑若谷（2011），产业结构的这种发展变化可以用产业结构合理化指标来量化，这一指标通过衡量各产业类型中生产要素分配和结构发展程度之间的耦合性，不仅能够表明产业结构发展之间的协调程度，对于资源是否得到有效利用也是很好的测量手段。此外，为了反映出各产业之间的相对重要性，又引入了泰尔指数，从而得到一个更加完善的产业结构合理化指标 ISA 度量公式：

$$ISA = \sum_{i=1}^{n} \left(\frac{Y_i}{Y} \right) \ln \left(\frac{\frac{Y_i}{L_i}}{\frac{Y}{L}} \right) = \sum_{i=1}^{n} \left(\frac{Y_i}{Y} \right) \ln \left(\frac{\frac{Y_i}{Y}}{\frac{L_i}{L}} \right)$$

其中，i 代表产业，n 代表产业部门个数，这里 $n = 3$ 表示三大产业结构，Y 是指产值，L 是指就业水平。当经济不断发展并最终实现均衡时，各产业部门的社会生产率相等，即 $\frac{Y_i}{L_i} = \frac{Y}{L}$，此时 ISA 为 0。这说明 ISA 越小，代表产业结构越合理越靠近均衡状态。原始数据来源于国家统计年鉴。有一点需要指出，由于就业人口数只有年度数据，考虑到各年内每季度就业人数的变化幅度不会太大，因此假定季度就业人数均为当年年度数值；除此之外，因为 2017 年全国就业人口统计数字还没有公布，就把 2002 年第一季度到 2016 年第四季度定为样本区间。

（2）平稳性检验

首先采用 Census X12 方法将房地产投资水平和产业结构合理化指标进行了季节调整，然后为了防止伪回归的出现，对所有变量进行了平稳性检验。表 3 - 2 即是检验结果。表中经过差分处理的 SB、REI 和 ISA 在 5% 的显著水平下均通过平稳性检验，模型的有效性得到保证。这部分工作主要使用 Eviews 软件来实现。

表 3 - 2   平稳性检验结果

变量	水平序列		一阶差分	
	ADF	P 值	ADF	P 值
影子银行 SB	1. 127606	0. 9973	- 4. 977105	0. 0001
房地产投资 REI	1. 920762	0. 9998	- 5. 764858	0. 0000
产业结构合理化 ISA	- 0. 092895	0. 9450	- 7. 888260	0. 0000

3.3.3 基于 TVP – VAR 模型的实证结果分析

这一部分的实证模型主要通过 OxMetrics 软件操作运行，把 SB、REI 和 ISA 三变量带入 TVP – VAR 模型进行估计，最后结合估计的结果和脉冲响应图进行综合分析。关于模型中滞后阶数的确定问题，结合固定系数 VAR 模型中的 AIC 和其他准则，最终认定最优滞后阶数是数字 1。通过对模型进行 2 万次 MCMC 抽样操作，得到如表 3 - 3 所示的估计结果。表 3 - 3 中给出了相关参数的后验期望、标准误、95% 可信区间、收敛诊断 CD 以及无效因子 inef，从中可以看出，各参数的收敛诊断 CD 值均小于临界值 1.96，这就表明通过 MCMC 抽样方法获得的样本是收敛的；无效因子 inef 的含义是，出现连续两次不相关样本中间所需进行的抽样次数，从表 3 - 3 的估计结果中可以分析出，即使最大值是 113.79，也能得到 20000 ÷ 113.79 ≈ 175.76 个不相关的样本，样本数量是完全充足的。通过这两个指标可以表明，参数的选择以及模型的设定是有效的。

表 3 - 3   模型估计结果

参数	期望	标准误	95% 上边界	95% 下边界	CD	inef
sb1	0. 0228	0. 0026	0. 0183	0. 0285	0. 328	5. 97
sb2	0. 0229	0. 0027	0. 0185	0. 0289	0. 198	4. 61
sa1	0. 0738	0. 0260	0. 0371	0. 0893	0. 042	20. 85
sa2	0. 0696	0. 0248	0. 0420	0. 1371	0. 423	26. 59
sh1	0. 3690	0. 1054	0. 1853	0. 6120	0. 520	107. 46
sh2	0. 1450	0. 2622	0. 0520	1. 0319	0. 436	113. 79

TVP – VAR 模型的特点之一就是，参数后验波动与变量之间的当期响应系数均具有随机性和时变性的（见图 3 - 1）。图 3 - 3 中的第一列分别是影子银

行、房地产投资和产业机构合理化这三个变量的后验随机波动图，后验随机波动性图能够反映出指标变量在一段时间内的数量波动性和变动性。从图 3 - 3 中可以看出，2010 年以前，我国影子银行发展稳定，波动性很小，2010 年以后，波动性逐渐提高，在 2014 年出现峰值后 2016 年又发生反弹。通过分析背后的现实情况，笔者认为，造成这种波动变化的原因主要有两方面：第一，2010 年以前，我国影子银行正处于萌芽时期，虽然每年都保持一定规模的业务增长速度，但总体体量较小，2010 年以后，金融市场上逐渐放开资产支持证券、非公开定向债务融资工具等业务模式的发展，鼓励金融机构开展不同形式的金融创新，受此影响，银行理财产品发展迅猛，导致通过影子银行投放到社会的资金规模大幅增加；第二，由于近几年，监管机构等部门逐渐意识到银银同业业务、通道业务、银行理财产品等巨大业务规模背后所隐藏的金融风险，为了严防系统性金融风险的发生，维护金融市场稳定，政府出台了一系列监控政策限制影子银行业务继续扩张，造成影子银行出现波动。从图 3 - 3 中还可以看出 2014 年以后，房地产市场投资水平的波动性逐渐提高，这与当年房地产市场面临的宏观经济增速放缓以及国家出台房地产市场调控政策、限购限贷政策等密切相关。此外，2007 年以后，我国产业结构合理化的随机波动开始逐年降低。

图 3 - 3 中第二列表示的是各变量间当期响应系数，由图 3 - 3 可知，在不同时点，影子银行对房地产投资和产业结构合理化的当期响应系数是明显不同的，具有显著时变性，并且随着时间的推移，影子银行对房地产投资和产业结构的正向作用逐渐减小，一方面说明了影子银行对房地产投资的促进作用在逐年减小，另一方面也证明了产业结构合理化受影子银行的抑制效果在降低。

不同于传统静态 VAR 模型的脉冲响应，TVP - VAR 模型由于具有系数时变性，其可以通过时变的参数系数来表示各个变量在不同的滞后时间段内的脉冲响应（见图 3 -4）。图 3 -4 中的实线表示滞后 4 期，长虚线为滞后 8 期，短虚线为滞后 12 期，叠加在一起以分别表示一个单位冲击对其他变量的短期、中期、长期影响。通过脉冲走势图可以发现，滞后时期不同，脉冲响应程度也不同，其中以单位冲击对其他变量的短期影响十分显著，中长期影响幅度逐渐减弱直至最终消失，但是，短、中、长期脉冲相应图之间有一共同特点就是，整体的脉冲走势基本一致，即短、中、长期响应之间存在着明显的相关性。

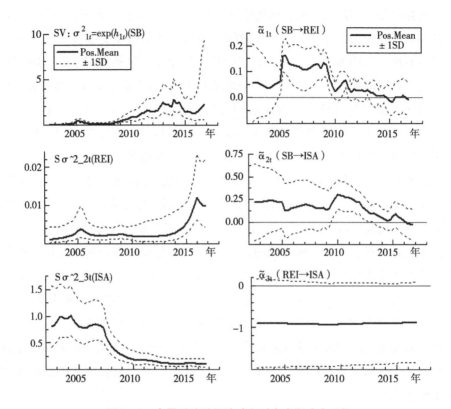

图 3 - 3　变量后验随机波动和时变当期响应系数

通过观察图 3 - 4 中 $\delta_{SB}\uparrow \to REI$ 可以发现，影子银行对房地产市场投资水平的影响系数虽然在不同时点时大小不同，但整体而言均大于 0，两个指标之间是正相关的关系，这说明影子银行发挥传统商业银行资金供给的替代或延伸作用，通过创新型的业务模式向房地产企业提供生产资金，绕开政策上对银行资金投放房地产市场的限制，从而弥补了房地产开发企业资金需求，推动房地产市场的投资水平提高。观察 $\delta_{SB}\uparrow \to ISA$，从中可以看出，产业结构合理化和房地产投资这两个指标对于一单位影子银行正向冲击的响应趋势正好相反，前者与影子银行主要表现为负相关，说明影子银行指标每增加一单位正向冲击时，产业结构合理化指标变量会相应减小，而产业结构指标越小，产业结构越加合理，这就说明对于我国的产业结构合理化发展，影子银行发挥了正向的积极作用，因为影子银行的发展能够在某种程度上缓解企业融资难的问题，提高社会资金的流动性和灵活性，补充因传统融资口径监管限制造成的资金供给不足；中小企业或其他规模较小的高新科技型企业从影子银行获取生产资本后进行扩大再生产，带动了全社会整体就业水平提升，提高了资源的利用效率，因此影子银行间接地对产业结构合理化起到推动作用。观察 $\delta_{REI}\uparrow\rightarrow ISA$，房地产投资对产业结构合理化的影响最初表现为正负交替，自 2011 年以后正相关性越发显著，这说明房地产投资水平这一指标的提高会对产业结构合理化产生消极作用，这一结果说明由于近几年我国房地产市场泡沫不断膨胀，投机性行为过度，无论是房地产开发商还是机构、个人投资者都想通过参与房市投资获得超额收益，即使有房市调控政策和房地产企业融资限制的要求，但银行口径的资金可以借助影子银行渠道绕开监管，因此越来越多的流动资金受到虹吸效应影响而聚集于房地产市场，导致实体经济产业部门缺少生产所必需的流动性支持，降低了社会资源使用效率，严重影响我国各个产业之间的协调发展，严重制约产业结构的升级优化。

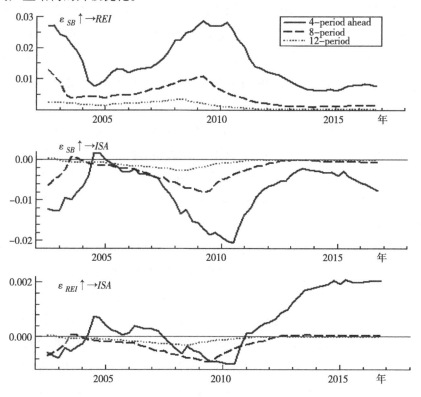

图 3-4 不同滞后期的脉冲响应函数

此外，结合前两个子图我们还可以发现两点重要信息，一个重要信息是 2010 年为 $\delta_{SB}\uparrow\to REI$ 图中的极大值点，$\delta_{SB}\uparrow\to ISA$ 图中的极小值点，这一脉冲结果正好与影子银行在 2010 年前后呈现爆发式增长相对应，国际金融危机爆发后，我国政府为了刺激经济发展，减弱危机造成的损失而出台了应对危机一揽子计划，使得当时市面上的流动性规模扩大，银行理财产品、银信银证等资管业务快速发展，加之传统商业银行不断进行表外业务拓展，影子银行存量大幅增加，因此这段时间影子银行对于房地产市场以及其他产业的资金支持作用是巨大的。另一个重要信息是虽然影子银行能够同时促进房地产投资规模与产业结构合理化，但是观察脉冲响应图的幅度可以看出，同一时点影子银行对于房地产市场的推动作用更大，这说明影子银行的资金流向中，大部分进入了房地产市场，而对于中小企业的资金支持以及促进产业结构性升级的作用较小。

接下来使用 TVP-VAR 模型对不同经济周期下变量间结构是否发生改变进行研究，如图 3-5 所示，其中实线表示 2006Q1、长虚线表示 2010Q2、短虚线表示 2015Q1。从图 3-5 中可以看出，三条脉冲曲线并非重合，在所选取的不同经济时点下，各变量之间的脉冲响应走势图存在明显不同之处，这就说明在样本期间各变量间影响关系发生了改变，即经济结构出现变化。具体来看，通过观察 $\delta_{SB}\uparrow\to REI$ 可以发现，三条脉冲走势图的起点显著不同，也就是说在最初的第一季度内对于同样一单位影子银行正向冲击，房地产投资水平指标的响应系数不一样，进入第二季度以后，2010Q2 时点的响应系数均大于其他时点，这就和图 3-4 中影子银行对房地产市场投资响应系数在 2010 年出现最大值的结论相互验证。

观察图 3-5 中的 $\delta_{SB}\uparrow\to ISA$，2015Q1 时点的脉冲响应由正逐渐减小至 0，波动很小且其作用时间较短，而 2010Q2 时点脉冲曲线由正转负并作用时间较长；观察 $\delta_{ISA}\uparrow\to SB$ 可以发现，无论是从振幅角度还是持续时间角度，2015Q1 时点的脉冲响应图与其他时点明显不同，此时的产业结构合理化指标的变动对于影子银行的影响程度最为显著，同时这条脉冲图说明，产业结构合理化与影子银行之间是负向影响关系，若要降低产业结构合理化指标，使产业结构更加合理，则需要增加影子银行指标，这一实证结果表明，随着我国产业结构逐渐趋于合理优化，会对影子银行资金支持产生持续需求。

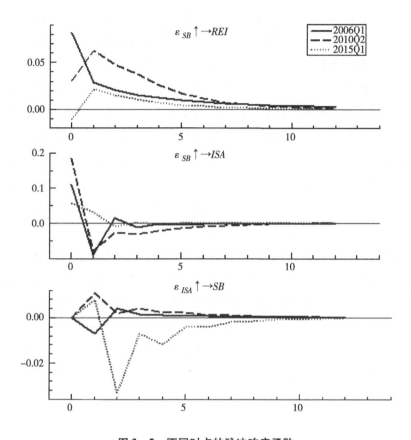

图 3 - 5　不同时点的脉冲响应函数

3.4　本章小结

　　本章通过设定随机波动时变参数并建立向量自回归（TVP - VAR）模型，实证检验了影子银行和房地产行业投资、产业结构合理化这三者间的动态关系。由此得出以下结论：第一，受到货币政策和财政政策收紧的影响，以及资产支持证券、银行表外业务、通道业务和同业业务的快速发展，影子银行规模不断增加，其随机波动从 2010 年开始逐年提高；受一轮又一轮限购政策的影响，房地产投资的随机波动在 2015 年出现显著峰值；但随着产业的平稳发展，各行各业间协同性和耦合性逐渐提高，使产业结构合理化的波动逐渐减弱。第二，影子银行因发挥着传统商业银行的外延作用，在一定程度上对银行信贷收紧产生的资金供不应求进行了补充，因此其一方面为房地产开发商提供了资金支持，另一方面也解决了高效性、科技型、环保型等中小企业融资难、贵等问题，提高了金融资源的利用效率，使得产业资本分配更加合理化，因此影子银行对支持房地产行业发展和产业结构合理化调整均起到了积极的促进作用。第三，由于资本的逐利性和影子银行资金高成本，影子银行必须追求较高的投资回报率才能获取收益，因此近几年，我国影子银行体系的大部分资金受到房价上涨的诱使而流入了房地产市场，提高了房地产行业的投资水平，而只有小部分的影子银行资金是通过为中小创新型企业发展提供资金补给而间接地推动产业结构调整升级。第四，由脉冲响应图可以看出，2011 年以后，房地产投资水平的增长对产业结构合理化的消极影响越发显著，说明了由于近几年我国房地产市场火热，吸聚了过多的信贷资金集中于此，因此在社会资金总量一定的基础上，房地产市场抢夺了其他行业的金融资源，对于我国产业结构化改革发展非常不利。第五，不同时点脉冲响应图表明，在样本期间内我国经济结构的确发生了改变，但银行信贷这种非常重要的融资手段仍不能满足众多中小企业的融资需求，在这一背景下，产业的发展需要金融资源的配套支持，随着我国产业结构逐渐趋于合理优化，其对影子银行业务模式会产生持续需求。

第 4 章
我国影子银行、
房地产市场与宏观经济效应

4.1 引言

    2016 年是我国宏观经济增速放缓、制造业低迷的时期，我国银行业的信贷资金却向住房领域进一步聚集，银行业在房地产行业持有大量头寸，房地产价格进一步提高。若对房地产行业采取严格的宏观调控政策，房价的下降可能不仅会降低银行业信贷的能力，还会提高整个金融体系的风险，加大宏观经济的波动。因此，在我国商业银行和影子银行并行的信贷体系下，合理调控房地产市场价格，维护宏观经济稳定，不仅是当前政策制定者需要解决的难题，也是学术界面对的亟待解决的难点。回答这一问题的关键在于深入了解我国房地产市场、金融市场和实体经济的发展规律，厘清中国房地产市场、商业银行信贷市场、影子银行信贷市场与国民经济其他部门的动态传导机制，这对政策制定者选择调控工具和实施宏观政策至关重要。刘晓光、张杰平（2016）指出，当我国采取宽松的数量型货币政策时，房价等资产价格上涨的幅度大于消费品物价提高的水平，甚至会形成资产泡沫。依据传统的货币经济学理论，货币数量增速过高会引起通货膨胀，那么解决问题的关键就是控制货币供应量增长，但近年出现的情况是，资产价格如房价的显著上涨并没有伴随着显著的通货膨胀，同时，分析表明我国货币政策（包括数量型和价格型）在促进房价上升的过程中都起到了重要作用，因此货币政策对资产价格影响机制是重要的关注点（贾俊雪等，2014）。

如何将房地产市场纳入宏观经济学研究的体系中，也是西方经济学者一直在探讨的问题。经济学者普遍认为房地产市场对宏观经济有着深刻的影响，但是对于房地产市场如何具体影响宏观经济，不同学者存在不同的观点。Iacoviello 和 Neri（2010）十分认同房地产带来的财富效应，居民的借款能力会受到房地产未来预期值的约束，未来房价上涨会导致居民提高消费，将房地产作为抵押品纳入动态随机一般均衡模型，改变对居民、企业家和零售商的约束条件，结果表明，将房价纳入货币政策目标并不能显著提高福利。Leamer（2007）发现房地产投资可以带动产出的增长，因而可将房地产投资作为经济运行的先行指标。以上学者都是基于房地产视角分析宏观经济运行的波动和作用机制，却在分析中缺少了对金融部门的关注。在研究金融机构的风险传导机制与经济波动的模型构建方面，国外学者早期主要基于金融"加速器"理论将银行部门纳入 DSGE 模型中进行系统的理论和模拟分析。由于信息不对称、激励机制等问题一直存在于信贷关系中，借款人获得外部信贷往往要支付更高的利息。早期的研究对信贷需求方的行为刻画较多，大部分基于金融"加速器"的 DSGE 模型都不包含金融机构，而引入银行资本机制建立银行部门、企业部门和宏观经济政策之间的逻辑关系，还能够分析金融杠杆、资产价格等关键经济变量的变动机理（Dib，2010；Angeloni，Faia 和 Duca，2015）。同时考虑房地产、金融机构的研究较少，而 Liu 和 Ou（2017）构建了同时包含房地产部门和影子银行部门的 DSGE – VAR 模型，模拟结果表明，房地产冲击是造成房价波动的主要原因，繁荣的房地产市场会导致将来经济增长，但是没有分析当经济发生冲击时影子银行、商业银行、房地产还有其他重要经济变量的变化。

我国学者对于影子银行、房地产市场及其他宏观经济变量的研究也取得了一些有价值的的成果。胡利琴、陈锐和班若愚（2016）采用 NARDL 和门限回归模型，实证结果表明低利率政策更容易引起影子银行规模的扩大，而且影子银行流入房地产的信贷资金已经减少。王振和曾辉（2014）基于 IS – LM 模型和向量自回归（SVAR）模型从理论和实证两个方面探究了影子银行对货币政策调控效果的影响，结果表明，虽然影子银行体系对信贷和利率的货币政策传导机制的影响不具有长期效应，但增加了货币政策调控宏观经济的难度，应加强对影子银行风险的管控。祝继高、胡诗阳和陆正飞（2016）在我国宏观调控严格的背景下，从影子银行资金融出方的视角分析商业银行开展同业业务的原因，认为商业银行避开传统的融资渠道为房地产企业等部门提供贷款可以避免业绩的下滑。万晓莉、郑棣和郑建华（2016）认为，我国影子银行为房地产行业提供了大量的资金，利用包含存贷比、资本充足率、宏观经济水平等变量的 GMM 模型，分析了商业银行竞争和影子银行的相互影响。上述文献主要用实证的方法对影子银行对一些重要宏观经济变量的影响进行了分析，较多地给出了宏观经济变量间的相关关系和客观规律的结论，对其中的相互作用机制没有作出较为深入的探讨。相比之下，动态随机一般均衡模型可以在统一框架中研究影子银行与多个宏观变量之间的相互影响机制。因此，构建 DSGE 模型来具体分析影子银行影响宏观经济的内在机理相互影响和定量结果是十分必要的。事实上，近年来利用 DSGE 模型讨论影子银行对宏观经济影响的研究正在逐渐兴起。林琳、曹勇和肖寒（2016）将影子银行纳入 DSGE 模型，研究了商业银行与影子银行之间的资产转移机制和风险传递机制，认为我国房地产行业的杠杆率快速上升，加大了金融体系的风险。将"非正规金融"纳入研究框架，旨在对数量型或价格型的货币政策变动冲击对产出、通货膨胀、工资和资本积累等宏观经济变量产生的影响进行分析，但其没有分析影子银行扩张与房地产市场变动的关系（刘喜和，郝毅和田野，2014；胡志鹏，2016）。

由此可见，我国房地产市场、影子银行部门和主要宏观经济变量之间相互影响的具体传导机制至今尚不清楚。在 2008 年国际金融危机爆发之后，我国政府采用了相机抉择的货币政策来熨平经济周期，与此同时，房地产市场得到了蓬勃发展。因此，要想深入地分析房地产周期与信贷市场的关系，必须将房地产部门、影子银行信贷部门和商业银行信贷部门同时纳入模型中。本章在 Iacoviello 和 Neri（2010）以及 Verona 和 Martins（2013）的模型基础上，将房地产部门纳入一个包含影子银行的动态随机一般均衡（DSGE）框架中，刻画和分析其在货币政策的传导中所扮演的角色。我们运用中国宏观数据对模型进行了估计，并对模型受到来自房地产市场的冲击后的反应进行了数值模拟。研究发现，影子银行信贷行为的存在，一方面会减弱货币政策的实施效果，同时，影子银行规模和房地产价格此消彼长，即使是宏观审慎的货币政策也很难调控影子银行和房地产两个部门；另一方面会将房地产市场的波动传递到实体经济领域，放大消费、投资和产出等宏观经济变量的波动。此外，由于投资存在调整成本等摩擦因素，投资等因素的变动方式也对房地产企业和制造业的变动方式产生影响。对比实证结果和模拟结果我们可以发现，模型产生的脉冲反应与来自 VAR 的实证证据实现了较好的匹配，影子银行规模与房地产价格总是呈相反的方向变动。在此基础上，我们进一步讨论了模型的社会福利含义。社会福利分析表明，中央银行通过运用宏观审慎的货币政策，可以在一定程度上缓解房地产市场和影子银行部门对宏观经济造成的波动。

与以往的研究相比，本书的创新表现在以下几个方面。第一，在一个包含影子银行部门的 DSGE 模型中引入了房地产部门，分析了影子银行信贷规模、房地产规模、房地产价格等宏观经济变量相互间的作用关系和面对冲击时的响应，这是对 Verona 等（2013）、Liu 和 Ou（2017）等研究的一个补充，也为之后的研究提供了一个新的思路。第二，在模型的基础上刻画了基于宏观审慎的货币政策规则，并通过定量研究了货币政策不同反应系数导致的社会福利变化并对此进行了敏感性分析。数值模拟表明，将房地产价格作为货币政策的目标不仅可以提高社会福利，还可以减少大部分宏观经济变动的波动，而将社会融资杠杆率纳入宏观审慎货币政策后，随着反应系数依次增大，社会福利呈现先增后降的趋势。

4.2　影子银行规模对宏观经济变量的冲击：基于 VAR 模型的经验分析

在构建理论模型之前，本章先建立一个 VAR 模型，给出房价、产出、通货膨胀率等主要经济变量对影子银行规模冲击的响应。为尽可能观测样本，这里选取变量的月度时间序列，样本区间为 2005 年 1 月至 2016 年 12 月，所有数据来自人民银行网站和 Wind 数据库。其中，影子银行主要指商业银行体系内的影子银行，参考一般文献的做法，用信托贷款、委托贷款、未贴现银行承兑汇票之和作为影子银行规模的替代变量（林琳等，2016；胡利琴等，2016；王振和曾辉，2014）。同时，可以由开发商土地成交价款与土地购置面积计算得到房地产价格。本节分别采用人均社会消费品零售额、人均固定资产投资额和人均国内生产总值代表消费、投资和产出。所有数据通过通货膨胀定基指数转换为实际值，采用 X – 13 方法进行季节调整，并采用 HP 滤波剔除长期趋势。VAR 的脉冲响应图形如图 4-1 所示。

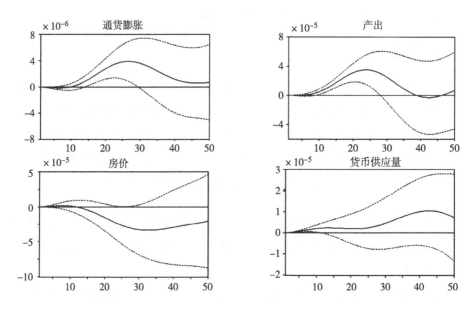

图 4-1 宏观经济变量在影子银行规模冲击下的脉冲响应图

在图 4-1 中,虚线表示 95% 的置信区间。影子银行可以为房地产部门提供大量资金,因此,房地产部门获得资金渠道变多,不再单一地依赖商业银行贷款,房价也随着影子银行规模的扩大而逐渐降低且持续时间较长。可以看到,影子银行规模对产出产生了正向冲击,产出在 23 期左右达到最大值,在 38 期左右回到初始值,接着围绕初始值小幅波动,说明影子银行募集的资金仍有一部分投入到实体经济。冲击发生后,通货膨胀在较短的时间由负转正,在 26 期达到顶峰后呈回落趋势。此外,在 50 期的观测期内,货币供应量在影子银行冲击发生后始终为正值,并在 43 期左右达到了最大值。图 4-1 说明影子银行在一定程度上影响了我国货币政策的最终目标和中介指标,削弱了货币政策的有效性,这一问题我们将在第 8 章和第 9 章进一步去讨论。

4.3 理论模型

本节基于 Iacoviello 和 Neri(2010)以及 Verona 和 Martins(2013)建立了一个包含房地产市场的 DSGE 模型,模型中存在商业银行和影子银行两类金融中介，其他的经济主体包括家庭、高风险企业家、低风险企业家、货币当局，各部门在一定能够的预算约束下进行跨期决策。

4.3.1 家庭

与标准宏观模型设定一样，该经济中家庭在区间 [0，1] 中连续分布，生存无限期，每期提供劳动获得工资收入，持有上一期的储蓄和影子银行产品获得利息收入，所获得的收入中一部分用于消费、一部分存储在金融中介机构。代表性家庭每期选择消费、提供劳动最大化终身效用，最优化问题为

$$\max E_t \sum_{t=0}^{\infty} \beta^t \left[\frac{(C_t)^{1-\sigma}}{1-\sigma} - \psi \frac{(L_t)^{1+\phi}}{1+\phi} + \frac{(M_t/P_t)^{1-\upsilon}}{1-\upsilon} \right] \tag{4.1}$$

其中，C_t 是居民消费的一单位商品，L_t 是提供的劳动，σ 是家庭的风险厌恶系数，ψ 刻画了提供劳动对家庭福利的影响，ϕ 与劳动供给弹性相关，β 是主观贴现因子。

在本模型中，家庭的全部金融资产可用于银行存款和购买影子银行产品。家庭的收入由四部分组成：提供劳动获得的工资、商业银行和生产商的利润分红、存款和影子银行产品的利息收入以及退出经济体低风险企业家和高风险企业家的净值。家庭将一部分收入用于消费，一部分用来购买存款和影子银行产品。家庭面临的预算约束方程为

$$(1 + R_{t-1}^e) D_{t-1} + (1 + R_{t-1}^S) SB_{t-1} + W_t N_t + (1 - \gamma^L) V_t^L + (1 - \gamma^H) V_t^H + \Pi_t =$$
$$SB_t + D_t + P_t C_t \tag{4.2}$$

其中，D_t、SB_t 分别为 t 期的商业银行存款和影子银行产品，W_t 为名义工资。R_t^e 为无风险利率（活期存款的利率），R_t^S 为通道收益率，SB_t 为商业银行的通道部分，P_t 为最终产品的价格，Π_t 为居民从房地产生产商和商业银行等部门获得的利润，γ^L 和 γ^H 分别为每期存活的低风险企业和高风险企业的比例，$(1 - \gamma^L) V_t^L$ 为退出经济体的低风险企业家的总转移支付，$(1 - \gamma^H) V_t^H$ 为退出经济体高风险企业家的总转移支付。

每个家庭提供的劳动服务是垄断的，每期有 θ_w 比例的家庭不能再次优化其工资，因此依据指数规则来设定工资

$$W_{j,t} = W_{j,t-1} (\overline{\pi})^{\iota_w} (\pi_{t-1})^{1-\iota_w} \tag{4.3}$$

其中，$0 \leqslant \iota_w \leqslant 1$ 代表工资指数化于稳态通胀率的程度。$1 - \theta_w$ 比例再次最优化

的家庭通过最大化工资的设定，得到工资指数的运动规律为

$$W_t = \{(1-\theta_W)(\tilde{W}_t)^{\frac{1}{1-\lambda_W}} + \theta_W [W_{t-1}(\overline{\pi})^{\iota_w}(\pi_{t-1})^{1-\iota_w}]^{\frac{1}{1-\lambda_W}}\}^{1-\lambda_W} \quad (4.4)$$

其中，$1 \leqslant \lambda_w < \infty$ 代表工资加成。

4.3.2　房地产

　　基于一般的经典经济模型，厂商购买劳动力和资产进行生产，生产函数本节采用常用的柯布道格拉斯函数。我们还假设企业的生产资产以房地产资产为主，这个假设与一般经济模型不同，更加符合实际的生产函数应该为 $Y_t = A_t(K_t)^{\alpha}(H_t)^{\beta}(L_t)^{1-\alpha-\beta}$，但是在后面的所有分析中，这种更加符合实际情况的生产函数的引入并不能改变分析结果，而只是使模型更复杂（武康平和胡谍，2011）。鉴于"经济学模型并非面面俱到，而是要抓住最核心的关系"的基本原则，我们在生产函数中舍去 K_t，则厂商的生产函数形式为

$$Y_{i,t} = A_t(H_{i,t})^{\alpha}(L_{i,t})^{1-\alpha} \quad (4.5)$$

其中，α 为房地产在生产函数中的投入比例，A 为社会平均生产技术，A_t 为生产技术冲击，$\ln A_t = A + \rho_A \ln A_{t-1} + e_{t-1}^A$。$H$ 为房地产，房地产积累模式为

$$H_{t+1} = \eta H_{t+1}^H + (1-\eta)H_{t+1}^L$$

$$= (1-\delta)[\eta H_t^H + (1-\eta)H_t^L] + [1 - S(\frac{I_t}{I_{t-1}})]I_t \quad (4.6)$$

　　式（4.6）表明投入的房地产 H_t 是两类企业提供房地产服务 H_t^H 和 H_t^L 的组合，$S(I_t/I_{t-1})$ 为 Christiano 等（2005）提出的资本调整成本函数，满足 $S(1) = S'(1) = 0, S''(1) > 0$。

　　厂商部门存在生产商和销售商两类主体。在第一阶段，生产商在给定生厂商名义工资 W_t 和真实资本租金率 r_t^H、r_t^L 的情况下组织建造房屋，在式（4.5）和式（4.6）的约束下使总生产成本最小化：

$$\min C = \frac{W_t L_{i,t}}{P_t} + H_{i,t}^H r_t^H + H_{i,t}^L r_t^L \quad (4.7)$$

　　第二阶段，销售商购入新建房屋，将其出售给家庭部门。参照 Bernanke 等（1999）的设定，这里引入垄断竞争的销售商以产生价格黏性。

$$Y_t = \left[\int_0^1 (Y_{i,t})^{\frac{1}{\lambda_f}}di\right]^{\lambda_f} \quad (4.8)$$

其中，λ_f 表示商品之间的替代弹性。在垄断竞争市场上，每家销售商都有一定的定价权，假定每期有 $1-\theta$ 比例的零售商可以定价，其余生产商则根据过去的通胀水平确定其指数化价格：

$$P_{i,t} = P_{i,t-1} (\overline{\pi})^{\iota} (\pi_{t-1})^{1-\iota} \tag{4.9}$$

其中，ι 代表价格中稳态通货膨胀率的权重。剩余 $1-\theta$ 比例的建造商可以选择最优的价格 $\tilde{P}_t$，假设第 i 个零售商可以在 t 期进行定价，其目标是借助定价权实现贴现利润最大化：

$$\max \sum_{t=0}^{\infty} (\beta\theta)^{\iota} \lambda_t [(P_{i,t} - S_t) Y_{i,t}] \tag{4.10}$$

其中，λ_t 是家庭预算约束的乘子，S_t 是生产商品的名义边际成本，每期末，利润被返给家庭部门。由此，得到价格指数的运动规律为

$$P_t = \{(1-\theta)(\tilde{P}_t)^{\frac{1}{1-\lambda_f}} + \theta[P_{t-1}(\overline{\pi})^{\iota}(\pi_{t-1})^{1-\iota}]^{\frac{1}{1-\lambda_f}}\}^{1-\lambda_f}, 1 \leq \lambda_f < \infty \tag{4.11}$$

4.3.3 影子银行与商业银行

（1）影子银行的部门

相比于银行部门，现实中的影子银行更加符合完全竞争市场的特征。与银行部门不同，影子银行不能从事吸收公众存款业务。我们假设影子银行利用理财产品获得的资金向高风险企业提供贷款。那么，影子银行的零利润条件为

$$[1 - F_t(\overline{\omega}_{t+1})](1 + R_{t+1}^{shadow}) B_{t+1}^H + (1-\mu) \int_0^{\overline{\omega}_{t+1}} \omega_t dF_t(\omega_t)(1 + R_{t+1}^H) Q_t \overline{H}_{t+1}^H =$$
$$(1 + R_{t+1}^e) B_{t+1}^H \tag{4.12}$$

其中，$F_t(\omega_t)$ 是 ω_t 累积分布函数，继而可得

$$[\Gamma_t(\overline{\omega}_{t+1}) - \mu G_t(\overline{\omega}_{t+1})] h_{t+1}^H (1 + R_{t+1}^H)/(1 + R_{t+1}^e) = h_{t+1}^H - 1 \tag{4.13}$$

其中，

$$G_t(\overline{\omega}_{t+1}) = \int_0^{\overline{\omega}_{t+1}} \omega_t dF(\omega_t) \tag{4.14}$$

$$\Gamma_t(\overline{\omega}_{t+1}) = \overline{\omega}_{t+1}[1 - F_t(\overline{\omega}_{t+1})] + G_t(\overline{\omega}_{t+1}) \tag{4.15}$$

$\Gamma_t(\overline{\omega}_{t+1})$ 是影子银行获得的企业家收益的份额，$1 - \Gamma_t(\overline{\omega}_{t+1})$ 是企业家获得的利润，$\mu G_t(\overline{\omega}_{t+1})$ 是监管成本，Q_t 是房价。

合约在影子银行和高风险企业间分配利润，最优的合约是最大化企业家在 $t-1$ 期的预期收益，该合约可以表示为

$$\max E_t \left\{ \left[1 - \Gamma_t(\overline{\omega}_{t+1}) \right] \frac{1 + R_{t+1}^H}{1 + R_{t+1}^e} h_{t+1}^H \right\} \tag{4.16}$$

由一阶条件得到金融"加速器"

$$\frac{E_t(1 + R_{t+1}^H)}{(1 + R_{t+1}^e)} = \Psi\left(\frac{Q_t \overline{H}_{t+1}^H}{N_{t+1}^H} \right) \tag{4.17}$$

其中，$\dfrac{Q_t \overline{H}_{t+1}^H}{N_{t+1}^H}$ 是高风险企业的杠杆率，$\dfrac{E_t(1 + R_{t+1}^H)}{1 + R_{t+1}^e}$ 是企业面临的外部融资溢价。

（2）商业银行

因为商业银行属于垄断竞争，每家商业银行 z 对于利率都有一定的定价权。商业银行利润最大化为

$$\max \Pi_{t+1}^{CB}(z) = \left\{ \left[1 + R_{t+1}^{com}(z) \right] B_{t+1}^L(z) - (1 + R_{t+1}^e) B_{t+1}^L(z) \right\} \tag{4.18}$$

其中，$R_{t+1}^{com}(z)$ 为第 z 家银行的贷款利率，$B_{t+1}^L(z)$ 为第 z 家银行对低风险企业的贷款数额。由于每家商业银行面对低风险企业的贷款需求为

$$B_{t+1}^L(z) = \left(\frac{1 + R_{t+1}^{com}(z)}{1 + R_{t+1}^{com}} \right)^{-\lambda_{t+1}^{com}} B_{t+1}^L \tag{4.19}$$

在贷款需求的约束下可得到商业银行利润最大化的一阶条件为

$$1 + R_{t+1}^{com} = \frac{\lambda_{t+1}^{com}}{\lambda_{t+1}^{com} - 1} (1 + R_{t+1}^e) \tag{4.20}$$

因此商业银行整体的利润可以描述为

$$\Pi_{t+1}^{CB} = (R_{t+1}^{com} - R_{t+1}^e)(1 - \eta) B_{t+1}^L \tag{4.21}$$

其中，η 为高风险企业的比例。

4.3.4 货币政策

是否应该将房地产价格等资产价格纳入货币政策一直存在争议，Iacoviello 和 Neri（2010）、Chen，Ren 和 Zha（2016）认为货币政策不应该关注房地产等资产价格。然而，随着货币政策理论的不断发展，其他学者认为货币政策可以通过信贷、提升资产价格、修复资产负债表等不同的运作机理和渠道来对房

地产市场进行一定程度的调控和干预。Leamer（2007）认为房地产投资是经济繁荣衰退的预兆性指标，同时将产出缺口和住房开工率纳入货币政策的泰勒规则，可以较有效地控制通货膨胀。Notarpietro 和 Siviero（2015）表明，在考虑金融摩擦的经济体系中，货币政策对房地产价格作出反应可以提高社会福利。因此本章将房地产价格变动作为泰勒货币政策的目标之一。

（1）价格型货币政策规则。胡志鹏（2014）将"控制杠杆率"纳入货币政策目标，参考此思路，下面将"总杠杆率"纳入货币目标来设定扩展的泰勒规则：

$$R_t^e = (R_{t-1}^e)^{\rho_r} \left[R^e \left(\frac{E_t \pi_{t+1}}{\overline{\pi}} \right)^{\alpha_\pi} \left(\frac{Y_t}{\overline{Y}} \right)^{\alpha_y} \left(\frac{Q_t}{\overline{Q}} \right)^{\alpha_q} \right]^{(1-\rho_r)} \varepsilon_t^r \qquad (4.22)$$

其中，R^e、$\overline{\pi}$、$\overline{Y}$、$\overline{Q}$ 分别是 R_t^e、π_t、Y_t、Q_t 的稳态；α_π、α_y、α_q 分别是预期通胀、产出、房价的权重；ρ_r 是利率平滑；ε_t^r 是价格规则的冲击，冲击的标准差为 σ_r。通过对参数设置不同取值，可以刻画不同的货币制度。当 $\alpha_q = 0$ 时，式（4.22）为基准的泰勒规则；当 $\alpha_q > 0$ 时，央行将金融杠杆作为目标之一，式（4.22）为宏观审慎的泰勒规则。

（2）数量型货币政策规则。参照式（4.22）的泰勒规则设定麦克勒姆规则，将"总杠杆率"纳入货币目标来设定扩展的麦克勒姆规则：

$$g_t = (g_{t-1})^{\rho_g} \left[g \left(\frac{E_t \pi_{t+1}}{\overline{\pi}} \right)^{\phi_\pi} \left(\frac{Y_t}{\overline{Y}} \right)^{\phi_y} \left(\frac{Q_t}{\overline{Q}} \right)^{\phi_q} \right]^{(1-\rho_g)} \varepsilon_t^g \qquad (4.23)$$

其中，$g_t = M_t/M_{t-1}$ 是名义货币供应量增长率，g 是 g_t 的稳态；ϕ_π、ϕ_y、ϕ_q 分别是预期通胀、产出、金融杠杆的权重；ρ_g 是货币供应量增长率的平滑；ε_t^g 是数量型货币政策的冲击，冲击的方差为 σ_g。当 $\phi_q = 0$ 时，式（4.23）为基准的麦克勒姆规则；当 $\phi_q > 0$ 时，式（4.23）为宏观审慎的麦克勒姆规则。

4.3.5　市场均衡

由上文给出的各部门行为，我们可以得到市场出清条件：

$$C_t + I_t + \eta\mu \int_0^{\omega_t} \omega dF(\omega)(1 + R_t^{k,H}) \frac{Q_{t-1}\overline{H}_t^H}{P_t} + \eta a(u_t^H)\overline{H}_t^H + (1-\eta)a(u_t^L)\overline{H}_t^L = Y_t$$

$$(4.24)$$

当经济达到均衡状态时，家庭部门最优化期望效用，厂商利润最大化，同时，劳动、房地产与产品市场均出清。

4.4　参数校准与估计

康立、龚六堂和陈永伟（2013）考虑了"金融摩擦"和"价格黏性"等因素，由于受到数据信息量等客观条件的制约，本节的部分参数借鉴他们，部分新出现的参数结合中国实际进行校准，对于不确定的结构参数根据实际数据用贝叶斯估计方法估计。

4.4.1　参数校准

参考一般文献的做法，贴现因子 β 设定为 0.99，对应 4% 的年实际利率。在企业生产函数中，大部分文献对中国资本产出弹性的估值都位于 0.4—0.6（陈彦斌等，陈伟泽，陈军等，2013）[①]，本节将 α 设定为 0.4。其余参数的校准参如表 4 - 1 所示。

表 4 - 1　　　　　　　　　模型参数及稳态赋值

参数	描述	取值	参数	描述	取值
β	贴现率	0.99	ψ	劳动负效用的权重	36
σ	消费弹性的倒数	0.524	ϕ	劳动供给弹性的倒数	0.63
λ_f	房地产建造商的价格加成	1.2	δ	房地产折旧率	0.025
α	生产函数中的房地产份额	0.4	λ^{com}	资金需求的利率弹性	103.6
$\tilde{\rho}$	利率平滑系数	0.85	λ_w	工资加成	26.98
S''	投资调整成本函数的曲率	29.3	μ	银行监督成本比例	0.12
γ^L	低风险企业的存活率	0.96	γ^H	高风险企业的存活率	0.97
α_π	泰勒规则预期通胀的权重	1.5	η	高风险企业家的比例	0.30
α_y	泰勒规则产出缺口的权重	0.5	α_q	泰勒规则房价的权重	0.5

资料来源：作者整理。

---

① 陈彦斌，陈伟泽，陈军，邱哲圣. 中国通货膨胀对财产不平等的影响［J］. 经济研究，2013，48（8）：4 - 15，130.

4.4.2 贝叶斯估计

本节主要采用 Beta 和 InvGamma 两类分布函数刻画参数的事前分布特征。参数的取值位于区间 [0，1] 时，事前分布用 Beta 分布函数，而外生冲击的标准差用 InvGamma 分布，具体赋值见表 4 - 2。InvGamma 分布中的数值 0.1 代表了冲击的事前均值，数值 2 表明将外生冲击的自由度设为 2，这对冲击方差的取值赋予了较大的区间。价格黏性系数 $\{\theta, \theta_w\}$ 设定均值为 0.5 和标准差为 0.1 的 Beta 分布，通货膨胀指数 $\{\iota, \iota_w\}$ 都采用均值为 0.5 和标准差为 0.15 的 Beta 分布。这里建立的模型包含 2 个外生冲击：货币政策冲击、生产率冲击，按照采用贝叶斯方法估计动态随机一般均衡模型参数的规则，观测变量的个数要小于或者等于外生冲击的个数，所以使用如下 2 个观测变量：通货膨胀率、消费。分别采用季节调整的 CPI 月度环比和社会消费品零售总额当月环比值代替通货膨胀率和消费，样本期从 2011 年 2 月至 2017 年 7 月，所有数据来自 Wind 数据库。

表 4 - 2　　　　　　　模型待估参数的先验分布和后验分布

参数	参数	先验分布	后验均值	90% 置信区间
θ	价格黏性指数	Beta [0.5，0.1]	0.3101	[0.1692，0.4505]
θ_w	工资黏性指数	Beta [0.5，0.1]	0.9514	[0.9496，0.9529]
ι	价格指数对于稳态通胀的比重	Beta [0.5，0.15]	0.6729	[0.4625，0.8902]
ι_w	工资指数对于稳态通胀的比重	Beta [0.5，0.15]	0.0153	[0.0104，0.0207]
ρ_A	技术冲击的一阶自相关系数	Beta [0.2，0.5]	0.5858	[0.4700，0.6955]
σ_A	技术冲击的标准差	InvGamma [0.1，2]	0.0400	[0.0275，0.0529]

资料来源：作者整理。

表 4 - 2 分别给出了各待估参数的先验分布类型、先验分布均值、后验分布均值以及 90% 的置信区间。估计结果如表 4 - 2 所示，除了技术冲击的一阶自相关系数的后验均值与先验均值接近，其他参数的后验均值与其先验均值都有一定偏离，说明给定的观测数据提供了较为丰富的信息，反映了参数的真实信息。同时，后验分布的均值都落在 90% 的置信区间，说明参数估计的结果具有较好的稳健性和收敛性。其中，工资的黏性指数要大于价格的黏性指数，

说明工资的调整主要依据上一期工资的水平，受市场波动的影响较小，这一特点也从工资指数对于稳态通胀的比重只有 0.0153 这一数据上体现。ι 和 ι_w 的后验均值分别为 0.6729 和 0.0153，表明工资对通货膨胀关注程度较小，价格黏性也更高。

4.5　模型分析

4.5.1　各类冲击下的主要经济变量脉冲响应结果

（1）利率冲击下的主要经济变量脉冲响应结果

在识别影响房地产价格和规模的主要冲击之后，我们考察影子银行、房地产市场和其他宏观变量面对利率冲击的反应。图 4-2 给出了各经济变量在一个正向的利率冲击下的脉冲反应。首先，我国价格型货币政策将通过消费渠道和投资渠道对产出起到促进作用，我们可以看出，产出的脉冲反应持续时间最长。利率冲击也会通过金融加速器效应扩大对投资、产出的影响作用，投资、通货膨胀和产出均出现上升，这一结论验证了货币在短期非中性的论点，同时也验证了我国经济存在货币的金融"加速器"效应。此外，由于我们在模型中加入资本调整成本，因此投资在货币政策冲击下的脉冲反应表现出驼峰形态，即由于资本调整成本，投资在货币冲击当期未充分反映冲击效果，而是在冲击后先下降后上升，在第 38 期达到峰值之后逐渐向稳态回复。产出和投资的增加会带来通货膨胀的提高，通货膨胀率在刚开始便出现了明显的上升趋势，并在 14 期达到顶峰，但货币政策冲击对通货膨胀影响的时效较短，在 40 期前后回归稳态水平。其次，紧缩的货币政策实施后，商业银行贷款利率和无风险利率都偏离了稳态，减少了商业银行系统的信贷投放，商业银行信贷即期便达到了最小值。在紧缩货币政策实施初期，影子银行信贷规模立刻出现了扩张，企业对影子银行体系中可贷资金的需求迅速增加，由于影子银行受到货币政策的影响较小，对利率冲击作出的反应并没有维持太长时间。随着商业银行贷款利率调整上升，对商业银行的资金需求也随之调整降低，并随着信贷总规模的扩大逐渐下降至稳态水平。由此我们可以看出，利率冲击在增加总信贷需求的同时降低了金融体系的融资成本，其对宏观经济的刺激包含了信贷（数量）和利率（价格）上的双重效应。最后，由于总体信贷规模的提高，房地产市场获得了较多的融资，扩大建造面积，推动了房地产市场规模的扩大。房地产波动通过财富效应改变商业银行的净资产，在金融"加速器"效应的作用下会提高商业银行融资杠杆率。高利率环境使得通货膨胀率得以降低，导致社会整体价格水平和房地产价格显著下降。房地产价格的下降在"挤出效应"的作用下会吸引更多的家庭资产转出房地产市场，减少当期消费和家庭储蓄存款，因此房地产价格的下降又会进一步推动社会融资需求的减少。此外，房地产市场的波动被传导到实体经济时厂商的生产资本也会增加，生产资本的减少会进一步导致产出和投资的减少。这也表明，将房地产价格引入货币政策调控目标，在紧缩的货币政策下可以增加影子银行部门风险的同时缩小社会总体融资规模。

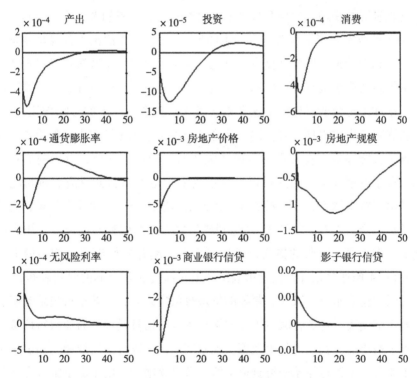

图4-2 正向利率冲击下各经济变量的脉冲响应

（资料来源：作者整理）

（2）货币增长率冲击下的主要经济变量脉冲响应结果

在识别影响房地产价格和规模的主要冲击之后，我们考察影子银行、房地产市场和其他宏观变量面对利率冲击的反应。图 4-3 给出了各经济变量在一个负向的利率冲击下的脉冲反应。首先，放松我国数量型货币政策将通过消费渠道和投资渠道对产出起到促进作用，我们可以看出，产出的脉冲反应持续时间最长。利率冲击也会通过金融"加速器"效应扩大对投资、产出的影响作用，投资、通货膨胀和产出均出现上升，这一结论验证了货币在短期非中性的论点，同时也验证了我国经济存在货币的金融"加速器"效应。此外，由于我们在模型中加入资本调整成本，因此投资在货币政策冲击下的脉冲反应表现出驼峰形态，即由于资本调整成本，投资在货币冲击当期未充分反映冲击效果，而是在冲击后持续上升，在第 6 期达到峰值之后逐渐向稳态恢复。产出和投资的增加会带来通货膨胀的加剧，通货膨胀率在刚开始便出现了明显的上升趋势，并在 6 期达到顶峰，但货币政策冲击对通货膨胀影响的时效较短，在 40 期左右回归稳态水平。其次，宽松的货币政策实施后，商业银行贷款利率和无风险利率都偏离了稳态，增加了商业银行系统的信贷投放，商业银行信贷在 3 期便达到了最高值，并在 12 期之后处于负值区间。在宽松货币政策实施初期，影子银行信贷规模立刻出现了缩减，企业对影子银行体系中可贷资金的需求迅速降低，由于影子银行受到货币政策的影响较小，对利率冲击作出的反应并没有维持太长时间。随着商业银行贷款利率调整上升，对商业银行资金需求也随之调整降低，并随着信贷总规模的扩大逐渐下降至稳态水平。由此我们可以看出，利率冲击在增加总信贷需求的同时降低了金融体系的融资成本，其对宏观经济的刺激包含了信贷（数量）和利率（价格）上的双重效应。最后，由于总体信贷规模的提高，房地产市场获得了较多的融资，扩大了建造面积，推动了房地产市场规模的扩大。房地产波动通过财富效应改变商业银行的净资产，在金融"加速器"效应的作用下会提高商业银行融资杠杆率。低利率环境使得通货膨胀率得以提高，导致社会整体价格水平和房地产价格显著升高。房地产价格的上涨在"挤出效应"的作用下会吸引更多的家庭资产向房地产市场转移，减少当期消费和家庭储蓄存款，因此房地产价格的上涨会进一步推动社会融资需求的增加。此外，房地产市场的波动被传导到实体经济时生产资本也会增加，生产资本的增加会进一步刺激产出和投资的增加。这也表明，将房地产价格引入货币政策调控目标，面对货币政策冲击时可以减少影子银行部门风险的同时扩大社会总体融资规模。

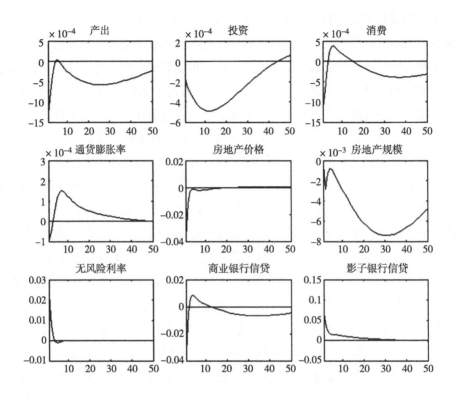

图4-3 正向货币增长率冲击下各经济变量的脉冲响应

(资料来源：作者整理)

（3）生产率冲击下的主要经济变量脉冲响应结果

如图4-4所示，当经济系统受到1个标准差单位的正向技术冲击后，不论是生产部门、房地产市场还是金融市场都发生了变动，说明实体经济与金融市场是紧密相连的。在给定生产函数下，生产率A_t的提高会引起产出Y_t的提高，由方差分解的结果可知，生产率的冲击只能解释产出波动的30.11%，故生产率冲击造成产出的增加只持续了8期，并且增加的幅度也小于利率冲击造成的幅度，8期以后产出呈现负向的响应，且该趋势持续时间较长。其次，生产率的冲击对不同的价格变量造成了不同的影响。其中，通货膨胀水平出现短暂的下降后，在4期左右出现上升的趋势；无风险利率首先出现快速的下降，在9期回归稳态后又出现轻微上浮的态势；随着社会总体价格水平的下降，房地产价格在即期就将至最低值，随后缓慢上升并在23期以后出现正值，但上涨的幅度一直维持较低水平，房地产价格的回升速度明显慢于通货膨胀水平说

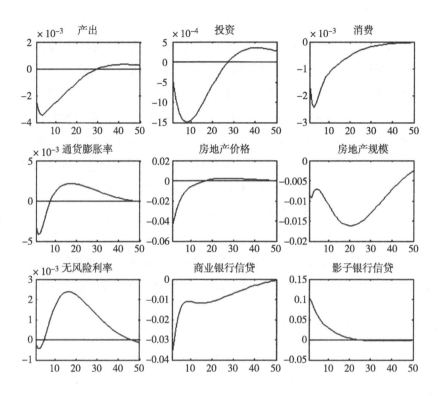

图 4 - 4　正向生产率冲击下各经济变量的脉冲响应

（资料来源：作者整理）

明房地产价格受实体建造的影响变动较为迟缓；而商业银行贷款利率出现波动且有显著的上升趋势，并且上涨的趋势持续了较长期数。制造业部门和房地产部门受到正向冲击后，对金融部门的融资总需求增加，从图 4 - 3 中可以看到，影子银行和商业银行信贷都出现了较为显著的增长，但影子银行信贷规模增长更大。随着商业银行贷款利率的上升，商业银行信贷规模逐渐受到抑制，由脉冲响应图可以看出，即使商业银行信贷规模在短期内得到了提升，但很快出现下降趋势并持续较长时间。随后，商业银行的贷款配置逐渐减少，影子银行规模倾向于扩张，且影子银行信贷增幅具有更强的持续性，从而弥补了贷款配置的减少造成的影响。但在整个信贷市场中，影子银行提供的信贷规模要低于商业银行，总体而言，市场上的总信贷规模是下降的。Bernanke 和 Gertler（1995）从信贷渠道分析，由于存在外部融资溢价（External Finance Preminium）金融市场中的摩擦会被加大，当资金需求者无法从传统商业银行获得足够的资金时，就会转向其他融资方式，这与本章中制造业和房地产业同时从商业银行和影子银行获得信贷的行为是一致的。由于资本调整成本的存在，投资在受到生产率冲击后呈波谷式的下跌，在42期以后才转为正值。投资的下降抑制了房地产市场规模的扩大，在观察期内房地产规模对冲击的反应始终处于负值。

通过图4-2、图4-3、图4-4的对比我们可以看到，影子银行信贷规模与房地产价格总是保持相反的变动趋势。我们认为，在中国特殊的金融中介体系下，影子银行的放贷行为在货币政策传导中扮演重要的角色，这也增加了货币政策的实施难度。降低影子银行杠杆率缩小影子银行规模的货币政策会导致房地产价格的提高，导致房地产市场的波动。若货币政策关注房地产价格，旨在降低房价的政策会缩小社会总信贷规模，风险较高的影子银行信贷却得到了扩张；旨在抑制影子银行融资规模的政策又会导致房价的升高和房地产规模的扩张。因此货币政策面临的两难是控房价，以及缩小影子银行融资规模。

4.5.2 敏感性分析和福利分析

上述分析表明，面对利率冲击、货币政策冲击和生产率冲击时，只实施货币政策时很难兼顾金融市场稳定、房地产市场稳定和金融结构平衡，有必要把货币政策和宏观审慎、结构性措施搭配使用。但如何判断不同货币政策组合孰优孰劣呢？下面给出了一个基于福利比较的评估框架。基于代表性家庭一生效用函数看作社会福利函数，采用高阶逼近的方法可得社会福利损失函数为

$$W = \sum_{t=0}^{\infty} \beta^t \left(\frac{U_t - U}{U_C C} \right) = -\frac{1}{2} \sum_{t=0}^{\infty} \beta^t \left(\frac{\lambda_f}{\lambda} \pi_t^2 + (1 + \psi) \hat{y}_t^2 \right) \quad (4.25)$$

其中，$\lambda = (1 - \beta\iota)(1 - \iota)/\iota$。那么平均的社会福利损失就可以表示为

$$V = -\frac{1}{2} \left(\frac{\lambda_f}{\lambda} var(\pi_t) + (1 + \psi) var(\hat{y}_t) \right) \quad (4.26)$$

保持货币政策对产出缺口和预期通货膨胀的反应系数不变，而对房地产价格的反应系数依次采用0.1、0.3、0.5、0.7四个依次递增的值。随着对房地产价格反应系数的增加，由表4-3可知，除了通货膨胀波动，产出波动、房价波动、房地产规模变动、商业银行信贷波动和影子银行信贷波动等变量的方差都依次下降，同时社会福利损失也在减小。福利分析表明，随着货币政策对房价反应的增强，各主要经济波动降低，社会总福利得到改善。

表 4 - 3　　　　不同货币政策规则下主要经济变量波动及福利损失情况

货币政策规则的反应系数			主要经济变量的波动方差以及社会福利损失						
通胀	产出	房价	产出波动	通胀波动	房价波动	房地产规模波动	商业银行信贷波动	影子银行信贷波动	福利损失
1.5	0.5	0.1	2.68e - 05	1.88e - 05	1.90e - 04	3.25e - 03	9.25e - 06	4.03e - 03	0.0998
1.5	0.5	0.3	2.35e - 05	1.814e - 05	1.04e - 04	2.47e - 03	6.53e - 06	3.57e - 03	0.0875
1.5	0.5	0.5	2.22e - 05	1.94e - 05	7.36e - 05	2.05e - 03	5.11e - 06	3.32e - 03	0.0826
1.5	0.5	0.7	2.14e - 05	2.11e - 05	5.78e - 05	1.78e - 03	4.22e - 06	3.16e - 03	0.0799

资料来源：作者整理。

　　基于上述分析，货币政策的实施可以抑制部分经济波动，提高社会福利，若想获得更好的政策实施效果，应该采取多种政策组合措施。马勇（2013）提出将金融稳定、市场融资溢价、资产价格、杠杆率水平、金融体系风险等变量纳入传统的泰勒货币政策规则，调整后的货币政策规则转变成"宏观审慎泰勒规则"，通过对各新增"盯住变量"的反应力度进行敏感性分析确定最优的货币政策规则。参考马勇（2013），这里将上文的货币政策反应函数修正为如下的扩展形式：

$$R_t^e = \left(R_{t-1}^e \right)^{\tilde{\rho}} \left[R^e \left(\frac{E_t \pi_{t+1}}{\bar{\pi}} \right)^{\alpha_\pi} \left(\frac{Y_t}{Y} \right)^{\alpha_y} \left(\frac{Q_t}{Q} \right)^{\alpha_q} \left(\frac{lev_t}{lev} \right)^{\alpha_l} \right]^{(1-\tilde{\rho})} \varepsilon_t^{MP} \quad (4.27)$$

其中，lev_t 表示社会融资的总杠杆率，α_l 为货币政策对社会融资总杠杆率的反应系数。保持 $\alpha_\pi = 1.5$、$\alpha_y = 0.5$、$\alpha_q = 0.7$，对总杠杆率反应系数进行敏感性分析采取以下四组取值：$\alpha_l = 0.1$、$\alpha_l = 0.3$、$\alpha_l = 0.5$、$\alpha_l = 0.7$，各变量波动方差和社会福利损失的结果如表 4 - 4 所示。

表 4 - 4　　　　　　　宏观审慎货币规则的敏感性分析

政策规则反应系数				部分宏观变量波动方差与福利损失						
通胀	产出	房价	杠杆	产出波动	通胀波动	房价波动	房地产规模波动	商业银行信贷波动	影子银行信贷波动	福利损失
1.5	0.5	0.7	0.1	1.69e - 05	2.17e - 05	8.46e - 05	1.94e - 03	5.25e - 06	2.70e - 03	0.063
1.5	0.5	0.7	0.3	1.19e - 05	2.86e - 05	1.88e - 04	2.10e - 03	6.77e - 06	1.98e - 03	0.045
1.5	0.5	0.7	0.5	1.098e - 05	3.76e - 05	3.56e - 04	2.26e - 03	8.09e - 06	1.55e - 03	0.042
1.5	0.5	0.7	0.7	1.32e - 05	4.75e - 05	5.89e - 04	2.44e - 03	9.43e - 06	1.33e - 03	0.050

资料来源：作者整理。

由表 4 – 4 可知，α_q 的值为 0.7 时，社会福利损失最小，故在表 4 – 4 中将房地产价格系数固定在 0.7。对社会总杠杆率反应系数依次赋值 0.1、0.3、0.5、0.7，观察经济变量的波动和福利损失情况，发现表 4 – 4 的福利损失均小于表 4 – 3 的福利损失，并且当 $\alpha_l = 0.5$ 时达到了最小值。随着社会融资总杠杆率反应系数 α_l 的值不断增加，房地产规模波动、商业银行信贷波动、通胀波动都出现了递增的趋势，而影子银行信贷波动却一直减小。总体来看，上述结果表明，通过在货币政策中新增社会总杠杆率变量，并将其作为直接的盯住对象时，并不能起到缓和一些经济变量的波动的作用，却可以在对反应系数进行合理赋值后进一步降低社会福利损失。

结合我国居民理财和资产配置的需求、商业银行监管严格和企业融资难的现状，影子银行的存在具有一定的合理性和必然性。然而，影子银行发展过快，相应的监管措施不能覆盖所有类型的影子银行业务，这些都使得影子银行体系积累了大量的风险。一方面，地方政府隐性担保的存在促使影子银行体系部分支持了房地产企业，导致地方政府和企业杠杆率攀升，增加了相关监管的困难和复杂性；另一方面，在实施金融业分业经营管理时，商业银行的资金不会直接作用于房地产价格等资产价格，影子银行的存在却一定程度上打破了这一传统的资金运营机制，影子银行业务的开展增加了资产价格的波动和相关金融风险；此外，在房价等资产价格快速上涨、实体经济疲弱、投资收益率较低的时期，影子银行助推了资金脱实向虚，使得资金长期滞留在金融体系内部空转，追逐高风险的金融资产。

第5章
我国影子银行对地方政府
债务风险的溢出效应

由于受到信贷政策和预算约束的影响，面对长期以来的财政缺口，规范化的融资途径难以满足地方政府与日俱增的融资需求，进而转向创新型融资方式，大量资金通过多种途径的影子银行业务流向地方政府，进一步促进了我国影子银行业务与地方政府债务的共同扩张与发展。但由于影子银行具有期限错配、固有脆弱性等风险特征，且监管体系也存在着诸多缺陷，这就给影子银行业务的过度扩张积累了大量风险。因此，影子银行业务与地方政府联系紧密，风险敞口极不透明，极易成为触发地方政府债务的"导火索"，进而引发系统性风险。本章在系统阐述我国影子银行体系与地方政府债务关联风险的基础上，深度剖析我国影子银行业务对地方政府债务的风险传导机制，并且采用 GARCH – CoVaR 模型定量测度我国各类影子银行机构对地方政府债务的系统性风险溢出效应。

5.1 我国影子银行对地方政府债务风险的传导机制

5.1.1 我国影子银行向地方政府债务传导的风险

伴随着地方政府融资需求敞口的不断加大，除银行贷款和债券融资外，越来越多的创新型融资渠道不断涌现，信托融资、融资租赁、资产管理计划等通道成为地方政府融资的新型模式。尤其是信托融资作为影子银行体系的重要业务，不仅为地方政府间接融资提供了多元化通道，也是信托公司的业务收入来源之一。由图 5 - 1 所示，自 2011 年开始，我国政信合作业务规模飞速膨胀，信托行业发展十分迅猛。但随着地方政府举债资管政策的趋严，一些违规渠道被剥离，政信合作信托规模也受到限制，逐步开始向 PPP 业务转型。另外需要关注的是，其他金融机构融资、融资租赁以及其他单位和个人借款等这些地方政府融资渠道也都与影子银行业务有着密不可分的联系，影子银行已成为地方政府债务的重要助力点。

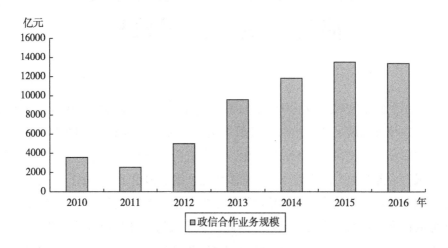

图 5 - 1 2010—2016 年我国政信合作业务规模情况

（资料来源：中国信托业协会）

影子银行由于其自身信用创造过程中具有信息资源不透明问题，极具不稳定性，容易进一步暴露金融体系的风险，并且由于我国的影子银行体系常处于监管空白，同时又与地方政府的资金链存在错综复杂的联系，不利于风险的控制和管理。王永钦（2013）认为一些地方政府通过与信托公司合作的影子银行业务将其地方债务证券化，形成隐形债务。证券化的本质是通过资产池和优先劣后级的划分从而改变资产对信息的敏感性，借此来为市场注入流动性，但与此同时，这一举措也使得金融体系的公开程度降低，抵押品的资产质量也显得并不那么重要，为系统性风险爆发埋下了伏笔。王守贞和于明（2013）通过评估影子银行系统的总体风险，识别出地方政府债务风险在我国影子银行系统风险中扮演了重要的角色。张平（2015）、胡娟（2013）等指出影子银行的发展会不断加剧地方政府债务的潜在风险。吕健（2014）采用动态空间杜宾模型证实影子银行与我国地方政府债务在相互促进彼此的规模增长，特别是中部地区效果显著。朱海斌和吴向红（2013）等认为地方政府债务和影子银行的溢出效应是造成金融系统失衡的累积因素，并且影子银行对地方政府债务存在风险溢出效应。王丽娅和刘固（2014）通过分析在我国地方政府债务融资过程中影子银行业务体系的主要表现形式，揭露其中潜在的流动性、信用及系统性风险。赵颖岚、张鑫杰、倪克勤（2017）认为我国地方政府债务整体风险在控制范围以内，并且影子银行利率与地方政府债务风险呈正相关效应。

基于影子银行的视角分析，根据我国地方政府债务的资金来源、资金用途和资金运作的特点，总结概括出其向地方政府债务传导的风险主要有以下几个方面。

（1）期限错配与流动性风险

金融机构不断发行短期理财产品，并将所得资金投资于长期项目，这种将短期借款投资于长期项目的方式就叫作期限错配。以地方政府融资平台为例，由地方政府融资平台发行的城投债一般情况下是投资于基建类或公益性项目，这些项目具有金额大、时间长、回流慢等特点。而金融机构发行的理财产品通常为 1 年以内的，这些短期理财产品投资于地方政府的长期项目就形成了期限错配。而且，这种方式的资金成本要高于直接融资成本，从而使得地方政府的融资成本进一步加大。此外，由于金融机构发行的这些理财产品通常期限较短，这就对地方政府造成较大的还款压力，地方政府为了及时偿还债务，不得不采用举借新债来偿还到期债务的方式，衍生出期限错配风险。

影子银行业务是信用扩张的过程，具有明显的顺周期性。在经济上行期间，由于市场对经济发展的一致性预期较强，这种期限错配所带来的风险容易被繁荣所掩盖。但这也意味着一旦进入经济下行周期，地方政府债务投资无法获得预期收益，从而加剧了还款压力，暴露出流动性风险。投资者对市场乐观的预期一旦被打破，也会反作用于地方政府债务及金融机构，甚至出现提前赎回的流动性风险。与传统商业银行的模式所不同，影子银行业务是通过信用创造的模式来实现的，在信用扩张的同时也传导了风险，但因其参与主体众多、监管不明确，且在传递过程中充满信息不对称的情形，使其面对流动性冲击时，抗风险能力较差。

（2）高杠杆风险

我国地方政府债务规模过大，且占自有资本的比例居高不下，导致杠杆率维持了较高水平。究其原因，是由于地方政府投资项目的时间跨度大且与影子银行类理财产品在时间周期上存在不匹配的情况。金融机构为满足理财产品回报周期短的要求，不得不将长期负债转换成短期负债，在进行转换的过程中，由于负债规模的大幅提升，杠杆也因此加大。此外，融资成本较高，以及投资项目现金回流较慢，带给了地方政府较大的还款压力，地方政府为提高还款能力，常采用借新还旧的方式，这一过程也同样增加了杠杆率。地方政府常常通过抵押土地使用权、公益类资产来筹集资金，而资产价格的变动常常受到经济周期以及宏观政策方面的影响。由于杠杆与经济周期形成正反馈机制，若处于经济的景气周期，债务人预期资产价格会上升，便会提高风险偏好，加大杠杆，而且由于预期向好，投资者的入场意愿也会得到提升，这一过程会使杠杆率不断推升，甚至造成资本泡沫。但当经济周期发生转变时，资产价格的下跌有可能会导致地方政府出现违约风险致使投资者的信心降低，而投资者的预期一旦发生改变，会导致金融机构资金募集成本增加，从而转嫁给地方政府，使地方政府融资成本进一步增加，偿还资金压力的进一步扩大。因此，由于影子银行业务具有扩张信用的特性，地方政府通过影子银行业务进行融资时应维持杠杆率在合理范围内，以防高杠杆所带来的一系列风险。

（3）信用风险

各地方的融资平台数量增多，已经成为地方政府筹措资金的重要来源，但不容忽视的是地方融资平台为地方政府融资带来便利的同时，也暴露了诸多问题。由于融资平台公司主要是地方政府为解决融资难问题而设立的机构，往往存在资本金不足的问题，而且其投资的项目现金回流较慢，不得不依靠地方财政补贴偿还本金支付利息，因此，一旦地方财政出现状况，地方债务便会面临无法偿本付息的可能。各融资平台用于抵押的资产主要为土地和公益性资产，但土地的价格跟经济周期有着很大的关系，因此，在地方融资平台自身资本金不充足的情况下，一旦因经济波动造成抵押资产的价值出现大幅波动，便容易扩大融资平台违约的可能性。除此之外，由于融资平台为政府部门设立的机构，其重要管理人员也都有前地方政府的属性，容易导致管理混乱、权责不明的问题，甚至出现违规担保等不合规的方式，信用风险也由此产生。同时在信贷紧缩的背景下，地方政府融资平台通过商业银行获得的信贷额度慢慢减少，为了满足其资金需求，于是纷纷将目标投向信托贷款等成本更高的影子银行业务。但是对于融资平台来说，较高的资金成本再加其本身的盈利能力较弱，一旦经济形势转坏或者融资平台的资金出现问题，便可能导致信用风险。

（4）系统性风险

地方政府在为城镇发展筹集资金的过程中，融资需求往往得不到满足，为了解决资金困难，便会借道影子银行业务。但由于我国的影子银行业务是在金融市场化程度较低以及监管套利的环境下的产物，其受监管程度较低，加之现在影子银行的创新业务越来越多，监管难度更大，容易导致风险过度积累，导致系统性风险发生。与传统融资相比，银行理财等表外业务以及非银信贷为影子银行业务的主要部分，涉及多个金融主体，为风险的快速传播与扩散提供了便利，一旦其中某一环节风险累积过度，便可能通过影子银行业务扩散到整个金融体系，从而引发系统性风险。以城投债等基建类产品为例，该类影子银行业务本身就存在着抵押资产价格不稳定、交易市场信息不对称、信息披露透明度差等脆弱性，并且投资者对其投资的信心往往依赖于对于地方政府的信任，为地方融资平台融资，在一定程度上蓄积了大量的风险。一旦单个影子银行机构发生兑付危机，便很有可能改变其他投资者的投资预期从而发生挤兑，其风险极易透过连接链条向地方政府或是其他金融机构传导，从而造成风险的层层放大，并且在危机时刻影子银行体系无法通过最终贷款人获取流动性支持，则会进一步导致金融危机的爆发。

5.1.2　我国影子银行对地方政府债务主要风险的传导机制

（1）地方政府融资平台的风险传导机制

近年来，我国各地方经济快速增长，各地方政府在基础建设、市政建设方面投资加大，使地方财政收支出现缺口。地方政府为平衡收支、加大投入，产生了强烈的融资需求，这一需求也催生了地方政府通过地方政府融资平台类影子银行业务进行融资的模式。地方政府融资平台在使影子银行与地方政府债务互联互通服务于实体经济的同时，风险也透过融资平台在地方政府、金融机构、经济系统之间进行传导。

地方融资平台多以土地使用权，公益类资产或应收账款等抵押品向影子银行进行融资。但由于资金主要投资于城市基础设施类以及公益类项目，如前文所提，该类投资易造成期限错配风险。目前，地方融资平台举债的规模已经较大，一旦风险累积过度，出现违约，风险会传导至地方债务，使其进一步恶化，还会扩散至参与其中的其他机构或系统里。地方政府融资平台的主要作用是筹集资金来进行地方建设，影子银行业务是信用创造的过程，这就要求地方融资平台的投资应服务于实体经济。若其投资不利甚至是资金在金融系统内空转，就会使得风险继续不断地累积，通过投资传导至地方政府债务。除此之外，融资平台的良好信用是由于地方融资平台具有独特的政府属性，行政体制得天独厚的优势使得各级政府成为隐性担保人，将层层风险不断向上叠加，甚至传导至系统。若地方政府融资平台出现风险，有可能通过政府传导的方式传递至中央政府甚至引发系统性风险。因此，地方政府融资平台的影子银行业务与地方政府联系紧密，风险传导会通过上述几种方式对地方政府债务产生影响。

（2）信托融资的风险传导机制

信托融资是地方政府举债的另一种常见方式，同时也是影子银行向地方政府债务传导风险的又一载体。信托融资中，较为常见的是政信合作类信托。政信合作类信托是指地方政府与信托公司相互合作，其中地方政府借助地方融资平台通过信托公司创立的信托计划来实现向社会公众融资的目的，其募集的资金多用于城镇的基础设施建设以及公益性民生项目等。政信合作类信托的风险控制措施主要有地方政府的信用担保、土地质押等。从表面上看，因有政府的信用担保，具有相对较低的风险，但事实上由于基础设施建设周期长，而政信类信托产品的投资期限通常较短，与项目的投资周期不匹配，易形成期限错配、借新偿旧的风险。与直接融资相比，政信合作产品的年化收益率较高，通常在8%以上，地方政府为了缓解还款压力需要不断地借新偿旧，直至项目结束。高额的资金成本逐步积累了风险，一旦项目到期后的投资收益率不及预期，投资于信托理财的投资者的就会发生预期改变，从而波及其他产品，出现流动性危机。而土地或其他权益类资产也易受经济波动的影响，从而引发违约风险。信托公司受到违约以及流动性风险的冲击会生成负反馈效应，影响地方政府债务信用评级，增加融资成本，使风险继续不断累积，甚至波及整个经济系统。

（3）委托贷款的风险传导机制

在信贷缩紧的大背景下，除上述业务以外，影子银行的另一部分委托贷款业务后来居上。委托贷款有别于一般贷款，委托贷款是银行仅作为借贷公司的中间人，不动用自身的信贷资金，把委托人提供的资金代为发放并监督的业务。这项业务的资金来源是由委托人提供的资金，如现金流比较充裕的上市公司等，而商业银行作为中间人不提供自己的资金，属于影子银行业务。从本质上讲，委托贷款是一个机构与另一家机构之间的直接融资。委托贷款与信托贷款也有一定的区别，在委托贷款中，贷款对象由资金提供方自主确定，金融机构在中间的收益是手续费收益。不同的是，信托贷款中的资金出口由信托公司确定，而信托公司的收益是其中的存贷款利差。近年来，地方政府或一些急需资金却受到政策限制的公司，开始转向通过委托贷款获取资金，而一些现金流较为充裕的上市公司也会通过委托贷款业务为这些公司提供资金，来获取收益。地方政府融资平台委托贷款融资成本普遍较低，大多集中在 7% ～ 14%，为地方融资平台提供委托贷款的公司数目虽不多，但金额却很庞大，一般都是数亿元资金。

随着委托贷款业务的发展，越来越多的借款对象加入其中，由于借款对象资质参差不齐，违约风险也逐渐显露。以往省级地方融资平台多为委托贷款借款对象的主力军，随后许多县级融资平台也夹杂其中。融资平台的种类众多，再加上一些上市公司提供的委托贷款存在抵押资产差，担保方式风险高的特点，如信用担保以及应收账款质押，这就使得委托贷款业务存在较大的违约风险，从而会通过委托贷款通道向上市公司传递，甚至削弱上市公司的盈利能力和资金使用效率，影响金融系统的稳定。

（4）融资租赁的风险传导机制

在我国推进地方政府经济发展的过程中，融资平台虽然起到了巨大作用，但由于市政建设方面的融资需求较大，许多金融创新融资方式也开始逐渐受到地方政府的青睐。融资租赁作为一种新型租赁和融资方式，在满足融资需求的同时还能为地方政府做到融物，有助于地方政府融资平台提升资金效率、更加有效地配置社会资本，在建设城镇的过程中做到风险共担，互利共赢。由于我国融资租赁行业的发展较发达国家还有一定差距，相关的监管制度还不健全，加之影子银行业务中涉及的交易主体众多，交易合同纷繁复杂，因此融资租赁业务在满足地方政府融资需求的同时，也成为风险的主要传播途径。同时，在地方城市公共基础建设中，融资租赁也通常被用来取得一些大型基础性设施，并且这些大型基础性设施往往存在着租赁时间长、缺乏流动性的特点。融资租赁公司的资金回流主要来源于地方政府的定期租金返还，来源相对单一，不足以支撑融资租赁公司的业务需求，因此融资租赁需要通过影子银行业务进行融资来购置大型设备以支持其业务需要，其融资的影子银行业务主要以短期为主，与地方政府投资项目形成了期限错配，一旦政府端出现资金延付甚至是信用违约，融资租赁公司本身可能会产生流动性风险。融资租赁公司参与的影子银行业务众多，任一环节的风险过度都会使风险迅速传递至地方政府债务，造成债务风险的累积。

5.2 我国影子银行对地方政府债务风险溢出效应的实证分析

5.2.1 GARCH – CoVaR 模型

（1）条件风险价值 CoVaR

20 世纪 90 年代，JP Morgan 提出采用 VaR（Value at Risk）即风险价值技术来进行风险的度量，是指在确定的持有期和显著性水平下，某一金融机构或资产组合的损失在未来确定时期内的最大值。随着风险管理研究的不断深入，Adrian 等（2008）在 VaR 方法上进行补充，条件风险价值（CoVaR）技术应运而生。$CoVaR^{j|i}$ 是指在持有期和置信水平不变的情况下，一个机构 i 的损失达到 VaR^i，并在此条件下另一机构 j 的条件风险价值。CoVaR 是对 VaR 技术的延伸，一般用 VaR 代表单个金融机构本身的风险值，用 CoVaR 来表示某一金融机构对另一金融机构的风险溢出效应，在一定程度上弥补了 VaR 的不足，具体表达式如下：

$$\Pr(X^j \leqslant CoVaR^{j|i}_\alpha \mid X^i = VaR^i_\alpha) = \alpha \tag{5.1}$$

表达式中 Pr 代表概率，X 代表每个机构或资产的收益率，$CoVaR^{j|i}_\alpha$ 是在 α 显著性水平下，机构 i 关于机构 j 的条件风险价值。从一定意义上来分析，

$CoVaR_\alpha^{j|i}$ 也可以被分割成无条件风险在险价值 VaR_α^j 和溢出风险价值 $\Delta CoVaR_\alpha^{j|i}$ 两部分，也就意味着可以通过计算 $\Delta CoVaR_\alpha^{j|i}$ 的值来测度风险溢出价值效应。同时考虑到不同金融体系本身存在的 VaR_α^i 存在差异较大的问题，导致计算出的溢出风险价值不够具有明确的对比性。为了更精确地展现不同金融体系间的风险溢出效应程度差异，可以考虑去除量纲后的风险溢出效应程度 $\% CoVaR_\alpha^{j|i}$，具体的计算方式如下：

$$\Delta CoVaR_\alpha^{j|i} = CoVaR_\alpha^{j|i} - VaR_\alpha^j \tag{5.2}$$

$$\% CoVaR_\alpha^{j|i} = \frac{\Delta CoVaR_\alpha^{j|i}}{VaR_\alpha^s} \times 100\% = \frac{CoVaR_\alpha^{j|i} - VaR_\alpha^j}{VaR_\alpha^s} \times 100\% \tag{5.3}$$

（2）GARCH – CoVaR 模型计算方法

首先，需要对选取的各金融机构收益率时间序列进行 ARCH 效应的检验，然后在通过检验后，利用适当的 GARCH 模型对各收益率时间序列进行拟合，只有这样，才能符合假设条件。对于条件风险价值 $CoVaR^{j|i}$ 的测算，一般有两种测算方法：一种是基于分位数回归法，另一种是结合 GARCH 模型对条件风险价值进行估计。由于 GARCH 模型是由 Bollerslev（1986）提出的一种可以充分考虑到金融机构收益率波动的集聚效应，使得估计更为有效的模型，同时也能够弥补 ARCH 滞后阶数 q 过大的不足，较好地解决条件异方差问题。

GARCH（p，q）模型表达式如下：

$$y_t = \mu + \varepsilon_t, \varepsilon_t = \sigma_t \xi_t, \sigma_t^2 = \alpha + \sum_{i=1}^{p} \gamma_i \sigma_{t-i}^2 + \sum_{j=1}^{q} \beta_j \varepsilon_{t-j}^2 \tag{5.4}$$

其中，$p > 0$，$q > 0$，$\alpha > 0$，$\gamma_i \geqslant 0$，$\beta_j \geqslant 0$（$i = 1,2,\cdots,p, j = 1,2,\cdots,q$）。GARCH（1，1）模型是 GARCH（p，q）的一种特殊情况，其均值方程和方差方程为

$$r_t = \beta_0 + \beta_1 r_{t-1} + A(L)r_t + B(L)u_t, \sigma_t^2 = \gamma_0 + \gamma_1 u_{t-1}^2 + \gamma_2 \sigma_{t-1}^2 \tag{5.5}$$

而较多实证表明 GARCH（1，1）模型能够充分展现各金融机构收益率序列的特质，更具有贴合性。因此，本节将采用 GARCH（1，1）模型对各金融机构的收益率时间序列进行拟合，计算出风险价值 VaR，具体表达式如下：

$$VaR_{it} = \hat{R}_{it} - Q(q)\hat{\sigma}_{it} \tag{5.6}$$

其中，$\hat{R}_{it}$ 是 GARCH 模型一步向前预测的均值，$\hat{\sigma}_{it}$ 是一步向前预测的条件方差

的平方根，$Q(q)$ 则是 q 置信水平下的分位数。

再计算条件风险价值 CoVaR，计算方法与 VaR 相雷同，同样是需要先利用 GARCH 模型进行拟合，与之前计算 VaR 值相比，只是均值方程做了一些改动：

$$r_t^j = \beta_0 + \beta_1 VaR_{q,it} + A(L)r_t + B(L)u_t \qquad (5.7)$$

$$CoVaR_t^{j|i} = \hat{R}_{it} - Q(q)\hat{\sigma}_{it} \qquad (5.8)$$

最后，根据各金融机构的 VaR 和 CoVaR 实证结果，得到各金融机构的溢出风险价值 $\Delta CoVaR_\alpha^{j|i}$，并计算出去除量纲后的风险溢出度 $\% CoVaR_\alpha^{j|i}$。

5.2.2 样本数据的选取

本章截取的样本数据的时间跨度为 2010 年 10 月 8 日至 2017 年 6 月 30 日，在此期间，我国地方政府债务的规模增长速度由高变缓，特别是 2015 年和 2016 年，为了引导影子银行业务健康发展并且控制地方债务规模的快速增长，监管部门出台了一系列政策，使其在范围内，从而在这一段时期内测度风险颇具研究意义。

我国地方政府举债形式多样，公开的债务统计数据有限，而 1 年到期的地方政府债收益率更具有目标贴合性和稳定性。因而考虑到数据的可得性、完整性和代表性，本章选取 1 年到期的中债地方政府债（AAA 级）作为我国地方政府债务实证分析的对象，数据来源于中国债券信息网和 Wind 资讯库。

对于影子银行体系，要对风险溢出效应进行实证分析，资产收益率是不可缺少的条件之一，因此分析过程中的时间序列选取上，通常采用上市的不同类型影子银行机构的日收益率。地方政府通过影子银行业务进行融资有多种融资方式，其中通过地方融资平台进行的城投债业务占比最大，因此在进行实证分析时则选取上证城投债指数作为代表。上证城投债指数，是由债项评级在投资级以上且剩余期限在 1 年以上的沪市债券构成。除城投债之外，影子银行体系还涉及证券类、信托类以及民间类影子银行业务。因此，选取上市公司中的券商股作为证券类代表，由于市值越大代表性越强，按照总市值排序依次为中信证券、海通证券、华泰证券、广发证券、招商证券、光大证券以及长江证券。在研究信托类影子银行业务时，选取上市公司中的安信信托、陕国投 A、爱建信托作为主要研究对象。除上述两类以外，影子银行业务还存在民间形式，因此在进行实证分析时也要将其列入其中。在民间类影子银行中，选取的香溢融通是一家资金实力雄厚，具有担保、租赁、典当等金融牌照协同运作多种金融产品的上市机构，是业内知名的金融控股集团公司；渤海金控则是国内最大的专业融资租赁上市公司，主要涉及一些公共设施的融资和经营租赁业务。鲁信创投是国内具有重要影响力的专业创投机构，提供担保等投融资业务。本章选取的基本数据为每家上市影子银行机构的股票价格（采用后复权收盘价），所有数据均来自 Wind 资讯数据库，每个机构观测值有 1638 个。为了平滑收益率时间序列，对股票日收盘价格取一阶对数差分处理，得到 t 日的收益率序列 $R_{i,t} = \ln(p_{i,t}/p_{i,t-1})$。

5.2.3　描述性统计与数据检验

（1）描述性统计结果分析

首先，运用 Eviews 6.0 软件对各个上市金融机构的对数收益率时间序列的均值、峰度、偏度和 J–B 统计量进行检验，可以从表 5–1 得到所有对数收益率序列的基本描述性统计结果。

表 5–1　　　　　　　　　各对数收益率序列统计结果

序列	均值	标准差	偏度	峰度	J–B 检验	J–B Prob
沪城投债	0.00024809	0.136271	0.206769	23.04328	27429.95	0.00
安信信托	0.00108747	2.939458	− 0.0116	6.041917	631.5717	0.00
陕国投 A	0.00044832	3.13112	− 0.19851	5.326089	380.0374	0.00
爱建集团	0.00045175	2.717442	0.00199	5.998684	613.7122	0.00
中信证券	0.00038201	2.592723	0.169162	6.804324	995.5864	0.00
海通证券	0.00036637	2.593528	0.134191	6.687834	933.1241	0.00
华泰证券	0.00025073	2.77258	0.120613	6.098637	659.2772	0.00
广发证券	0.00013306	2.836399	0.10743	5.765785	525.2336	0.00
招商证券	0.00012905	2.629729	0.25729	6.543825	875.2029	0.00
光大证券	0.0009157	2.824265	− 0.00291	6.279071	733.8474	0.00
长江证券	0.00044539	2.817038	0.047397	6.064938	641.7433	0.00
鲁信创投	0.00024325	3.439141	− 0.23958	4.629465	196.8836	0.00
渤海金控	0.00034397	2.681974	− 0.18138	6.92083	1058.182	0.00
香溢融通	− 0.000105	3.181753	− 0.28067	5.258028	369.4921	0.00
地方政府债	0.00042518	1.269727	0.674112	18.74833	17050.74	0.00

　　表 5 - 1 中的统计结果充分体现出，在 5% 显著性水平下，各上市金融机构对数收益率序列不服从正态分布，各序列的偏度均不为零，峰度系数都普遍大于各自的临界值，也就是说各收益率序列明显符合"尖峰厚尾"的变量特征。除此之外，J - B 检验的 p 值都为零，拒绝原假设。因此在对于后面的分布选择上，将用尖峰厚尾的学生 t 分布来替代正态分布，更具代表性。

　　（2）ARCH 效应和平稳性检验

　　然后，对各上市机构对数收益率序列进行 ARCH 效应检验。在表 5 - 2 中，可以看到 ARCH 效应检验统计量显著，证明各收益率序列均具有 ARCH 效应，满足假设条件，那么利用 GARCH 模型计算收益率的波动性是合理的。再对各上市机构时间序列进行平稳性检验，得出的统计结果要比临界值要小，说明各收益率序列平稳。

表 5 - 2　　　　　　　　各上市机构对数收益率序列检验结果

类别	序列	ARCH 检验	ARCH Prob	ADF 检验	ADF Prob
地方政府融资平台类影子银行	沪城投债	76.0299	0.00	- 25.05975	0.00
信托类影子银行	安信信托	76.12842	0.00	- 39.95364	0.00
	陕国投 A	34.22347	0.00	- 39.71141	0.00
	爱建集团	27.70379	0.00	- 39.56441	0.00
证券类影子银行	中信证券	74.16609	0.00	- 38.28492	0.00
	海通证券	80.98084	0.00	- 39.32909	0.00
	华泰证券	99.06118	0.00	- 36.63694	0.00
	广发证券	61.37086	0.00	- 37.72399	0.00
	招商证券	112.4026	0.00	- 38.38499	0.00
	光大证券	136.2208	0.00	- 36.97189	0.00
	长江证券	104.1477	0.00	- 38.25286	0.00
民间借贷类影子银行	鲁信创投	96.79736	0.00	- 37.42775	0.00
	渤海金控	111.7266	0.00	- 36.82637	0.00
	香溢融通	168.8183	0.00	- 39.18574	0.00
地方政府债务	中债地方政府债	232.5912	0.00	- 28.30285	0.00

5.2.4 风险溢出效应的实证结果分析

实证研究表明，GARCH（1，1）模型在对金融收益率进行拟合方面，具有较好的表现，因此，本节将通过构建 GARCH（1，1）模型来计算溢出风险价值，其中假设条件为服从 t 分布。主要步骤：首先根据 GARCH（1，1）－t 模型的估计值，依照上述公式计算各类机构的 VaR 和 CoVaR。然后再根据上一步求得的结果，进一步算出在 5% 显著性水平下，不同类型影子银行对地方政府债务的风险溢出价值 ΔCoVaR 和 % CoVaR。

表 5 - 3   各上市机构序列的 VaR 结果

类别	序列	VaR 均值	VaR 中位数
地方政府融资平台类影子银行	沪城投债	－ 0. 202611809	－ 0. 1092455
信托类影子银行	安信信托	－ 8. 45267498	－ 6. 791775
	陕国投 A	－ 9. 584479931	－ 8. 6300285
	爱建集团	－ 11. 2539121	－ 9. 8713375
证券类影子银行	中信证券	－ 6. 26723841	－ 5. 5835155
	海通证券	－ 6. 061983521	－ 5. 5967985
	华泰证券	－ 5. 93929409	－ 5. 37953
	广发证券	－ 6. 261774748	－ 5. 8280275
	招商证券	－ 5. 869904514	－ 5. 1621185
	光大证券	－ 6. 059168298	－ 5. 3626645
	长江证券	－ 6. 678702844	－ 5. 9785695
民间借贷类影子银行	鲁信创投	－ 6. 685936111	－ 6. 2208325
	渤海金控	－ 10. 3505342	－ 8. 23597
	香溢融通	－ 6. 001647844	－ 5. 250971
地方政府债务	中债地方政府债	－ 0. 2961967829	－ 0. 2487869

从表 5 - 3 中可以看出，在不考虑风险溢出情况下，大部分影子银行机构的 VaR 计算结果明显高于地方政府债务的 VaR。证券类影子银行的风险价值 VaR 均值水平在 5—6，信托类影子银行 VaR 均值为 8—11，民间借贷类影子银行 VaR 均值为 6—10。由此可以看出我国影子银行中各业务机构主体的自身风险不尽相同，且都存在着较大的风险。与此同时，影子银行体系各主体联系众

多，一旦出现系统性风险，影子银行体系的各业务主体都有可能受到牵连。除去上述主体之外，城投债和地方政府债务的风险水平相对较低，抗风险能力强。

表5-4　　　　　　　各类影子银行对地方政府债务的溢出效应结果

类别	序列	CoVaR 均值	ΔCoVaR 均值	% CoVaR 均值
地方政府融资平台类影子银行	沪城投债	−0.033692	−0.001305	0.20352
信托类影子银行	安信信托	−0.033739	−0.001693	0.48964
	陕国投 A	−0.033879	−0.001788	0.43681
	爱建集团	−0.033805	−0.002694	0.38745
证券类影子银行	中信证券	−0.033836	−0.008963	0.49033
	海通证券	−0.033778	−0.000699	0.56824
	华泰证券	−0.033811	−0.000730	0.43352
	广发证券	−0.033879	−0.000385	0.29951
	招商证券	−0.033685	−0.003086	0.49351
	光大证券	−0.033729	−0.000234	0.69571
	长江证券	−0.033808	−0.234012	0.49738
民间借贷类影子银行	鲁信创投	−0.033876	−0.002450	0.37087
	渤海金控	−0.033864	−0.000372	0.46023
	香溢融通	−0.033812	−0.002431	0.23138

由于我国不同类型的影子银行业务具有其自身不同的特点，在风险溢出效应方面，对地方政府债务的影响也存在差异。根据表5-4的实证结果，各类影子银行业务的风险溢出程度排序为：证券类 > 信托类 > 民间借贷类 > 地方政府融资平台类。因此，在我国影子银行体系的风险构成中，证券类业务占比最大，贡献了大多数风险。在剩下的业务中，地方政府融资平台因其政府属性，风险贡献程度占比最小。

5.3　本章小结

通过对我国影子银行和地方政府债务的风险溢出效应的分析，可以得出如下结论：

　　从总体风险上看，虽然我国影子银行业务扩张较快，但我国影子银行对地方政府债务的风险溢出效应未超出可控范围，这与我国金融监管部门的努力密不可分。我国金融监管部门对影子银行业务进行的有效监管，不仅规范了其业务流程，而且还减缓了其扩张的速度，对控制影子银行的风险溢出作出了巨大贡献。

　　从业务类型上看，影子银行业务均会对地方政府债务造成风险，但其中不同的业务所暴露的风险程度也不尽相同。在这些影子银行业务中，按照对地方政府债务影响程度排序的前两位分别是证券业务和信托业务，这两者也构成了如今影子银行体系的最大风险源。证券类业务的影响程度之所以排在第一位，一方面是由于近年来通道业务的流行，扩大了其风险规模；另一方面是因为我国资本市场的大幅波动也加剧了其风险溢出程度。近几年随着经济发展趋缓，且由于央行多次实施"双降"，导致信托产品的收益率不如从前，收益率的下降也自然使得信托产品的规模变小，从而减小了风险溢出程度。虽然信托类业务的风险小于证券类业务，但近几年兑付出现问题的例子也屡见不鲜，风险问题不容小觑。因此，无论是证券还是信托类业务，它们与地方政府债务之间的风险溢出效应都应受到重视。民间借贷类影子银行的风险溢出效应较小，这不排除有一定的原因是由于其上市机构较少，且上市机构管理较为完善，因而测度的溢出程度偏弱。但一些隐蔽的地下钱庄类影子银行业务完全不在监管之内，也很难测度其规模及风险的大小，需要尽快纳入监管体系，逐步释放相应的风险。除了上述三种业务类型外，地方融资平台对地方政府债务的风险溢出程度明显较弱，这主要是得益于我国政府以及财政监管部门出台的一系列规定及整改措施取得了一定成果，在剥离地方融资平台政府职能的过程中，使得其各方面规范程度得以提升，风险溢出程度逐步削弱。

　　诸如上述几种影子银行业务，均与地方政府债务有着不可分割的联系，风险也极易通过整个业务体系进行传播发散。因此，为了防止影子银行对地方政府债务的风险溢出效应不再继续扩张，就必须加强监管，特别是要重点关注地方政府与各金融主体之间的资金流转问题。

第6章
我国影子银行对商业银行的
风险溢出效应

—— 基于 GARCH – Copula – CoVaR 模型的分析

6.1 引言

　　我国影子银行在对传统商业银行融资进行有益补充的同时，也充当货币资金体外循环与"货币窖藏"的通道，使大量资金囤积在虚拟经济领域，进而助长资产泡沫的形成。在股票市场的场外配资以及非理性增长的房地产市场中，均有影子银行的身影。2011 年掀起的民营企业老板"跑路"现象、2013年 6 月发生的"钱荒"事件、2015 年股市的踩踏、近几年来一线城市楼市的疯涨、商业银行频繁卷入信托兑付危机事件等均已凸显出影子银行的局部风险及传染性。我国影子银行体系是否会出现系统性风险，进而传染给整个商业银行部门，引致金融危机的发生呢？Turner（2012）认为影子银行增加了金融工具的交易环节，使得交易链条延长，将影子银行的风险转移到了商业银行、保险等传统金融部门，如果存在过度交易、监管不到位的情况下会导致风险大量聚集到传统金融部门，使得金融体系不稳定，可能引发金融危机。由于影子银行在其产品设计和信息披露方面存在不透明性，具有高杠杆操作、期限结构极端错配和过度创新等特征，因而具有内在的脆弱性，再加上现代金融体系的复杂关联结构、信息传染途径和资产价格波动途径等极易导致风险在整个金融体系内扩散。特别是我国商业银行大量参控股各类影子银行机构、为影子银行提供隐性担保、为规避监管借道影子银行将其资产与负债业务表外化、广泛而密切的资金同业往来等加剧了影子银行和商业银行之间风险传染的可能性。一旦影子银行体系爆发局部危机，投资者信心丧失和资产价格崩溃会导致信用链条断裂，在影子银行遭到市场挤兑时，商业银行就会通过出售金融资产的去杠杆化方式来减少损失，但去杠杆化会加剧金融资产价格的下跌和企业财富的缩水，进一步加剧信贷紧缩，这种恶性循环可能演变为整体金融体系的系统性风险。

6.2　影子银行风险及风险溢出

6.2.1　期限错配增大了流动性风险

由于影子银行的资产与负债期限严重错配，因而流动性风险是我国影子银行面临的主要风险之一。从负债端看，商业银行间存款竞争激烈、监管机构对贷存比进行季度考核，导致影子银行产品呈现出短期化趋势，对接投资收益高但回收期长的基建项目等长期资产，因此，影子银行需要依靠短期理财产品的滚动发行来应对期限错配导致的周期性流动性压力，保证资产端高收益的稳定性。一旦不能借新还旧，影子银行不得不抛售资产还本付息。2013 年和 2016 年两次"钱荒"的爆发都与影子银行息息相关；2013 年钱荒的诱因是"同业负债 + 非标资产投资"，2016 年钱荒的诱因是"同业负债 + 委外投资"，本质都是监管部门去杠杆以防范金融系统风险。2013 年 6 月，银行间利率飙升甚至呈现了高达 30% 的隔夜拆借利率水平，同业拆借利率飙升的重要原因在于影子银行借短贷长，期限错配风险严重。2015 年下半年以来，"同业负债 + 委外投资"业务发展迅速，基于委外投资机构加杠杆、加久期等投资模式，使得债市实际杠杆率急剧上升，期限错配现象极为严重；从 2016 年第四季度起，人民银行采取的一系列"去杠杆"措施引发了债市巨震。

证监会 26 号文的通知中提出："所谓资金池产品，在资产管理实务中，通常是指在资金端具有开放赎回设计、申购资金与资金运用方向存在期限错配的集合类资产管理产品。资金池产品的典型特点是期限错配，由于其所投资的非标准化资产缺乏公开市场和流动性，投资者赎回时非标准化资产无法精确定价，赎回权益无对应投资，因此资金池业务具有银行负债业务的特征，存在风险隐蔽和滞后，只要不到最后期限，所有的风险都是滞后表现。"

我国资金池—资产池理财业务模式具有"滚动发行、集合运作、期限错配、分离定价"的特点。该业务模式主要吸收短期资金，需要通过理财产品的滚动发行保障资金池源源不断的资金流入。银行将募集的资金主要投资于存续期长的标的（比如资产管理计划、有限合伙份额等），以期获取高收益。资金池—资产池理财业务的集中运作模式打破了特定理财产品与具体基础资产——匹配的对应关系，投资者的投资期限与投资标的的存续期限存在错配。购买商业银行理财产品的投资者不知道自己的资金被运用于何种资产，无法预期自己的收益和承担的风险。而且，该模式没有最低资本要求，无须计提存款准备金，缺乏本息保障制度，可以无限展期，面临刚性兑付压力。一旦投资的部分高风险资产出现亏损，可能导致投资者对整个资产池丧失信心，甚至可能引发集中赎回风险。若资金池理财产品无法发新偿旧来满足到期兑付，银行不得不出售资产池中的资产，池内新的资金流入难以为继，银行就会陷入流动性风险压力增大的恶性循环。

影子银行虽面临与商业银行相同的期限错配问题，但缺乏央行最后贷款人的流动性支持，也没有存款保险机构提供信用保障；在经济震荡时期，缺乏流动性支持的影子银行极易发生自我实现的挤兑行为和流动性危机。

6.2.2 信用风险

信用风险主要指影子银行产品到期不能兑付的风险，该风险的产生主要源于实体经济的波动。我国影子银行是信贷中介主导的模式，其资金资源一部分投资于实体经济发展的必需项目，另一部分投向具有投机和泡沫成分的基建项目和产能过剩产业。从行业看，影子银行资金主要流向"两高一剩"行业、房地产行业以及地方融资平台等能承受较高融资成本的领域。2015 年中央经济工作会议指出，化解产能过剩、房地产库存以及地方政府债务风险是结构性改革任务的关键点。国家对这三个领域的整顿调控增加了未来信贷资产不能如期兑付的风险。

产能过剩是我国企业面临的普遍问题。地方政府为了追求 GDP 和税收极大化，盲目扩大政府购买和补贴，并向大企业和重点项目倾斜，在增加其产量的同时也造成了过度投资，最终导致了非周期性的产能过剩。在经济新常态的背景下，不仅钢铁、水泥、造纸等传统行业面临产能过剩问题，光伏、风电等新兴行业也面临类似的问题。产能过剩会导致企业利润率下降，严重时，还会损害企业还本付息的能力，引起相关影子银行产品违约。除制造业外，基础设施行业可能面临同样困扰，具体表现为基础设施使用率低下，相关收入不能覆盖贷款本息。在应对危机一揽子计划的推动下，我国出现一轮基础设施投资浪潮。在中西部地区，基建项目投资过于超前，导致建成后多年使用率低下，投资企业难以如期偿还本息，与之相关的影子银行产品违约风险上升。2015年中央经济会议强调要化解房地产库存，2016年中央经济会议提出严格限制信贷流向投资投机性购房，抑制房地产泡沫，促进房地产市场平稳健康发展。我国政府对房地产市场的整顿稳步推进，房地产行业的兼并重组势在必行。中小型房地产开发商可能面临资金链断裂而倒闭破产的风险，或不得不出售土地或楼盘来获得流动性，为大型房地产开发商兼并收购提供了机会。我国房地产行业兼并重组的过程，也是以中小开发商为融资对象的影子银行产品出现此起彼伏式违约的过程。

随着我国经济增速放缓，实体经济收益率下降，影子银行重点投资领域承受了巨大压力。例如，制造业的去产能改革、房地产行业的去库存调整以及地方债务风险整顿，上述趋势均会导致我国影子银行投资收益率的下降，违约风险上升。2012年华夏银行上海分行理财产品、2014年"诚至金开号"集合信托计划及"淮南志高"资产管理计划出现兑付危机、2015年"古冶"银信合作项目违约等均表明信用风险逐渐暴露，我国影子银行业面临信用违约的严峻挑战。此起彼伏的违约事件削弱了投资者信心，未来新募集资金规模可能显著下降，这又会通过加剧期限错配而引发进一步的负面影响。

6.2.3 高度关联性加剧了风险的交叉传染

为规避监管，影子银行将传统信贷业务变成了由商业银行、信托公司、券商、基金公司和保险公司等众多机构参与的通道业务或委外业务，在影子银行与监管当局博弈的过程中，其业务模式不断创新，形式越发复杂，影子银行各部门间以及影子银行与传统商业银行体系间的联系越发密切。系统关联性显著提高既有利于完善金融机构间的风险分担机制，也增加了风险传染的渠道和传染的可能性，进一步影响防范银行的系统性风险。2007—2009 年国际金融危机的爆发深刻揭示了影子银行部门对商业银行体系的巨大破坏力，两者通过复杂的借贷关系结成紧密的金融网络，加剧了金融体系的脆弱性。虽然影子银行体系能通过信用中介链条逐层分散交易风险，但并没有消除风险，一旦交易链条中的某一环节出现问题，就可能导致整个影子银行体系的崩溃，进而诱发系统性金融危机。

我国影子银行依附于传统银行体系，商业银行往往是影子银行信用链条中的一环或向影子银行部门提供各种显性或隐性帮助。商业银行与影子银行会相互持有金融产品和头寸，面临共同的金融市场风险暴露，强化金融体系顺周期性，提高了资产价格泡沫风险。当市场流动性收紧时，两者的高度关联性会放大市场反应，这种反应自我强化，加剧流动性的耗损。毛泽盛和万亚兰（2012）提出可以用"U"形曲线描述我国影子银行规模对商业银行体系稳定性的影响，两者间存在阈值效应，当影子银行规模小于 6.07 万亿元时，影子银行发展对银行体系的稳定性具有正向效应；当影子银行规模超过该阈值时，影子银行发展对银行体系的稳定性具有负向效应。

2012 年以来，我国金融机构的整体关联性呈显著上升趋势，2014 年的关联度甚至超过了国际金融危机期间，金融机构影子银行业务的快速扩张是我国金融机构关联水平上升的重要因素。截至 2016 年末，银行业金融机构表外业务余额为 253.52 万亿元（含托管资产表外部分），表外资产规模相当于表内总资产规模的 109.16%，比上年末提高 12.04 个百分点，商业银行表外业务管理仍然较为薄弱，表内外风险可能出现交叉传染。业务交叉复合是影子银行规模迅速扩张的重要原因，而内部资金流动交叉融合导致的期限错配、流动性错配促成了交叉传染风险的形成。在微观关联效应以及宏观联动机制的共同作用下，交叉传染风险在影子银行内部蔓延，并促使其向正规金融体系渗透。

影子银行交叉传染风险是指，在各机构开展影子银行业务的过程中，由于宏观层面冲击或微观层面不确定性因素导致的市场风险、流动性风险或信用风险在各参与主体间传递，产生连锁反应，最终渗透到正规金融体系、严重时可能危及实体经济。风险的传导既可以是信用链条各环节间的接力传递，即一个交叉点遭受冲击后引起的"多骨诺米牌效应"，也可表现为各环节同时发生损失的可能性。2013 年 6 月发生的"钱荒"事件是影子银行交叉传染风险集中爆发的典型，大部分资金在金融体系内空转，期限错配导致的流动性风险通过信用链条在银行间蔓延。影子银行风险交叉传染的微观机制可以从交叉持股（股权关系）、业务交叉（业务往来）、流动性支持及担保关系三个方面进行分析。

（1）交叉持股引起风险交叉传染

2007 年全国金融工作会议提出稳步推进金融业综合经营试点要求，银行业开始逐步推进综合化经营。交银国际信托有限公司是国务院特批的第一家商业银行直接投资控股的信托公司，是交通银行控股的非银行金融机构之一；建设银行、工商银行、交通银行、民生银行等先后获准组建合资或独资金融租赁公司。部分银行通过金融控股模式与小额贷款公司进行合作。各类金融机构、业务日益融合，跨越金融分业经营界限的交叉性金融风险不可避免。

（2）业务交叉引起风险交叉传染

影子银行业务的开展可能牵涉多个管理机构，存在业务交叉现象。例如，委托贷款与未贴现银行承兑汇票通过票据质押方式相关联，委托贷款与小额贷款公司信贷业务是商业银行与小额信贷公司合作的典型模式，银信合作可以把未贴现银行承兑汇票转化为信托贷款。影子银行业务，尤其是通道业务的相关主体可能面临同样的客户、承担相同的风险，管理主体权责不清。在银信合作的通道类影子银行业务中，商业银行一般是整个项目的主导者，信托公司的作用在于帮助信贷资产出表。从投资者的角度看，信托公司是发行方，商业银行是代销方，在"刚性兑付"的潜规则下，一旦产品违约，商业银行和信托公司都难辞其咎，银信双方也可能就兜底问题产生矛盾。2015 年"古冶"银信合作项目违约事件爆发后，工商银行和中信信托就"谁人担责"问题引发纠纷。

（3）流动性支持及担保关系引起风险交叉传染

为促进影子银行业务的快速发展，影子银行机构间需要互相提供流动性支持和各种担保，内部资金流动交叉融合，参与主体间的风险相关性显著增强。关于流动性支持，以银行理财产品为例进行说明。银行理财产品的特点是短借长贷，一旦无法借新还旧，银行需要求助于同业市场或其他金融机构以获得流动性支持。被求助行如果坐视不管，发行理财产品的银行就会面临流动性危机；如果施以援手，被求助行自身就可能面临流动性缺口。在担保关系中，如果影子银行项目出现兑付困难，提供担保的金融机构需代为偿付，若偿付金额巨大，会对自身的流动性造成冲击。2011 年温州民间借贷风险爆发后，互保链断裂，平安、广发等银行在温州的不良贷款率攀升。

传染性是金融风险的基本特征，银信、银证、银银合作显著提高了机构间的关联度，极易诱发金融风险的交叉传染，增加了宏观不稳定性。央行副行长范一飞在 2017 年金融稳定工作会议上指出"做好金融稳定工作必须坚持把全面深化改革作为维护金融稳定的根本路径，将防范跨行业、跨市场的交叉性金融风险作为维护金融稳定的重点领域。"

6.2.4 顺周期性强化了系统性风险

顺周期性是指金融体系与实体经济形成动态正反馈机制，这种相互增强的效应可以放大实体经济周期的波动并引起或加剧金融体系的不稳定性。有限理性的市场参与主体倾向于跟随经济周期同向操作，进而形成一致行动的集体行为，最终导致的结果可能是非理性的。局部最优不一定导致总体最优，导致合成谬误，加剧金融市场的波动性，易引发系统性金融风险。2007—2009 年国际金融危机的爆发引起学界对非银行金融机构顺周期性问题的关注。非银行金融中介和金融创新工具成为顺周期问题的新的诱发因素。我国学者方先明和权威（2017）提出我国影子银行呈现出明显的顺周期性，并将顺周期性归因于资金来源顺周期性、影子银行供给的顺周期性以及市场对影子银行需求的顺周期性。陆晓明（2014）提出中美影子银行和传统商业银行体系相比周期性更强。

经济上行往往伴随通货膨胀，商业银行存款对投资者的吸引力下降，高收益的影子银行产品成为资金盈余者争相投资的对象，大量资金流入为影子银行信贷扩张奠定了基础。经济繁荣时期，市场主体对经济前景普遍持乐观态度，消费、投资等各项支出扩大，资金需求扩大。即使商业银行降低放贷门槛、扩大信贷规模以抢占市场份额，但终究受到存贷比、资本充足率等监管指标约束，不能满足市场主体的流动性需求。资金需求者寻求其他融资渠道的动力增强，影子银行的存在缓解了资金短缺者的融资压力，进一步推动了经济繁荣。经济上行时，抵押品价格上升，企业的资产负债表和财务状况改善，影子银行部门对融资者的偿债能力过于乐观，风险偏好增强，不断扩张资产负债表，推动担保品价值进一步上涨，杠杆率不断提高，更多的流动性创造出来，进一步推动了经济的繁荣。经济的进一步增长又强化了影子银行的扩张和风险积累。

　　经济下行时，影子银行与实际经济间动态正反馈机制更明显，破坏力更大。当经济下行时，实体经济收益率下降，企业资产负债表和财务状况恶化，出现资产抛售行为，信用风险暴露。商业银行风险意识增强，信贷政策趋于谨慎，信贷门槛提高，甚至从市场上抽回流动性，造成流动性短缺，经济进一步恶化。担保品价值下降，为规避风险，影子银行迅速去杠杆化以及资产抛售，市场资金链的断裂会引发连锁效应，形成金融动荡与经济下行的恶性循环。当影子银行部门中的一家机构发生危机时，由于缺乏央行"最后贷款人"的资金支持和存款保险制度的保护，投资者的恐慌情绪比传统银行出现危机时更严重。我国影子银行负债端多是短期资金，去杠杆会导致流动性支付困难，一旦有投资者要求影子银行进行兑付，在"羊群效应"影响下，会造成大范围的流动性危机，即便原本经营状况良好、资金充裕的影子银行机构也遭受牵连。被杠杆放大的金融顺周期性会进一步强化系统性风险的形成，加剧金融脆弱性的积累与释放。

6.3　研究方法及模型

　　2008 年国际金融危机爆发以后，不同金融领域内的风险扩散传递成为研究的热点，定量测度不同金融子系统间的风险传染效应已引起国内外学者的普遍关注。其主要研究方法有结构化方法和简化性方法两类。结构化方法即利用资产负债表中的数据来衡量单个银行对银行系统的风险溢出效应。相对于结构化方法，简化方法采用市场数据对机构的未来表现进行预期估计，成本低，能更准确地测度金融系统性风险水平。Adrian 和 Brunnermeier（2008）采用条件在险价值 $CoVaR$ 模型来度量单一机构陷入极端危机时整个系统的风险外溢程度，填补了机构之间系统性风险测度的空白。但该方法不具有可加性，单个机构测度的风险价值之和并不能反映整个系统的风险价值。基于此，Tarashev（2009）采用 Shapley 值分解法来评估系统性风险水平，但存在着机构数目众多和计算负担重的严重弊端，因此只能应用于简单数量机构间的风险水平测度。Acharya 等（2010）提出了边际期望损失（MES）的概念来测度单个机构的边际贡献度，其局限性无法得到整个系统的系统性风险贡献度。杨有振和王书华（2013）采用分位数回归的方法计算了我国商业银行的系统性风险溢出程度 CoVaR，但这种方法对残差的假设往往忽略了金融时间序列普遍存在的 GARCH 效应。针对此假设缺陷，章番（2014）利用多元 DCC – GARCH 模型来估计边际贡献度，更加准确地描述极端情况下的系统期望损失。GARCH 模型能够很好地刻画金融时间序列波动聚集效应，但其存在的参数估计、边缘分布等局限性仍然不能准确地描述金融系统内的估计值。李丛文、闫世军（2015）基于我国影子银行的特点与主要业务，认为 CoVaR 在测度影子银行系统风险溢出方面更加贴近我国现实，因此本节拟在 CoVaR 基础上构建 GARCH 模型，并引入 Copula 连接函数来描述金融市场系统风险的非线性相依结构，即结合 GARCH 模型和 Copula 函数对 CoVaR 进行计算，测度我国影子银行对商业银行的风险溢出效应。

6.3.1 条件风险价值 CoVaR

Adrian 和 Brunnermeier（2008）在风险价值（VaR）的基础上发展了条件风险价值（CoVaR）用来测度单个金融机构对金融体系或其他金融机构的风险溢出效应。在机构 i 的损失值为 VaR^i 的条件下，机构 j 的条件风险价值 $CoVaR^{j|i}$ 可以表示为

$$\Pr(X^j \leqslant CoVaR_\alpha^{j|i} \mid X^i = VaR_\alpha^i) = \alpha \qquad (6.1)$$

其中，α 代表显著性水平，$CoVaR_\alpha^{j|i}$ 是机构 i 关于机构 j 的条件风险价值，也可以被分成无条件风险在险价值 VaR_α^j 和溢出风险价值 $\Delta CoVaR_\alpha^{j|i}$ 两部分，也就是说可以通过 $\Delta CoVaR_\alpha^{j|i}$ 来测度风险溢出价值效应，但由于不同金融市场的无条件风险价值 VaR_α^j 差距较大，因此我们可以考虑去量纲后的风险溢出价值 $\% CoVaR_\alpha^{j|i}$ 来更准确地测度不同金融市场间风险溢出程度的大小：

$$\Delta CoVaR_\alpha^{j|i} = CoVaR_\alpha^{j|i} - VaR_\alpha^j \qquad (6.2)$$

$$\% CoVaR_\alpha^{j|i} = \frac{\Delta CoVaR_\alpha^{j|i}}{VaR_\alpha^s} \times 100\% = \frac{CoVaR_\alpha^{j|i} - VaR_\alpha^j}{VaR_\alpha^s} \times 100\% \qquad (6.3)$$

6.3.2 GARCH – Copula – CoVaR 模型

（1）利用 GARCH 模型估计边际分布

Bollerslev（1986）提出了估计更为有效的 GARCH 模型，克服 ARCH 模型滞后阶数 q 过大的不足，GARCH（p，q）模型表达式如下：

$$y_t = \mu + \varepsilon_t, \varepsilon_t = \sigma_t \xi_t, \sigma_t^{\ 2} = \alpha + \sum_{i=1}^{p} \gamma_i \sigma_{t-i}^2 + \sum_{j=1}^{q} \beta_j \varepsilon_{t-j}^2 \qquad (6.4)$$

其中，$p > 0$，$q > 0$，$\alpha > 0$，$\gamma_i \geqslant 0$，$\beta_j \geqslant 0$（$i = 1,2,\cdots,p;j = 1,2,\cdots,q$）。

为了刻画金融时间序列的尾部性特征，一般假设 GARCH 模型中 ξ 服从 t 分布、GED 分布。

（2）采用 Copula 连接函数

Copula 函数是用来描述变量间的相关关系结构的一种函数集合，最早在 1959 年由 Sklar 提出，其功能是作为联合分布函数和边缘分布函数之间的桥梁。N 维 Copula 函数 $C(u_1, u_2, \cdots, u_N)$ 应满足以下性质：

①定义域为 $[0,1]^N$；

②具有零基面且是 N 维递增函数；

③其边缘分布函数应满足 $C_i(u_i) = C(1,\cdots,1,u_i,1,\cdots,1) = u$，其中 $u_i \in [0,1]$，$i = 1,2,\cdots,N$。

（3）结合 GARCH 和 Copula 函数计算风险溢出效应值

首先，利用各金融机构时间序列的 GARCH（1，1）$-t$ 参数估计得到：

$$VaR_t = -\sigma_T q_{T\ (\alpha)} = -\frac{q_{T_v(\alpha)} \sigma_t}{\sqrt{v/v-2}} \qquad (6.5)$$

其中，$q_{T_v(\cdot)}$ 代表自由度 v 的标准化 t 分布的分位数，σ_t 代表条件标准差。然后，假设 N 元随机变量的概率分布函数为 $F(x_1, x_2, \cdots, x_N)$，其边缘分布函数为 $F_1(x_1), \cdots, F_N(x_N)$，则用一个 Copula 连接函数 $C(u_1, u_2, \cdots, u_N)$ 能够使得 $F(x_1, x_2, \cdots, x_N) = C[F_1(x_1), F_2(x_2), \cdots, F_N(x_N)]$，由此可利用二维 *Copula* 函数对 GARCH $-t$ 模型拟合后得到的残差序列 ξ_{1t}、ξ_{2t} 进行拟合，得到：

$$F(\xi_{1t}, \xi_{2t}) = C(F_1(\xi_{1t}), F_2(\xi_{2t})) \qquad (6.6)$$

$$F_{1|2}(\xi_{1t}, \xi_{2t}) = \int_{-\infty}^{\xi_{1t}} f_{1|2}(\xi_{1t} \mid \xi_{2t}) d\xi_{1t} = \int_{-\infty}^{\xi_{1t}} \frac{f(\xi_{1t}, \xi_{2t})}{f_2(\xi_{2t})} d\xi_{1t} \qquad (6.7)$$

其中，$F_{1|2}(\cdot | \cdot)$ 是 ξ_{1t} 关于 ξ_{2t} 的条件分布函数，$f(\cdot)$ 是 ξ 的密度函数，用 ξ_{2t} 对应的分位数 α 替代式（6.7）中的 ξ_{2t}，可得到：

$$\int_{-\infty}^{\xi_{1t}} C(F_1(\xi_{1t}), F_2(\xi_{2t})) f_1(\xi_{1t}) d\xi_{1t} = \alpha \qquad (6.8)$$

求解上述方程，可得到 ξ_{1t} 的具体值，推导出 $CoVaR_\alpha^{j|i}$，再根据式（6.2）、式（6.3）求出相应的 $\Delta CoVaR_\alpha^{j|i}$ 和 $\% CoVaR_\alpha^{j|i}$。

6.4 我国影子银行对商业银行风险溢出效应的实证分析

6.4.1 数据选取和基本统计量描述

考虑到数据的可得性，本节将上市影子银行体系相关的机构和上市商业银行作为实证分析的对象，样本数据的时间跨度为 2007 年 1 月 5 日到 2015 年 12 月 31 日，覆盖了 2008 年的国际金融危机和 2015 年我国发生股市踩踏两个特殊时期，期间同时也经历了利率市场化改革、"应对危机一揽子计划"，银行理财与管道业务的快速发展、互联网金融的崛起等重大事件。这里选取广发证券、东北证券、国海证券、国金证券、国元证券、海通证券、西南证券、长江证券、中信证券等作为证券类影子银行代表；选取安信信托、陕国投 A 以及爱建集团作为信托类影子银行代表；选取香溢融通、鲁信创投及渤海租赁作为民间借贷类影子银行的代表；同时选取工商银行、中国银行、建设银行、浦发银行、民生银行、华夏银行、北京银行、南京银行、宁波银行等作为我国商业银行系统的代表。

本节的基本数据为每家上市金融机构的日收盘价，数据来源于 Wind 数据库，每个机构观测值有 2187 个。首先，通过对日收盘价取一阶对数差分再乘以 100 得到在 t 日的百分比收益率 $R_{i,t} = 100 \times \ln(p_{i,t}/p_{i,t-1})$，$p_{i,t}$ 和 $p_{i,t-1}$ 分别代表 t 日及 $t-1$ 日对应的市场价格指数。然后得到所有收益率序列的基本描述性统计（如表 6-1），其中行业指数收益率序列为该行业内所有金融机构日收益率 $R_{i,t}$ 的算术平均值。从表 6-1 中可以看出，各子系统和总系统的偏度显著不为零，峰度系数都远远大于 5% 显著水平下的临界值，表明存在"尖峰厚尾"的统计特征，且 $J-B$ 检验均表明各类收益率序列均不服从正态分布，ARCH 效应检验统计量显著，存在 ARCH 效应。

表 6-1　　　　　　　　　　　描述性统计分析

序列	均值	标准差	偏度	峰度	$J-B$ 检验（概率值 p）	ARCH 统计量（概率值 p）
影子银行	0.049960	2.505957	-0.578470	4.883302	445.1766 (0.00)	45.82741 (0.00)

续表

序列	均值	标准差	偏度	峰度	$J-B$ 检验（概率值 p）	ARCH 统计量（概率值 p）
证券类	0.028090	2.839918	0.026421	6.414392	1062.597 (0.00)	28.16400 (0.00)
信托类	0.045542	3.048882	-1.024998	10.77951	5897.911 (0.00)	5.961064 (0.0147)
民间借贷类	0.076246	2.936462	-1.09757	9.332992	4093.829 (0.00)	26.67850 (0.00)
商业银行	-0.006833	2.119128	-0.131030	6.212413	946.6313 (0.00)	67.13595 (0.00)
国有类	-0.014532	1.852111	-0.018098	8.722093	2983.766 (0.00)	121.8977 (0.00)
股份类	0.004073	2.534987	-0.254192	6.420106	1089.452 (0.00)	31.67977 (0.00)
城市类	-0.017873	2.399759	-0.021935	6.004242	773.7228 (0.00)	79.96836 (0.00)

　　将各子系统时间序列进行平稳性检验，在表 6-2 中可以看到 ADF 检验统计量明显均小于各自 5% 显著水平下的临界值，表明各收益率序列平稳。而实证表明 GARCH (1, 1) -t 模型可以较好地描述各收益率序列的尖峰厚尾以及波动丛集的特征，为此，本节拟在 GARCH (1, 1) 模型残差项服从 t 分布的假设下计算溢出风险价值。

表 6-2　　　　　　　　　　各子系统 ADF 检验结果

序列	机构名称	ADF 检验统计量	序列	机构名称	ADF 检验统计量
证券类影子银行	广发证券	-44.26875	民间借贷类影子银行	鲁信创投	-43.11358
	东北证券	-44.10555		香溢融通	-42.79999
	国信证券	-47.23907		渤海租赁	-42.55262
	国金证券	-44.84992	国有商业银行	中国银行	-35.96512
	国元证券	-45.53953		工商银行	-35.71607
	海通证券	-42.51103		建设银行	-33.78572
	西南证券	-41.18941	股份商业银行	浦发银行	-46.47157
	长江证券	-46.31861		华夏银行	-47.99605
	中信证券	-46.32544		民生银行	-46.82575

续表

序列	机构名称	ADF 检验统计量	序列	机构名称	ADF 检验统计量
信托类 影子银行	陕国投 A	−46.72170	城市商业银行	宁波银行	−46.54724
	安信信托	−42.60994		北京银行	−46.65071
	爱建集团	−42.83918		南京银行	−45.87181

6.4.2 对商业银行风险溢出效应的计算

通过 GARCH（1, 1）−t 模型得到残差序列，通过概率积分转化为［0, 1］均匀分布，再代入 Copula 函数求解参数。确定了各收益率序列的边缘分布后，选择具有对称尾部的二维 $t - Copula$ 函数来更好地捕捉随机变量之间的相关结构关系，用 matlab 软件进行参数估计，结果如表 6−3 所示。

表 6−3　　　　　　　二维 $t - Copula$ 函数的参数估计

序列	相关系数 ρ	自由度 k	Kendall 秩相关系数	Speraman 秩相关系数
证券类与商业银行	0.6572	3.4792	0.4565	0.6394
信托类与商业银行	0.6091	3.29	0.417	0.5911
民间类与商业银行	0.4702	3.5471	0.3116	0.4532

根据 GARCH（1, 1）−t 模型的残差序列，可以计算各类影子银行在不同年份的风险价值 VaR 和条件风险价值 CoVaR，然后根据式（6.2）和式（6.3）可以求出不同类型影子银行对商业银行的风险溢出价值 ΔCoVaR 和去量纲化的风险溢出价值% CoVaR，如表 6−4 所示（显著性水平为 5%）。

表 6−4　　　　　　　不同类型影子银行的风险价值及溢出效应

年份	VaR			CoVaR			ΔCoVaR			% CoVaR		
	民间	信托	证券	民间	信托	证券	民间	信托	证券	民间	信托	证券
2007	6.01	5.32	3.11	4.55	4.61	4.51	0.32	0.38	0.28	0.08	0.09	0.07
2008	5.25	7.66	6.62	7.06	7.63	7.24	1.77	2.34	1.95	0.33	0.44	0.37
2009	4.61	4.39	4.42	4.19	4.55	4.72	0.61	0.97	1.14	0.17	0.27	0.32
2010	3.17	2.81	3.39	3.49	3.98	4.23	0.86	1.34	1.60	0.33	0.51	0.61
2011	3.45	2.84	2.79	2.73	3.02	3.31	0.75	1.04	1.32	0.38	0.52	0.67
2012	3.73	3.65	3.93	2.66	2.66	2.73	0.80	0.80	0.87	0.43	0.43	0.47
2013	3.95	4.60	3.73	4.53	4.65	4.70	1.39	1.52	1.56	0.44	0.48	0.50
2014	2.98	3.41	3.67	4.04	4.35	4.25	1.24	1.55	1.45	0.44	0.55	0.52
2015	6.53	5.65	6.02	6.48	6.72	7.12	2.54	2.78	3.18	0.64	0.71	0.81
平均值	4.41	4.48	4.19	4.42	4.69	4.76	1.14	1.41	1.48	0.36	0.45	0.48

其中，为了保持数据的直观性，我们将年度各类型影子银行的系统性风险衡量指标 VaR、CoVaR 均取绝对值来表示。由结果可知，以风险贡献度为测度依据的话，信托类影子银行的 VaR 均值为 4.48，民间借贷类影子银行的 VaR 均值为 4.41，证券类影子银行的 VaR 均值为 4.19。但如果考查各类影子银行对商业银行的溢出风险程度，则发现证券类影子银行的风险程度最高，其去量纲化的风险溢出价值% CoVaR 为 0.48；其次为信托类影子银行，% CoVaR 均值为 0.45；民间借贷类影子银行风险溢出程度最小，% CoVaR 均值为 0.36。证券类影子银行的风险溢出程度之所以最高，一方面是因为以银证合作为基础的证券公司通道业务的快速扩张，而且样本期内我国股市经历了大起大落；另一方面是在我国 68 家信托公司中，上市的 3 家信托公司规模较小，因而信托类影子银行的风险溢出效应被严重低估。就整体而言，各类型影子银行对我国商业银行的风险溢出程度不是很高，这说明目前我国影子银行系统性风险处于可控状态，引发金融危机的可能性不大，这一点与李建军、薛莹（2014）和李丛文、闫世军（2015）等的研究结论基本一致。当然，这也与自 2013 年以来我国金融监管当局对影子银行相关业务进行规范与监管，在一定程度上限制了影子银行规模的急剧扩张，有效控制了影子银行的风险溢出有关。与李建军、李丛文等不同的是，他们认为对商业银行风险溢出贡献最大的是信托类影子银行，但我们得出的结论是证券类影子银行的风险溢出效应最大，造成结论偏差的可能原因是他们的研究样本没有考虑 2015 年发生的股市大波动，而股市大波动直接放大了证券类影子银行的风险溢出效应。

为考察各类影子银行对商业银行的风险溢出的动态特征，我们以 2007—2015 年月度数据为基础，分别计算了不同类影子银行的月度去量纲化的风险溢出价值% CoVaR，如图 6-1 所示。通过观察，不难发现：首先，民间借贷类影子银行对于商业银行的风险溢出效应波动相对较小，但由于 2011 年温州"跑路"现象引致的民间借贷危机，2012 年 7 月借贷类影子银行对商业银行的风险溢出效应达到了最大。在银行信贷政策趋紧时，部分商业银行通过各种变相的方式成为了民间借贷的资金来源，此外受利差诱使，客户挪用银行贷款，将银行资金投入民间借贷，一旦企业资金链断裂，势必波及商业银行，由于民间借贷操作不规范、部分民间借贷有庞氏融资之嫌、新型民间借贷形式 P2P 的兴起等，自 2011 年以来民间借贷违约事件不断发生，因此其对商业银行的负

面外溢效应也不容忽视。其次，信托类影子银行对于商业银行的风险溢出效应
波动也相对平稳，风险溢出程度处于相对较高水平。近些年来银信合作理财业
务的发展日益繁荣化，其业务渠道与商业银行关联性较强，极易强化风险传染
的链条。自2012年以来，国内经济经历了结构性转型的阵痛、实体经济增速
放缓，投向实体产业的信托类产品收益正在走低、风险正在放大，同时，证监
会打击场外配资、对伞形信托的清理，也使得证券类信托产品整体陷入低迷，
仅2015年就有近20个信托产品出现兑付违约也进一步暴露了风险外溢效应。
最后，溢出效应波动最为明显的是证券类影子银行。2010年，由于银监会颁
布《关于规范银信理财合作业务有关事项的通知》，银信合作有萎缩的趋势，
银行理财开始转向与证券合作，银证合作成为证券类影子银行风险外溢的重要
渠道。证券类影子银行风险外溢效应动态特征一般折射出证券市场行情的变
化，由图6-1可以看出，其与股价变动高度相关，证券类影子银行对商业银
行的外溢效应在2010年、2012年、2014年以及2015年波动明显，溢出值较
高，尤其是2015年6月下旬爆发的股市大波动也使其溢出程度达到了高峰点。
这说明，证券市场的极端风险可能会加剧影子银行的风险溢出，甚至成为引发
系统性金融风险的导火索。

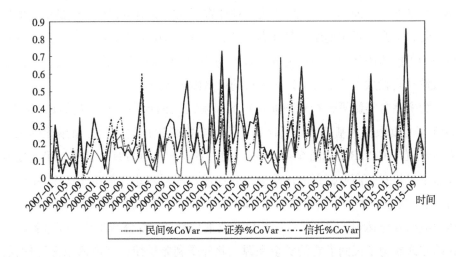

图6-1 我国影子银行对商业银行的风险溢出的时变特征

同时从图6-1中还可以发现我国影子银行对商业银行的风险溢出程度与
经济周期密切相关。在次贷危机爆发的2007年以及欧债危机爆发的2010年，

各类型影子银行机构的% CoVaR 较低。而伴随着危机逐渐退去，在推出经济刺激方案的 2008—2009 年，以及欧债危机高峰期后的 2011—2012 年，各类型影子银行机构的% CoVaR 又普遍回升。这说明监管部门应顺应经济发展的周期，正确认识影子银行子系统间的风险传染性，加强了系统性风险动态监管。

第 7 章
金融强监管与影子银行
极端风险的动态演化

7.1 引言

随着金融创新和金融自由化程度的不断加深，非银行金融机构已经成为我国金融体系中重要的组成部分。在自有规模持续扩大的同时，证券、信托和保险公司早已打破单一经营模式的壁垒，业务不断多元化，拓展资产管理业务并加大与商业银行的合作，均具有"影子银行"性质。三类机构资产管理业务总规模分别从 2009 年的 0.15 万亿元、2.02 万亿元、3.56 万亿元，飙升到 2017 年末的 16.88 万亿元、21.91 万亿元、14.92 万亿元。非银行金融机构广泛开展影子银行业务，有效解决了银行向企业贷款约束难题，为金融体系注入了流动性。但我国影子银行业务设计存在诸多缺陷，非银行金融机构风险控制不够完善，抵御外部冲击能力不强，极易发生极端风险；同时，影子银行产品具有层层嵌套、信用链条过长、刚性兑付、存在监管套利空间等隐患，一旦某分支机构发生极端风险，其他非银行金融机构容易通过机构间风险传导遭受极端风险溢出，并通过极端风险网络形成整个金融系统的系统性风险。

为防止金融空转、抑制系统性风险，我国于 2016 年开始加大"一行三会"协同监管力度，更加明确"去杠杆""去通道"的方向，这标志着"金融强监管"周期的开始。2017 年，银监会对商业银行部署"三套利、三违反、四不当"自查规则，同时将表外理财纳入 MPA 考核；国务院成立了国务院金融稳定发展委员会，同时将保监会与银监会合并，进入"一行两会"时代。

2018 年 4 月，央行等部委正式出台《关于规范金融机构资产管理业务的指导意见》（"资管新规"），严控影子银行风险，"强监管"格局正式形成。据此，对非金融机构极端风险的准确测算、特别是度量"金融强监管"期间各类机构极端风险的变化，以及对机构最优影子银行规模的估算，对于把握政策效果、促进监管政策进一步完善具有重要的理论和现实意义。本章引入 Copula – EVT（Extremely Value Theory，极值理论）模型，该模型具有非参数化特点，适用于金融机构收益"尖峰厚尾"的分布特点，并可以同时测算机构的自身极端风险概率以及极端风险网络关联度，具有较高的适用性。在测算证券、信托、保险三类影子银行自身极端风险和极端风险网络关联度的水平及动态变化后，基于影子银行异质性角度，利用面板回归计量模型，判断"金融强监管"政策的实施效果，探究影子银行规模与极端风险网络关联度之间的关系，旨在为金融机构和监管层提供合理的防风险对策。

7.2　文献综述

对于金融机构系统性风险的度量方法，主要可以划分为指标法、尾部依赖法和网络分析法，其中指标法主要包括 IMF、BIS、FSB 等国际组织对各国金融机构系统重要性的鉴别（Arnold 等，2012；Ellis 等，2014），该方法严谨、准确，善于甄别大型金融机构的系统重要性程度，但其应用数据频率较低，难以捕捉金融机构系统性风险的动态变化，未涉及金融机构之间的极端风险关联。学术层面上，基于股价收益率和财务动态数据的尾部依赖法和网络分析法被广泛运用。

尾部依赖法侧重于金融机构的尾部收益水平，测算金融机构与金融系统之间的尾部风险溢出。Adrian 等（2008）首先提出了条件在险价值（CoVaR）方法，利用金融机构的收益率数据测算金融危机期间美国各大金融机构对金融系统的风险溢出效应；李志辉和樊莉（2011）同样使用该方法对我国商业银行系统性风险溢出进行度量。为了克服传统 CoVaR 对金融机构收益率呈正态分布假设的缺陷，诸多学者对该方法进行了改进，包括非对称 CoVaR（Espinosa 等，2012）、分位数 CoVaR（郭卫东，2013）、极端分位数 CoVaR（陈守东和王妍，2014）、Copula – CoVaR（Reboredo 和 Ugolini，2016）等方法。尾部依赖法中另一个常用方法——边际期望损失法（MES）首先由 Acharya 等（2010）提出，测算金融系统发生极端危机时，金融机构的条件期望损失；Brownlees 和 Engle（2012）利用 DCC – GARCH 方法对 MES 方法进行动态化改进。此后范小云（2011）、郭卫东（2013）、冯超和谈颙阳（2014）等国内学者使用 MES 方法对我国金融机构的系统性风险进行测算。尾部依赖法较为简洁实用，数据可得性高，可以较好地反映机构的尾部风险水平，但该方法往往只关注单个金融机构与金融系统之间相互风险溢出程度，无法反映金融机构之间的极端风险关联度。

网络分析法基于金融机构之间关联的视角，将所有金融机构视为一个联系紧密的复杂网络，通过测算机构与其他机构之间的关联度来度量其系统性风险，具体可划分为网络结构法与网络关联法。网络结构法利用金融机构之间同业业务的双边敞口数据，模拟机构发生极端危机时在网络中的风险传导效应。由于在我国以及其他大部分国家，金融机构之间的双边敞口数据不可得，故 Upper（2011）、范小云等（2012）、方意（2016）采取最大熵方法，利用各银行的同业资产和同业负债总体数据，估计出所有银行之间的同业往来双边敞口数据。不过 Mistrulli（2011）研究发现，采取最大熵方法对双边敞口数据进行估计，最终会高估金融机构之间的风险传导效应。网络关联法实际上是将尾部依赖法的思想引入复杂网络，首先测度金融机构之间的风险关联度，其次构建网络邻接矩阵，最后利用机构在复杂网络中的指标衡量系统性风险程度。度量金融机构之间风险关联度的主要方法包括广义方差分解（Diebold 和 Yilmaz，2014；胡利琴等，2018）、格兰杰因果检验（Billio 等，2012；李政等，2016）、风险格兰杰检验（Hong 等，2009；Wang 等，2018）、LASSO 分位数回归（Fang 等，2018；姜海和张锦意，2018）、TENET 方法（Härdle 等，2016；Wang 等，2018）等。网络关联法数据可得性较高，并且可以结合金融机构经营财务数据与宏观状态变量数据，增加了结果的可靠性。

在我国非银行金融机构系统性风险测度的相关研究中，基于尾部依赖法，范小云等（2011）、梁琪等（2013）、卜林和李政（2015）使用 MES 方法，得出我国证券公司系统性风险程度高于保险公司；基于网络关联法，欧阳红兵和刘晓东（2015）利用最小生成树网络，得出 2013 年信托公司的网络中心性高于证券公司，李政等（2016）利用格兰杰因果检验构建复杂网络，得出 2012

年证券公司与商业银行关联度上升，2014 年保险公司在网络中的关联度较高。不过，上述文献基本上是将商业银行作为主要研究对象，重点研究非银行金融机构的文献并不多见。而且，尾部依赖法与网络关联法在测算视角上的差异，也造成各文献对于非银行金融机构的系统性风险测算结果难以统一，由于两种方法使用的模型不尽相同，测算结果的异质性难以解释。

本章的主要贡献：第一，将上市影子银行作为主要研究对象，基于双重视角分别测算机构自身极端风险概率与极端风险网络关联度，并着重分析"金融强监管"周期前后各类机构风险的变动。第二，Copula – EVT 本身具有非参数化的设定，适用于金融机构收益率"尖峰厚尾"的特点，并且可以同时进行极端风险概率的定量测算和极端风险关联的定性判断，分别运用到对机构自身极端风险概率与极端风险网络关联度的测算，在不同视角中保持基本模型的统一。利用 Copula – EVT 方法可以通过判断金融机构之间尾部风险依赖程度，有效构建由金融机构组成的极端风险网络。第三，利用面板数据回归判断"金融强监管"政策实施效果，量化分析非银行金融机构影子银行业务最优规模，进一步对当前机构影子银行规模的变动方向提出建议。

7.3　研究方法与网络指标测算

7.3.1　单变量 Copula – EVT 模型

运用单变量极值理论模型，测度非银行金融机构自身极端风险概率。对样本期 t 内的第 i 家机构，令其所有 n 个交易日的收益数据依次为 $R_1^{i,t}$，$R_2^{i,t}$，…，$R_n^{i,t}$，进行降序排序记为 $R_{(1)}^{i,t} \geqslant R_{(2)}^{i,t} \geqslant \cdots \geqslant R_{(n)}^{i,t}$。假定存在 $a_n > 0$ 和 b_n，使得

$$\lim_{n \to +\infty} P\left\{ \frac{R_{(n)} - b_n}{a_n} \leqslant x \right\} = G_X(x) \tag{7.1}$$

其中，$G_X(x)$ 为概率分布函数，G_X 为极值分布。由于我国上市非银行金融机构的日收益率服从于尖峰厚尾分布，故将概率分布函数 $G_X(x)$ 定义为 Copula 函数形式：

$$G_X(x) = \begin{cases} 0 & x \leqslant 0 \\ \exp(-(-x)^\alpha) & x > 0, \alpha > 0 \end{cases} \tag{7.2}$$

根据式（7.2）中设定的极限最大吸引域法则，沿用温博慧等（2014）的方法，将样本期 t 内机构 i 发生极端风险的概率设定为幂函数形式：

$$\hat{P}_{i,t} = q\left(R_{(n-k)}^{i,t}/VaR_q^{s,t}\right)^{\alpha_{i,t}} \qquad \frac{1}{\hat{\alpha}_{i,t}} = \frac{1}{k}\sum_{j=0}^{k-1}\ln\left(R_{(n-j)}^{i,t}/R_{(n-k)}^{i,t}\right) \qquad (7.3)$$

其中，q 为极端风险分位数，k 为用于估计的最高次序统计量，且 $k = n * q$。$VaR_q^{s,t}$ 为该样本期内整个金融系统收益率在 q 分位的分位数，代表了金融系统的风险在险水平。若金融系统的收益率低于该分位数水平，代表金融系统整体发生极端风险。幂系数 $\alpha^{i,t}$ 的估计值利用 Hill 估计量来测算。

7.3.2 双变量 Copula – EVT 模型与极端风险网络构建

运用双变量极值理论，测算样本期内机构 i 和机构 j 同时遭受极端风险的概率。利用点域估计的思想，将其设定为示性函数的形式如式（7.4），其中 $\hat{\theta} = \arctan(\hat{P}_j/\hat{P}_i)$，$\hat{\rho} = \sqrt{\hat{P}_i^{\,2} + \hat{P}_j^{\,2}}$，$I(\cdot)$ 为示性函数。

$$\hat{l}(\hat{P}_i, \hat{P}_j) = \frac{1}{k}\hat{\rho}_{ij}\sum_{i=T}^{n} I\left(R_T^i \leqslant R_{(\lceil n-k\cos\hat{\theta}_{ij}\rceil)}^i \ \& \ R_T^j \leqslant R_{(\lceil n-k\sin\hat{\theta}_{ij}\rceil)}^j\right) \qquad (7.4)$$

Copula – EVT 的一大优势在于，不仅可以从定量角度来测算金融机构自身极端风险概率，而且可以从定性的角度来判断机构间是否存在显著的极端风险关联。基于该思想，本章将 Copula – EVT 模型引入网络关联法中，将所有金融机构视作一个极端风险网络，分别判断各机构间极端风险关联的显著性，进而构建网络邻接矩阵。将样本期 t 内机构 i 和机构 j 之间的极端风险关联统计量设定为 Z：

$$Z_{ij}^t = \sqrt{K}(\hat{l}_1 - \hat{l}_2)/\sqrt{\sigma_1^{\,2} + \sigma_2^{\,2}} \qquad (7.5)$$

其中，$\hat{l}_1$ 和 $\hat{l}_2$ 分别代表样本期前半段内和后半段内样本的双变量极端风险概率，定义同式（7.4），$\hat{\sigma}_1^{\,2}$ 和 $\hat{\sigma}_2^{\,2}$ 分别为其样本方差，K 为最高次序统计量。统计量 Z 的绝对值越小，说明两机构之间的极端风险关联度越强。这里取 5% 显著性水平对应的值，若 Z 的绝对值小于 1.96，则判定机构 i 和 j 之间存在极端风险关联，即在网络中存在连边，反之则不存在连边，据此构建样本期 t 内由所有金融机构组成的风险关联网络如式（7.6），其中 A 代表网络邻接矩阵，节点数等于样本内所有金融机构的数目。

$$A_{ij}^t = \begin{cases} 1 & Z_{ij}^t < 1.96, i \neq j \\ 0 & other \end{cases} \tag{7.6}$$

7.3.3　极端风险网络指标测算

在构建邻接矩阵后，首先基于个体视角，对金融机构的极端风险网络关联度进行分析，通过平均度值（CD）、接近度（CC）、特征向量（CE）、凝聚度（CG）、信息量（CI）五个网络指标进行测算，五个指标的值越高，说明金融机构的极端风险网络关联度越高。其中平均度值指标测算如式（7.7），式中 m 代表机构总数。

$$CD_i^t = \frac{1}{m-1} \sum_{j=1, j\neq i}^m A_{ij}^t \tag{7.7}$$

接近度指标测算方法如式（7.8），其中 d 代表最短距离，即连接节点 i 到 j 最短路径中经过连边的个数，若两点之间无连边，则将最短距离设为机构总节点数 m。

$$CC_i^t = \left[\frac{1}{m-1} \sum_{j=1, j\neq i}^m d_{ij} \right]^{-1} \tag{7.8}$$

特征向量指标测算方法如式（7.9），其中 λ 代表邻接矩阵 A 的最大特征值，e 为每个特征值对应的特征向量。

$$\lambda e_i = \sum_{j=1}^m A_{ij} e_j \qquad CE_i^t = \frac{1}{\lambda} \sum_{j=1}^m A_{ij}^t e_j^t \tag{7.9}$$

凝聚度指标测算方法如式（7.10），将 $\Phi(G)$ 定义为整个网络的凝聚水平，而后采取节点收缩法的思想，将机构 i 与相临边收缩为一个节点后得到新的网络凝聚度水平 $\Phi_i(G)$。

$$\Phi(G) = \frac{1}{mL} = \frac{m-1}{2 \sum_{1\leq i<j\leq m} d_{ij}} \qquad CG_i^t = 1 - \frac{\Phi(G^t)}{\Phi(G_i^t)} \tag{7.10}$$

式（7.11）表示信息量指标的测算方法，其中 D 为对角矩阵，J 矩阵所有元素都为 1，q_{ij} 代表节点 i 和 j 之间的风险传染信息量。

$$D_{ii}^t = \sum_{j=1}^m A_{ij}^t \qquad C^t = (B^t)^{-1} = (D^t - A^t + J)^{-1}$$

$$q_{ij}^t = (c_{ii}^t + c_{jj}^t - 2c_{ij}^t)^{-1} \qquad CI_i^t = \left[\frac{1}{m} \sum_{j=1}^m (q_{ij}^t)^{-1} \right]^{-1} \tag{7.11}$$

其次，基于行业部门的视角，沿用 Wang 等（2018）的方法，对金融部门行业间与行业内极端风险网络关联度进行测算。不同行业 I 和 J 之间的极端风险网络关联度 SD_{IJ} 的测算方法如式（7.12），其中 N_I 和 N_J 分别代表行业 I 和 J 各自所含机构的个数。

$$SD_{IJ} = \frac{1}{N_I N_J} \sum_{i=1}^{N_I} \sum_{j=1}^{N_J} A_{ij} \qquad (7.12)$$

行业 I 内部机构间极端风险网络关联度 SD_{II} 测算方法如式（7.13）。SD_{IJ} 和 SD_{II} 的值越高，代表行业间或行业内的极端风险网络关联度越高。

$$SD_{II} = \frac{1}{N_I(N_I - 1)} \sum_{i=1}^{N_I} \sum_{j=1}^{N_I} A_{ij} \qquad (7.13)$$

最后，基于金融系统整体的视角，利用网络密度指标测算各样本期内所有金融机构之间整体极端风险网络关联度，测算方法如式（7.14），密度 ρ 越高，代表金融系统整体极端风险网络紧密度越高，整个金融体系面临较高的极端关联风险。

$$\rho^t = \frac{1}{m(m - 1)} \sum_{j=1}^{m} \sum_{i=1}^{m} A_{ij}^t \qquad (7.14)$$

7.4 实证分析

7.4.1 样本说明与数据分析

本章研究的样本区间段为 2008 年 1 月 4 日至 2018 年 9 月 30 日，共计 2617 个交易日，故选择在 2008 年之前上市的非银行金融机构，其中包括证券公司 8 家、信托公司 3 家和保险公司 3 家。[①] 对于机构收益率指标，选取样本期内所有交易日的收益率（后复权）数据，采取沪深 300 金融指数代表金融系统的收益情况，数据来源为同花顺 iFind 数据库。

---

① 证券公司包括东北证券、国元证券、长江证券、中信证券、国金证券、西南证券、海通证券、太平洋；信托公司包括民生控股、陕国投 A、安信信托；保险公司包括中国平安、中国太保、中国人寿。

首先对所有样本数据的整体收益率序列进行描述性统计分析，所有非银行金融机构的收益率均值都十分接近于 0，而峰度值与 3 相去甚远，同时 J -B 检验结果均显著拒绝正态分布假设，故判断所有机构的收益序列均不服从于正态分布，即存在"尖峰厚尾"的分布特征，适用于本章的 Copula - EVT 模型。ADF 单位根检验结果均显著拒绝"存在单位根"的原假设，所有序列均平稳。

7.4.2　影子银行机构自身极端风险

从横截面维度测算机构自身极端风险概率，根据 Copula - EVT 模型的设定，最高次序统计量 k 的取值非常重要，k 取值若过低，会造成 Hill 估计量不稳定，造成结果波动；k 取值若过高，则无法反映尾部的风险特征（温博慧等，2014）。图 7 - 1 左侧描绘所有非银行金融机构 k 值和 Hill 估计量的一一对应关系。当 k 值大于 230 时，所有样本机构的 Hill 估计量趋于平稳。图 7 - 1 中阴影部分 k 取值为 230—290，可视作合理的取值范围。

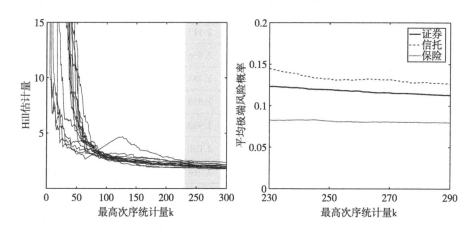

图 7 - 1　不同 k 值下各机构 Hill 估计量以及各类机构平均极端风险概率

选取 k 值等于 261，即收益序列中处于最低 10% 的部分代表极端风险，非银行金融机构自身极端风险概率的横截面测算结果如表 7 - 1 所示，为了分析机构极端风险概率的影响因素，在表 7 - 1 中加入总规模对数和影子银行业务比重指标。信托公司的自身极端风险概率最高，均值达到了 13.2%，主要原因在于信托公司的资产规模远远低于证券公司与保险公司，抵御风险能力相对较弱，加之近年来广泛开展的影子银行业务使得其经营模式逐渐偏离信托业务本源，易受市场波动风险的传染。保险公司自身极端风险概率最低，均值仅为8%，考虑到保险公司拥有最高的资产规模，加之其自身业务需要使得保险资金投入银行存款的比例高于证券公司与信托公司，抵御极端风险能力更高。为了检验 Copula – EVT 单变量对极端风险概率测算的稳定性，分别计算出所有合理 k 值范围内非银行金融机构自身极端风险概率，并按照机构类别计算均值，得到结果如图 7 – 1 右侧所示，在 k 取值在 [230, 290] 区间内时，机构自身极端风险概率由高到低依然为信托公司、证券公司和保险公司，且平均概率水平趋于稳定，证明了模型与结论的合理性。

表 7 – 1 　　　　　　　　影子银行自身极端风险概率的横截面结果

行业	机构	极端风险概率	Hill 估计量	规模	影子银行比重
证券	东北证券	0.133	2.009	5.83	0.37
	国元证券	0.121	1.908	6.04	0.32
	长江证券	0.120	1.966	6.34	0.25
	中信证券	0.101	2.113	8.13	0.38
	国金证券	0.137	2.036	5.47	0.25
	西南证券	0.116	2.284	5.91	0.45
	海通证券	0.098	1.812	7.91	0.26
	太平洋	0.116	1.932	5.11	0.29
信托	民生控股	0.129	2.090	2.28	0.18
	陕国投 A	0.146	2.108	3.80	0.29
	安信信托	0.119	1.995	4.12	0.41
保险	中国平安	0.074	2.120	10.38	0.11
	中国太保	0.092	2.456	8.87	0.27
	中国人寿	0.076	2.296	9.87	0.32

根据我国金融市场整体运行情况将样本期分为四个阶段：国际金融危机与股市大波动后金融市场的"风险调整期"（2009 年 1 月至 2013 年 5 月）、接连发生"钱荒"事件与"股市大波动"危机的"风险聚集期"（2013 年 6 月至 2015 年 9 月）、监管层开始加强对金融机构监管的"强监管周期"（2015 年 10

月至 2018 年 1 月）、中美贸易摩擦升级与股市大幅度下跌的"股市波动期"（2018 年 2 月至 2018 年 9 月）。用于统计的最高次序分位数 q 均设定为 10%，分别测算四个样本期内非银行金融机构自身极端风险概率，以反映各时期内非银行金融机构自身极端风险的动态变化，初步判断"金融强监管"政策的实施效果，结果如表 7 - 2 所示。

表 7 - 2　　　　　　　影子银行自身极端风险概率的动态测度

行业	机构	风险调整期	风险聚集期	强监管周期	股市波动期
证券	国元证券	0.113	0.164	0.180	0.092
	长江证券	0.126	0.166	0.123	0.060
	中信证券	0.111	0.154	0.090	0.106
	国金证券	0.161	0.251	0.126	0.107
	西南证券	0.119	0.136	0.101	0.081
	海通证券	0.116	0.134	0.077	0.083
	太平洋	0.122	0.201	0.112	0.065
	均值	0.124	0.172	0.116	0.085
信托	民生控股	0.160	0.138	0.172	0.106
	陕国投 A	0.200	0.160	0.154	0.109
	安信信托	0.116	0.169	0.117	0.146
	均值	0.159	0.155	0.148	0.120
保险	中国平安	0.085	0.095	0.068	0.103
	中国太保	0.116	0.116	0.092	0.162
	中国人寿	0.080	0.108	0.112	0.074
	均值	0.094	0.106	0.091	0.113

　　表 7 - 2 结果显示，从风险调整期到风险聚集期，信托公司与保险公司自身极端风险变动幅度不高，而证券公司的平均极端风险概率由 12.4% 跃升到 17.2%。从经营结构上看，在 2015 年牛市期间，证券公司仅上半年的代理买卖业务即达到 1584.4 亿元，比 2014 年全年高出 534.9 亿元，证券公司对于证券市场业务的依赖程度依然较高，金融市场面临"钱荒"与"股市大波动"等极端事件时，证券公司的经营直接面临巨大损失，加之证券公司的银行存款

比重低于信托公司和保险公司①，在市场极端危机期间还要面临更高的流动性风险。自 2013 年以来，证券公司资管业务资金广泛投向股票质押式回购业务，该业务具有类信贷性质，一旦股票市场发生极端风险，证券公司的质押标的证券价格将急剧下跌，可能会引发严重的危机。故在强监管周期之前，证券公司经营模式单一、"靠天吃饭"的情况较为严重。在 2016 年"强监管周期"开启后，证券、信托、保险公司的自身极端风险概率均明显降低，其中证券公司下降幅度最高。在强监管、去杠杆的宏观经济调控背景下，金融系统性风险得到了较好的抑制，同时非银行金融机构通过主动加强风险管理、广泛开展资产证券化业务，有效地降低了自身极端风险。2018 年 2 月以来股市再次出现波动，加之中美贸易摩擦升级、人民币汇率再次贬值等外部环境影响，金融机构面临较高的极端风险压力。但证券公司与信托公司自身极端风险概率依然稳步下降，特别是证券公司，2018 年上半年其证券买卖和承销业务收入总计 480.62 亿元，占总营业收入的 37.8%，证券投资业务收益占比为 23.3%，相对于"金融强监管"前大幅度降低，抵御市场极端风险能力有所改善。保险公司自身极端风险概率有所提高，主要原因在于在国内外错综复杂的经济形势下，保险行业偿付压力加大，几大保险公司的偿付充足率指标均有所下降。

7.4.3 影子银行机构极端风险网络关联度

基于 Copula – EVT 网络关联法，从极端风险关联的视角衡量非银行金融机构的极端风险网络关联度。考虑到非银行金融机构的各项自营业务与资管业务均同商业银行具有密不可分的联系，本章在构建极端风险网络时，故加入 14 家商业银行机构②，共计 28 家金融机构。采取滚动时间窗口的方法，利用 2008—2018 年各年度数据构建网络邻接矩阵，进一步运用网络指标分析的方法，测算三类非银行金融机构的极端风险网络关联度。由于各年份中各机构的停牌天数、收益波动情况有所不同，Hill 估计量的波动情况会随之发生变动，

---

① 2013—2015 年，证券公司银行存款在总资产中占比分别为 4.4%、4.9% 和 5.7%；信托公司占比分别为 18.4%、14.7% 和 15.7%；保险公司占比分别为 27.3%、24.8% 和 19.7%，数据来源为中国金融年鉴。

② 同样选取 2008 年之前上市的商业银行，其中包括大型国有银行 3 家（工商银行、中国银行、建设银行），股份制银行 8 家（平安、浦发、华夏、民生、招商、兴业、交通、中信银行），城商行 3 家（宁波、南京、北京银行）。

故重新选择用于估计的最高次序统计量 k，根据图 7 - 2 描绘各年份所有机构 k 值和 Hill 估计量的一一对应关系，结合平稳性与尾部风险特征的考虑，将 2008—2018 年用于估计的最高次序统计量值分别设定为 30、15、15、25、25、15、10、25、15、25、15。

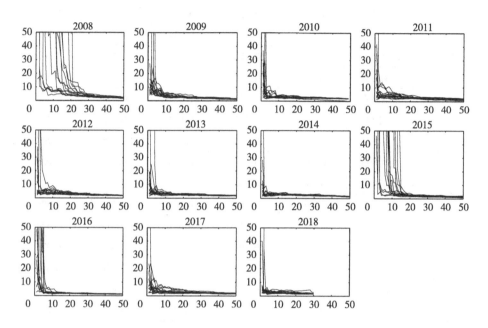

注：图中所有横坐标表示最高次序统计量 k 值，所有纵坐标表示 Hill 估计量。

图 7 - 2　各年份所有样本机构 k 值与 Hill 估计量一一对应关系

利用式（7.7）至式（7.11）测算非银行金融机构极端风险网络关联度指标的横截面结果如表 7 - 3 所示。五项指标均显示，信托公司的极端风险网络关联度最高，证券公司次之，保险公司最低。从经营结构来看，证券公司与保险公司都拥有规模较大、品种稳定的自营业务形式，而信托公司的资管业务规模相对偏高。2017 年末信托公司的资管总额高达 26.25 万亿元，是其自身总资产的 39.9 倍，这一比例远远高于证券公司的 2.81 倍和保险公司的 0.89 倍。从资管产品构成来看，信托公司资管产品对非标资产投资比重依然较高，非标资产较多投向于房地产行业与地方政府融资平台，在强监管背景下存在较高的风险隐患。资管资金相对规模较高、资管产品风险隐患相对较大，使得信托公司的极端风险网络关联度最高。

表7-3 影子银行在尾部风险关联网络中的横截面指标

行业	机构	度值	接近度	特征向量	凝聚度	信息量
证券	东北证券	0.536	0.697	0.038	0.468	6.905
	国元证券	0.532	0.696	0.036	0.467	6.936
	长江证券	0.568	0.717	0.041	0.468	7.088
	中信证券	0.519	0.698	0.036	0.450	6.738
	国金证券	0.578	0.720	0.039	0.519	7.165
	西南证券	0.516	0.692	0.035	0.434	6.785
	海通证券	0.481	0.675	0.033	0.435	6.504
	太平洋	0.458	0.663	0.032	0.402	6.253
	均值	0.524	0.695	0.036	0.456	6.797
信托	民生控股	0.584	0.736	0.039	0.543	7.005
	陕国投A	0.597	0.736	0.040	0.564	7.200
	安信信托	0.646	0.757	0.044	0.616	7.574
	均值	0.609	0.743	0.041	0.575	7.259
保险	中国平安	0.542	0.704	0.037	0.489	6.938
	中国太保	0.487	0.679	0.033	0.421	6.597
	中国人寿	0.468	0.667	0.032	0.445	6.445
	均值	0.499	0.683	0.034	0.452	6.660

　　影子银行极端风险网络关联度的动态变化如图7-3所示，纵坐标表示平均度值水平，最为直观地衡量各类机构在极端风险网络中的整体关联度水平。在"金融强监管"政策前，变动趋势可分为三个阶段：第一，2008—2010年，信托资管业务已经走上正轨，随着2008年应对危机一揽子计划出台与2009年商业银行传统发放贷款渠道受限，商业银行信贷规模紧张且存在超额信贷需求，在证券和保险资管业务尚未完全放开的情况下，商业银行大力开展与信托公司的银信通道业务合作，信托资管总额在2009年开始高速增长。在此期间，信托公司在极端风险网络中的平均度值分别达到0.87、0.56和0.63，均高于另外两类机构。第二，2011—2013年，随着2010年末银监会72号文①要求商业银行将银信合作理财业务纳入表内，银信通道业务开始萎缩，信托公司在极

————————————

① 2010年8月，银监会72号文，《关于规范银信理财合作业务有关事项的通知》。

端风险网络中的平均度值在 2013 年降至 0.49。而 2012 年证券公司"创新大会"确立了放松监管、扩大投资范围的基调，证券公司资管规模随之爆发式增长，由 2010 年末的 0.19 万亿元升至 2013 年末的 5.21 万亿元。银证通道类业务迅速发展，由信托公司主要承担的通道业务风险随之转嫁，证券公司在极端风险网络中的平均度值不断上升，由 0.43 升至 0.66，居于最高。第三，2014—2015 年，随着证券业协会 2014 年 33 号文①对证券公司的资管业务作出了严格的风险控制，银证通道类业务受限，证券公司在极端风险网络中的平均度值降至 0.56。而信托公司与商业银行合作广泛开展"委外"业务，银信合作渠道再次拓宽，加之 2009—2011 年大规模发行的银信合作产品陆续进入兑付期，产品中蕴含的风险逐渐暴露，出现数次大规模兑付危机事件，信托机构不可避免地遭受风险溢出，极端风险网络关联度出现回升。随着 2014 年国务院发布的关于保险公司"国十条"②的出台，保险资金运用范围被放宽，保险公司也被允许投资于优先股和创业板股票等。为了追求高收益，保险公司加大了对于另类资产的投资，对"非标"资产投资比重由 2013 年末的 9.7% 升至 2015 年末的 25.1%，甚至超过对货币存款的投资。2015 年接连发生"股市大波动"和"资产荒"使保险公司遭受风险溢出效应加剧，极端风险网络平均度值达到 0.67，居于三类机构之首。

2016 年至 2018 年上半年，在"去杠杆、去通道、去刚兑、统一监管"的强监管背景下，非银行金融机构资产管理的规模增速有所降低、业务结构有所调整。2016 年新"八条底线"规则实施后，证券公司资管业务总量由 2016 年末的 17.58 万亿元降为 2017 年末的 16.88 万亿元，近十年来首次出现负增长，并在 2018 年初迎来大规模去通道化。2016 年银监会 53 号文明确了对信托公司"去通道、去杠杆"的监管导向，信托公司资管总量与营业利润增速均有所放缓，对房地产与基础产业的投资稳步降低。2017 年保监会制定下发"1+4"系列文件，集中开展防风险、补短板相关工作，保险公司资管总额增速放缓，万能险业务大规模下滑，资产池与多层嵌套业务遭到严格限制。图7-3 结果显示，2018 年证券公司、信托公司、保险公司的极端风险网络平均度值分别

---

① 2014 年 3 月，证券业协会 33 号文，《关于进一步规范证券公司资产管理业务有关事项的补充通知》。

② 2018 年 8 月，国务院 27 号文，《国务院关于加快发展现代保险服务业的若干意见》。

为 0.40、0.46 和 0.41，相比于"风险聚集期"的 2013—2015 年均明显降低。但值得注意的是，在 2017 年末，证券公司定向资管计划占比依然超过 85%，信托公司事务管理类业务超过 60% 且占比逐年上升，通道类业务依然是非银行金融机构与银行开展理财业务合作的主要形式；同时 2017 年信托公司与保险公司资管投向非标资产比重分别为 71.52% 和 34.77%，并且相对于 2016 年有所上升，证券公司该项比重也高达 41.05%，故三类机构的极端风险网络关联度仍未回落至各自历史最低水平。

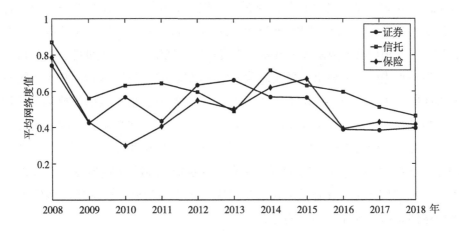

图 7 – 3　影子银行极端风险网络平均度值的动态变化

利用式（7.12）和式（7.13）测算金融机构行业间与行业内的极端风险网络关联度。图 7 – 4 第 1 行列出三类机构与商业银行行业间极端风险网络关联度动态变化，自 2016 年"金融强监管"周期开启以来，三类机构与商业银行行业间极端风险关联度变化趋势与各自整体极端风险网络关联度的变动趋势较为接近。由于影子银行业务实质上更多地是由商业银行作为主导、非银行金融机构作为主要合作对手方，从中起到"过桥"抑或"通道"作用，资管产品多层嵌套、同业链条过长是非银行金融机构面临风险溢出的主要原因。随着"金融强监管"政策逐步实施与"资管新规"落地出台，监管层的主要焦点集中到"严控影子银行风险"上，"一行两会"协调监管力度加强，银保监会与证监会多次发文对非银行金融机构资管业务进行严格限制，旨在防止多层嵌套、消除监管套利。故 2017—2018 年非银行金融机构与商业银行之间的极端风险网络关联度相比于各自历史最高水平明显降低，说明"金融强监管"系

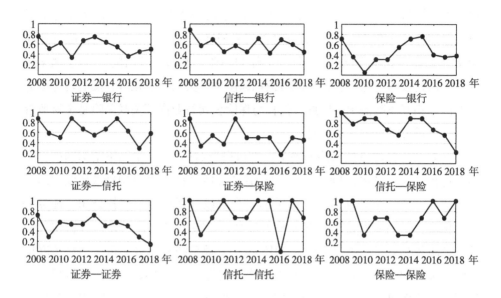

图 7 - 4　影子银行行业间与行业内极端风险网络关联度动态变化

列政策在影子银行与资产管理渠道取得了较为显著的成效。图 7 - 4 中第 2 行结果显示，证券与信托、证券与保险、信托与保险三类机构相互行业之间的极端风险网络关联度在 2017—2018 年同样低于各自最高水平，在 "金融强监管" 政策出台之前，由于银行主导的影子银行业务多层嵌套的特性，在同一资管产品计划中包含多类非银行金融机构的情况层出不穷，"银证信" "银信保" 等资管产品合作方式一度成为影子银行业务的主要形式，"金融强监管" 政策对于多层嵌套影子银行业务管控严格，故该政策对非银行金融机构行业之间的极端风险网络关联度同样起到了显著的抑制效果。图 7 - 4 第 3 行中三类非银行金融机构行业内部的极端风险网络关联度结果显示，"金融强监管" 政策实施后，证券公司行业内部极端风险网络关联度显著降低，虽然强监管政策使得证券公司资管业务规模以及通道业务规模发生萎缩，但券商资管的主动管理能力不断增强，中信证券等大型证券公司依托强大的资本实力，不断探索新的领域，券商资管差异化经营愈加明显，资管收入逆势上升，由 2015 年末的 274.9 亿元升至 2017 年末的 310.2 万亿元。与证券公司相反，"金融强监管" 开启后，2017—2018 年信托与保险公司各自行业内极端风险网络关联度均未显著下降，甚至高于接连发生 "钱荒" 的 2013 年。考虑到 "金融强监管" 政策使得银信与银保业务受限严重,信托与保险公司需要拓展新业务以拓宽融资渠道,但信托公司在 2017 年吸引战略投资者遇冷,保险公司特别是寿险行业在 2018 年初保费规模相较上一年同期下降 11.4%,遭遇"开门黑",以上诸多因素致使信托公司与保险公司未能将极端风险网络关联有效化解,反而转嫁成为行业内部相互风险溢出。因此,信托与保险公司行业内部关联风险是金融监管层进一步需要重点关注的问题。

金融系统整体极端风险网络关联度可以通过图 7-5 中网络结构图的密集程度进行可视化描述,2009 年、2013 年与 2015 年的金融机构极端风险网络可视图,与上文"金融强监管"之前的三个阶段分别对应,信托公司、证券公司、保险公司的节点密集程度交替为最高,反映出"一行三会"各自实行的监管政策颇具效果。不过 2011—2015 年,金融系统整体极端风险网络关联度不断增加,加强"一行三会"的协同监管实为必需。2018 年金融机构风险关联网络可视图显示,在"金融强监管"条件下,三类机构的风险密集程度均低于各自最高水平,金融机构之间的整体风险聚集程度仅为 0.403,相比于"风险聚集期"中 2013 年的 0.579 与 2015 年的 0.577 明显下降,但依然高于 2011 年的 0.392。去通道、防风险取得初步成效,但依然任重道远。

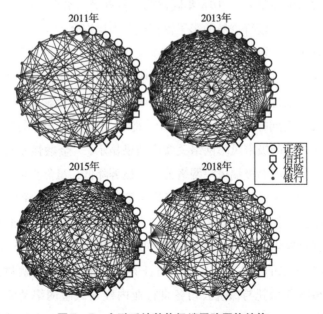

图 7-5 金融系统整体极端风险网络结构

7.4.4 影子银行机构极端风险网络关联度影响因素分析

结合上文分析，基于经营结构异质性的视角，对非银行金融机构极端风险网络关联度的影响因素进行面板数据计量分析，回归模型设定如式（7.15）。选取非银行金融机构在极端风险网络中的度值（CD）作为被解释变量。为了进行稳健性检验，采取替换被解释变量的方法，对各机构的极端风险网络关联度水平采取接近度指标（CE）进行替换。在主要解释变量选取上，首先，为了判断"金融强监管"系列政策的实施效果，引入虚拟变量 D，即在"金融强监管"政策实施的年度，D 取值为 1，在政策实施之前的年度取值为 0。其次，基于 Copula – EVT 网络关联法的动态结果分析，非银行金融机构资管规模上升较快时期，极端风险网络关联度普遍随之升高，由于我国非银行金融机构的资管业务普遍具有影子银行性质，故选取各机构影子银行业务比重（Shadow）作为另一个主要解释变量；考虑到非银行金融机构适度开展影子银行业务可拓展业务规模、增加流动性，推论影子银行规模在一定幅度内的提升可以帮助非银行金融机构有效抵御来自其他金融机构的极端风险溢出，故推论影子银行规模比重对机构的极端风险网络关联度存在 U 形影响，所以同时引入影子银行比重的二次项（Shadow^2）。测算影子银行比重时，借鉴李政等（2016）的方法，采取各机构资产负债表中交易性金融资产与可供出售金融资产之和在总资产中的比重作为测算口径。[①] 最后，考虑到本章对于非银行金融机构收益率的测算主要依托市场数据，并且结合前文，非银行金融机构的极端风险网络关联度可能易受金融系统波动的影响，故加入金融系统股指波动率作为另一个主要被解释变量。计量模型中其他控制变量（X）包括总资产增长率（Size）、流动资产比重（Liquid）、杠杆率（Leverage）、净资产收益率（ROE）、营业收入增长率（Income）、营业利润增长率（Profit）、总资产周转率（Turnover）。各变量的具体测算方法见表 7 – 4，样本范围为本章选取的 14 家非银行金融机构在 2008—2017 年的年度面板数据，数据来源为同花顺 iFind 数据库中的资产负债表年报。

---

① 对于买入返售金融资产，其是否应纳入影子银行规模测算口径存在争议，并且非银行金融机构年报中该项数据缺失现象较为严重，故本章不将该项指标纳入影子银行规模测算口径。

$$Risk\_net_{i,t} = \alpha_o + \alpha_1 D_{i,t} + \alpha_2 Shadow_{i,t} + \alpha_3 Shadow^2_{i,t}$$
$$+ \alpha_4 Volatility_{i,t} + \sum_j \beta^j X^j_{i,t} + \mu_{i,t} \tag{7.15}$$

表 7 – 4   各变量含义及测算方法

	变量名	变量含义	测算方法
被解释变量	CD	度值	根据 Copula – EVT 网络分析法测算的度值水平
	CE	接近度中心性	根据 Copula – EVT 网络分析法测算的接近度中心性水平
主要解释变量	D	政策虚拟变量	"金融强监管"政策虚拟变量，2016 年和 2017 年实行政策后取 1，2008—2015 年政策实行前取 0
	Shadow	影子银行比重	（交易性金融资产 + 可供出售金融资产）/资产总计 × 100%
	Shadow^2	影子银行比重二次项	Shadow 的平方
	Volatility	金融股市波动率	沪深 300 金融指数在该年度下日收益率的标准差
控制变量	Size	总资产增长率	（本年度资产总计 – 上年度资产总计）/上年度资产总计 × 100%
	Liquid	流动性	（资产总计 – 固定资产）/资产总计 × 100%
	Leverage	杠杆率	负债合计/资产总计 × 100%
	ROE	净资产收益率	净利润/平均净资产 × 100%
	Income	营业收入增长率	（本年度营业收入 – 上年度营业收入）/上年度营业收入 × 100%
	Profit	营业利润增长率	（本年度营业利润 – 上年度营业利润）/上年度营业利润 × 100%
	Turnover	总资产周转率	业务收入净额/平均资产总额 × 100%

表 7 – 5 列示了对式（7.15）的回归结果。基本检验结果显示，各回归模型均在 1% 的显著性水平下通过了 Wald 检验，所有模型回归系数均联合显著；各回归模型的 Hausman 检验结果均在 5% 的显著性水平下不能拒绝"存在个体随机效应"的原假设，故本章采取随机效应模型进行面板回归分析。表 7 – 5 第 1 – 7 列采取逐步回归的方法，在逐步加入主要解释变量与控制变量后，主要解释变量的显著性与符号保持不变。自 2016 年开始实行的"金融强监管"政策对于非银行金融机构的度值具有显著的负向影响，并且均通过了 1% 水平下的显著性检验，政策实行效果较为明显；在第 2、4、6 列将影子银行比重一

次项变量单独纳入回归时，其影响效果均不显著；第 3、5、7 列增加影子银行比重二次项变量后，在 5% 的显著性水平下，二次项系数均显著为正，一次项系数均显著为负，证明非银行金融机构的影子银行业务规模比重对其极端风险网络关联度呈 U 形影响，其阈值水平约为 0.3，即影子银行比重低于 0.3 时，极端风险网络关联度随着影子银行规模的增加而降低，影子银行比重高于 0.3 时，极端风险网络关联度随着影子银行规模的增加而提升。第 4 - 7 列结果均显示金融股指波动率对于机构度值存在显著的正向影响，影响系数为 0.057 - 0.07。此外，非银行金融机构规模的扩大以及营业利润的提升均有助于降低极端风险网络关联度。

表 7 - 5　　　　　　影子银行极端风险网络关联度影响因素分析

	(1)	(2)	(3)	(4)	(5)	(6)	(7)
D	- 0.152***	- 0.131***	- 0.140***	- 0.082**	- 0.094**	- 0.101***	- 0.119***
	(0.028)	(0.031)	(0.033)	(0.041)	(0.044)	(0.038)	(0.041)
Shadow	—	- 0.155	- 1.158***	- 0.143	- 1.004**	- 0.155	- 1.166***
		(0.124)	(0.430)	(0.133)	(0.486)	(0.142)	(0.433)
Shadow^2	—	—	1.932***	—	1.655**	—	1.906***
			(0.739)		(0.828)		(0.734)
Volatility	—	—	—	0.063***	0.057**	0.070***	0.062***
				(0.021)	(0.022)	(0.023)	(0.024)
Size	—	—	—	—	—	- 0.069*	- 0.089**
						(0.041)	(0.039)
Liquid	—	—	—	—	—	1.236**	1.537***
						(0.611)	(0.508)
Leverage	—	—	—	—	—	- 0.192***	- 0.180***
						(0.046)	(0.049)
ROE	—	—	—	—	—	- 0.000	0.000
						(0.003)	(0.004)
Income	—	—	—	—	—	0.024	0.031
						(0.032)	(0.032)
Profit	—	—	—	—	—	- 0.011***	- 0.009*
						(0.004)	(0.005)

续表

	(1)	(2)	(3)	(4)	(5)	(6)	(7)
Turnover	—	—	—	—	—	0.013	0.017
						(0.093)	(0.078)
Constant	0.579***	0.609***	0.715***	0.494***	0.596***	−0.587	−0.764
	(0.015)	(0.038)	(0.059)	(0.043)	(0.076)	(0.589)	(0.500)
R^2	0.113	0.116	0.146	0.159	0.181	0.236	0.262
Wald − test	29.97	27.02	30.72	41.95	46.7	705.68	1403.44
Prob	[0.0000]	[0.0000]	[0.0000]	[0.0000]	[0.0000]	[0.0000]	[0.0000]
Hausman − test	1.16	2.04	1.73	2.73	2.27	5.22	5.41
Prob	[0.2822]	[0.3606]	[0.6311]	[0.4343]	[0.6858]	[0.8761]	[0.9095]

注：＊、＊＊、＊＊＊分别表示在 10%、5%、1% 的显著性水平下显著，圆括号内表示标准误，方括号内表示假设检验对应 P 值，下表同。

表 7 − 6 列出稳健性检验回归结果，代表"金融强监管"政策虚拟变量 D 在所有模型中均显著为负；影子银行规模比重对极端风险网络关联度的 U 形影响关系在各模型中依然成立，其余解释变量的符号与显著性也基本不变，证明了回归结果的稳健性。

表 7 − 6　　　　影子银行极端风险网络关联度影响因素分析稳健性检验

	(1)	(2)	(3)	(4)	(5)	(6)	(7)
D	−0.083***	−0.070***	−0.075***	−0.040**	−0.045**	−0.049***	−0.057***
	(0.014)	(0.015)	(0.015)	(0.020)	(0.021)	(0.018)	(0.020)
Shadow	—	−0.099	−0.600**	−0.092	−0.500*	−0.103	−0.565**
		(0.066)	(0.249)	(0.070)	(0.284)	(0.071)	(0.256)
Shadow^2	—	—	0.965**	—	0.785*	—	0.879**
			(0.427)		(0.481)		(0.435)
Volatility	—	—	—	0.040***	0.037***	0.043***	0.040***
				(0.012)	(0.012)	(0.012)	(0.013)
Size	—	—	—	—	—	−0.035*	−0.046**
						(0.020)	(0.020)
Liquid	—	—	—	—	—	0.700**	0.820***
						(0.303)	(0.254)

续表

	(1)	(2)	(3)	(4)	(5)	(6)	(7)
Leverage	—	—	—	—	—	−0.103***	−0.097***
						(0.024)	(0.027)
ROE	—	—	—	—	—	−0.001	−0.001
						(0.002)	(0.002)
Income	—	—	—	—	—	0.011	0.015
						(0.018)	(0.018)
Profit	—	—	—	—	—	−0.005***	−0.005**
						(0.002)	(0.003)
Turnover	—	—	—	—	—	0.029	0.027
						(0.042)	(0.037)
Constant	0.726***	0.746***	0.799***	0.673***	0.721***	0.054	−0.010
	(0.008)	(0.020)	(0.034)	(0.024)	(0.044)	(0.292)	(0.250)
R²	0.122	0.132	0.159	0.194	0.212	0.279	0.298
Wald − test	37.74	32.61	36.57	47.15	53.82	3416.67	6668.14
Prob	[0.0000]	[0.0000]	[0.0000]	[0.0000]	[0.0000]	[0.0000]	[0.0000]
Hausman − test	0.90	1.62	1.47	2.47	2.18	5.30	4.86
Prob	[0.3426]	[0.4458]	[0.6900]	[0.4816]	[0.7030]	[0.8704]	[0.9376]

　　根据面板回归结果，影子银行规模比重对非银行金融机构极端风险网络关联度呈 U 形影响关系，最优规模比重为 0.3，在该比重下非银行金融机构的极端风险网络关联度最低。图 7-6 显示了各机构在 2015 年 12 月、2017 年 6 月和 2018 年 6 月影子银行规模比重以及变动情况，以刻画"强监管"周期开启前后影子银行规模的变动。大部分证券公司的影子银行比重相较于 2015 年末依然有所增加，其中西南证券与太平洋证券均超过最优规模并呈上升趋势，应首先引起重视；东北证券与国元证券影子银行比重同样超过最优规模；长江、国金证券影子银行比重接近于 0.3，但是呈现上升趋势，同样应注重控制。对于信托公司，陕国投与安信信托的影子银行比重相较于 2017 年有所下降，但是仍高于 2015 年末，接近于 0.4，未来应进一步降低其比重。对于保险公司，中国平安的影子银行规模较低，中国太保与中国人寿接近于最优影子银行规模并且变化情况相对稳定。

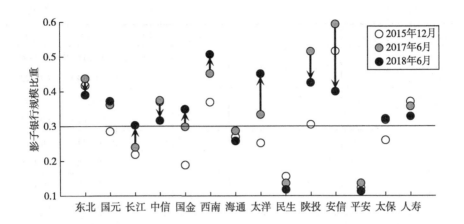

图 7-6　非银行金融机构影子银行规模比重变动情况

7.5　本章小结

利用单变量 Copula – EVT 模型测算机构自身极端风险概率，再将 Copula – EVT 模型引入网络关联法构建极端风险网络，对我国上市证券公司、信托公司与保险公司的极端风险网络关联度进行横截面与时变测算。对机构自身极端风险概率测算结果表明，我国信托公司自身极端风险概率最高，证券公司次之，保险公司最低。2013—2015 年的风险聚集期，证券公司极端风险概率上升程度最高；2016—2017 年"强监管"初期，三类机构自身极端风险概率均明显降低；2018 年股市波动期内，证券与信托公司自身极端风险概率依然稳定，但保险公司有所上升。网络关联法结果显示，我国信托公司的整体极端风险网络关联度最高；2008—2015 年，信托公司、证券公司、保险公司的极端风险网络关联度先后居于最高。在 2016 年"强监管"开启后，三类机构的整体极端风险网络关联度均明显下降；但均未能降至各自历史最低水平；信托部门与保险部门行业内极端风险网络关联程度在 2017—2018 年有所提升。面板回归结果显示，"金融强监管"政策可以显著降低非银行金融机构的极端风险网络关联度；金融股指波动率对非银行金融机构极端风险网络关联度存在显著的正向效应；影子银行业务比重对非银行金融机构极端风险网络关联度存在 U 形影响关系，最优规模比重约为 0.3，大部分证券、信托公司在 2018 年上半年的影子银行比重高于该水平。总体来看，"金融强监管"系列政策抑制非银行金融机构极端风险网络关联度具有初步成效，未来仍需进一步巩固加强。

根据本章主要结论，提出针对性政策建议：（1）对于监管层，应首要关注股票市场风险管理，进一步加强对于金融市场的严格监管，严防股市崩盘，从根源上降低股票市场波动率，防止非银行金融机构遭受市场极端风险溢出；同时应加强"一行两会"的协同监管，在国务院金融发展稳定委员会指导下，严防影子银行风险，消除监管套利空间，以减少非银行金融机构的网络风险关联性。（2）对于证券公司，应进一步减少对于证券经纪业务的依赖，放宽经营模式，控制股权质押式回购规模，避免因"靠天吃饭"造成的市场极端风险溢出高概率；证券公司资产管理产品应继续加强主动管理业务，减少定向资产管理比重，其中西南证券和太平洋证券应首要严格控制影子银行业务规模，以降低网络风险关联度。（3）对于信托公司，应继续缩减资产管理通道类业务规模，减少对于房地产和基础产业投资的依赖度，缩减对于非标资产的投资，其中陕国投与安信信托应继续缩减影子银行规模，谨防行业内系统性风险溢出；在降低网络风险关联度的同时，逐渐回归"受人之托、代人理财"的信托行业本质。（4）对于保险公司，应继续保持对于货币和债券类产品的稳定投资，注重控制对非标资产投资的增长，确保影子银行规模在合理范围以内；同时应进一步消除资产池业务，提升资产负债匹配度，消除多层嵌套，严格控制行业内部风险关联，回归保险行业本源。

第8章
中国影子银行顺周期性
及其货币政策效应

——基于 TVP－VAR 模型的分析

8.1　引言

　　我国中央银行货币政策的最终目标是"保持货币币值稳定，并以此促进经济增长"，其中，保持物价稳定是首要目标。然而，在"应对危机一揽子计划"刺激下，2009 年末至 2012 年，我国出现了一定程度的通货膨胀，尽管中央银行此后收紧商业银行信贷规模，但物价水平仍未能得到有效控制（林德发和胡晓，2016）。骆振心和冯科（2012）考察了这一时期情况，认为虽然银行信贷规模得到有效控制，但由于影子银行规模的急剧扩张，直接导致了货币政策效果不明显。原中国银监会首席顾问沈联涛权威估算，2010 年我国存量影子银行贷款已达 20 万亿元。FSB 在《2013 年全球影子银行监测报告》中指出，在其追踪的 25 个国家和地区中，中国影子银行资产增速最快。虽然 2014 年以来增速有所放缓，但截至 2017 年底，我国影子银行规模达到 65.6 万亿元，占 GDP 的比重约为 79.3%[①]。影子银行作为传统信贷的替代和补充对金融体系和货币政策调控造成了显著的影响，胡志鹏（2016）认为影子银行业

---

　　① 数据来源于 MOODY'S INVESTORS SERVICE 发布的 2017 年 *Quarterly China Shadow Banking Monitor*。

务成为与商业银行贷款等量齐观的信用形式，金融市场过去两年的运行情况表明影子银行已然加剧并放大了货币市场波动性，对货币政策操作形成挑战。

理论上，货币政策信贷渠道的传导取决于"货币政策冲击—银行信贷供给行为决策—企业投资或家庭消费决策行为"链条能否有效发挥作用（战明华等，2018）。然而，影子银行在不改变现有货币存量的前提下，加快了货币流通速度，增强了货币供给的内生性，降低了商业银行对中央银行以及企业和家庭部门对商业银行的融资依赖度，模糊了中央银行货币政策的窗口指导口径（王增武，2010）。

当前关于影子银行与货币政策的研究较多，但争议也不少。周莉萍（2013）以美国影子银行体系为例，从理论层面对影子银行的顺周期原理进行探讨；刘璐（2016）实证研究发现，当宏观经济处于扩张周期时，影子银行发展会受到一定的抑制；方先明和权威（2017）提出信贷型影子银行总体具有顺周期性。关于影子银行对货币政策最终目标的影响，学者们也未能达成一致意见。陈剑和张晓龙（2012）、李丛文（2015）研究发现影子银行的发展对经济增长具有促进作用，对通货膨胀并不存在显著影响。王振和曾辉（2014）提出影子银行的资金趋利性极强，不具有长期效应，容易引发经济危机。于菁（2013）、李存和杨大光（2016）发现影子银行通过增加实际货币供应量和流动性，产生了强烈的物价效应。中国影子银行运行是否具有顺周期性？对货币供应量有何影响？影子银行对GDP、CPI 具有正向还是负向作用？抑或不具有显著影响？这些问题尚需进一步探讨解决。

本章构建 TVP – VAR 模型，利用 2006 年 1 月至 2017 年 12 月有关宏观经济变量数据，实证检验我国影子银行的顺周期性及其对数量型货币政策中介目标、最终目标的影响。与现有文献相比，研究的边际贡献在于：第一，在宏观经济发展的不同阶段，经济变量间的联动关系可能具有差异性，本章采用的TVP – VAR 模型参数具有时变性，能及时捕捉经济系统中的结构性变化，充分反映变量间的动态非线性关系；第二，本章将经济周期、影子银行和货币政策置于同一个研究框架之下，对中国影子银行的顺周期原理以及影子银行对货币政策的影响机制从理论和实证两个层面进行分析和论证，以期为我国影子银行的治理和货币政策调控方式的转变提供依据。

8.2 文献综述

8.2.1 影子银行顺周期性

顺周期性是指金融体系与实体经济形成动态正反馈机制，这种相互增强的效应可以放大实体经济周期的波动并引起或加剧金融体系的不稳定性。[①] 国际金融危机之前，学术界主要关注商业银行的顺周期性，即经济上行时，商业银行对未来前景过于乐观，倾向于扩张信用主动承担风险；经济下行时，为规避风险，商业银行倾向于紧缩信贷（Amato 和 Furfine，2004；Cukierman，2011）。商业银行顺周期性的原因有多重，包括信贷活动中的灾难短视行为（Guttentag 和 Herring，1984）、资本监管（Chami 和 Cosimano，2001）、信息不对称（Katalin Mero，2002）、"羊群效应"（Acharya，2009）以及信用评级机构和公允价值会计准则（周小川，2009）等。国际金融危机爆发后，影子银行作为新的金融范式进入全球视野，非银行金融机构的顺周期行为成为学者们关注的焦点。Nijathaworn（2009）认为顺周期性源于金融周期、经济周期和风险承担周期的相互强化。周丽萍（2013）通过理论研究提出影子银行自身的交易理念和行为同质性的反馈机制是顺周期性的重要推动因素，具体体现为短期的市场交易策略和风险管理制度，以及长期居于主导地位的正反馈环机制。然而刘璐（2016）借助 VAR 模型和 VECM 模型进行实证分析并提出，当宏观经济扩张时，影子银行规模收缩，表现出逆经济周期的特征。方先明和权威（2017）提出我国信贷型影子银行的顺周期行为具有时滞性和时变性。结合商业银行顺周期性的研究成果及影子银行的本质和特征，本章认为我国影子银行具有顺周期性，其顺周期性起因于市场需求、资金来源以及自身风险承担的顺周期性。

首先，市场需求的顺周期性。经济上行时，对经济增长的积极预期导致社会融资需求增加，然而商业银行受监管指标、国家产业政策等的约束，不能满足旺盛的融资需求，影子银行作为新的融资渠道，填补了市场主体的融资缺

[①] 参见 FSF（Financial Stability Forum），"Report of the Financial Stability Forum on Addressing Procyclicality in the Financial System"，2009.

口。其次，资金来源的顺周期性主要体现为两个方面。一方面，我国居民持有储蓄的主要形式为银行存款，但经济上行时，受通货膨胀影响，银行存款实际利率下降甚至成为负值，影子银行产品由于高收益率而对商业银行存款形成分流；另一方面，经济上行时，为防止经济过热，中央银行倾向于提高存款准备金率及存贷比等，在逐利动机驱使下，商业银行往往通过影子银行业务规避监管，提高了影子银行的信用扩张能力。最后，风险承担的顺周期性。同商业银行类似，影子银行在风险管理过程中也存在短视行为，经济扩张时，对未来的积极预期会促使其扩张信用，主动承担风险；经济下行时则会紧缩信贷以规避风险。

8.2.2　影子银行与货币政策

间接金融占主导地位、金融管制比较严重且不同层次利率尚未形成市场化的传导链条，使得信贷传导渠道在我国货币政策传导中发挥着非常重要的作用（姚余栋和李宏瑾，2013）。Bernanke 和 Blinder（1988）提出贷款具有特殊作用、货币政策能够影响银行贷款行为是信贷渠道的两个必要条件。影子银行作为规避监管、银行表外活动诱发的金融创新，具有期限转换、流动性转换和信用转换等功能，使得商业银行不再是唯一的货币供给主体，对货币政策信贷渠道的两个必要条件形成挑战。

一方面，市场主体对商业银行的依赖度下降，银行贷款的特殊性受到影响，影子银行是正规金融服务的有益补充，即使商业银行得不到融资，企业、个人也可以从影子银行那里满足流动性需求；另一方面，中央银行与商业银行的关系也发生了改变。影子银行产生的内生动力之一就是监管套利（巴曙松，2015），商业银行借助影子银行业务变相授信以规避监管，同时，影子银行业务的多样化也为商业银行增加了新的融资渠道，中央银行对商业银行贷款行为的调控能力降低。李向前等（2013）也曾提出影子银行的发展会减弱金融机构对中央银行再贷款、再贴现的依赖程度。影子银行扩大了总的货币供应量，但其"信用创造"效应尚未得到及时监管，货币供应量的可测性和可控性降低（李波和伍戈，2011；骆振心和冯科，2012；于菁，2013；林德发和胡晓，2016）；当广义货币供应量（M2）不能真实反映市场中的流动性时，数量型货币政策中介目标（M2）与最终目标（CPI、GDP）的相关性也会下降。Lucas（1983）也曾提出金融创新降低了货币供应量的可控性，对货币当局能否通过盯住货币供应量目标来控制名义收入形成挑战。

我国中央银行货币政策的最终目标是"保持货币币值稳定，并以此促进经济增长"。影子银行的本质是信用中介，具有信用创造功能，必然通过货币供应量的投放对经济增长和物价稳定产生影响。一方面，影子银行提高了金融体系活力，盘活了社会闲置资金，拓宽了中小微企业的融资渠道，提高了储蓄—投资转化率，对经济增长具有促进作用（Feng 和 Wang，2011；陈剑和张晓龙，2012；张明，2013；李建军和胡凤云，2013；王曼怡和张译文，2014；王晓枫和申妍，2014；李向前和孙彤，2016）；另一方面，影子银行信贷在"两高一低"行业、地方融资平台和房地产等国家限制发展领域的融资活动中扮演着重要角色，不利于中国经济增长模式的转型（丁晓峰，2014；程贵，2015；贾生华等，2016）；同时，由于影子银行业务的隐秘性，一部分资金"渗漏"到资本市场"自我空转"，不利于实体经济的发展（马亚明和徐洋，2017）。影子银行提供的融资便利使得与房地产、大宗商品相关的产品价格不断上涨，不利于物价稳定（于菁，2013，李向前和孙彤，2016；李存和杨大光，2016）。但陈剑和张晓龙（2012）的研究表明影子银行对通货膨胀的影响不显著。

国际金融危机之后，国内外学者围绕影子银行与货币政策的关系进行了广泛讨论，但就影子银行的顺周期性、影子银行对货币政策最终目标的影响等问题并未达成一致的结论。另外，随着宏观经济环境和金融监管的变化，经济变量间的关系会发生改变，现有的实证分析多采用线性、静态的分析方法，不能充分反映变量间的相互关系。本章运用既能刻画非线性特征，参数又具有时变性的 TVP - VAR 模型对影子银行的顺周期行为及其货币政策效应进行实证研究，可弥补线性、常系数模型解释力不足的缺陷，充分反映了宏观经济变量间的联动关系。

8.3 研究变量与实证检验

8.3.1 研究变量确定与数据来源

与欧美以资本市场为主导，以资产证券化产品为核心的成熟影子银行体系相比，我国影子银行尚处于初级阶段，关于影子银行规模的测度，业界和学术界尚未达成一致意见。我国多数学者（王振和曾辉，2014；蔡文霞，2015；毛泽盛和许艳梅，2015；胡振华等，2015）将社会融资总规模中的信托贷款、委托贷款及未贴现银行承兑汇票规模之和作为我国影子银行规模的代表，穆迪公司也将此三项视为我国影子银行核心组成部分。综合影子银行组成部分的代表性、数据可得性，同时为了提高同其他文章研究结论的可比性，本章以信托贷款、委托贷款及未贴现银行承兑汇票的月度规模之和作为我国影子银行规模的代理变量。借鉴金雯雯和杜亚斌（2013）、方先明和权威（2017）的研究，选取宏观经济景气指数中的一致指数作为经济周期的代理变量，刻画宏观经济运行状态。我国不同期限结构利率间尚未形成市场化的传导链条，货币政策调控仍然以数量型为主，鉴于此，本章主要选取广义货币供应量（M2）作为我国货币政策中介目标的代理变量。我国中央银行货币政策的最终目标是"保持货币币值稳定，并以此促进经济增长"，借鉴多数学者（于菁，2013；李向前和孙彤，2016；刘璐，2016；贾生华等，2016）的做法，选取 CPI 和 GDP 分别作为物价水平和经济增长的代理指标。

本章样本期间是 2006 年 1 月至 2017 年 12 月。自 2006 年 1 月起，影子银行核心组成部分的统计数据开始相对完整，2017 年 12 月的统计数据是研究时所能获得的最新数据。数据频率为月度，共得 144 组样本。实证研究所用宏观经济数据均来源于 Wind 数据库。

对于季度数据 GDP，通过 quadratic - match average 方法转换成月度数据；为消除物价影响，将影子银行规模、广义货币供应量以及国内生产总值数据根据定基 CPI 进行调整，得到实际水平。除已经进行过季节性处理的宏观经济景气指数外，其他指标均采用 Census - X12 方法进行季节调整。对所有变量进行对数差分处理，处理后变量的经济含义为环比增长率。对各变量进行平稳性检验，如表 8 - 1 所示，经过对数差分后的各变量均在 5% 的显著性水平上拒绝原假设，得到平稳的时间序列。

表 8 - 1　　　　　　　　　　变量的平稳性检验

变量	ADF	P 值	检验结果
DLEC	- 5. 030831	0. 0000	平稳
DLM2	- 5. 646194	0. 0000	平稳
DLB	- 2. 998227	0. 0375	平稳
DLGDP	- 11. 42165	0. 0000	平稳
DLCPI	- 9. 782647	0. 0000	平稳

8.3.2 TVP – VAR 检验模型设定及适用性检验

参照 Nakajima（2011）提出的带有随机扰动项的时变参数向量自回归（TVP – VAR）模型进行实证研究。在宏观经济发展的不同阶段，经济变量间的联动关系可能具有时变性，TVP – VAR 模型的系数、方差和协方差矩阵均具有时变特征，可弥补结构突变时常系数模型解释力不足的缺陷，及时捕捉经济结构的时变特征，充分反映各经济变量之间的联动关系。该模型不区分内生和外生变量，可以避免传统模型设定上的先验错误。TVP – VAR 模型的一般形式如下：

$$y_t = X_t\beta_t + A^{-1}_t \sum_t \varepsilon_t, \ t = s + 1, \cdots, n \qquad (8.1)$$

该模型中，系数 β_t、参数 A_t 及 $\sum_t$ 都是时变的。指定 a_t 用来表示下三角形矩阵 A_t 中非 0 和非 1 的元素；$h_t = (h_{1t}, h_{2t}, \cdots, h_{kt})'$，其中 $h_{jt} = \log\sigma^2_{jt}, j = 1, \cdots, k; t = s + 1, \cdots, n$。假定参数服从随机游走过程，即

$$\beta_{t+1} = \beta_t + u_{\beta t}, a_{t+1} = a_t + u_{at}, h_{t+1} = h_t + u_{ht} \qquad (8.2)$$

$$\begin{pmatrix} \varepsilon_t \\ u_{\beta t} \\ u_{at} \\ u_{ht} \end{pmatrix} \sim N\left(0, \begin{pmatrix} I & 0 & 0 & 0 \\ 0 & \sum_\beta & 0 & 0 \\ 0 & 0 & \sum_a & 0 \\ 0 & 0 & 0 & \sum_h \end{pmatrix}\right) \qquad (8.3)$$

其中，$\beta_{s+1} \sim N\left(u_{\beta 0}, \sum_{\beta 0}\right)$，$a_{s+1} \sim N\left(u_{a0}, \sum_{a0}\right)$，$h_{s+1} \sim N\left(u_{h0}, \sum_{h0}\right)$，冲击扰动在参数 β_t、a_t、h_t 之间是不相关的，$\sum_\beta$、$\sum_a$、$\sum_h$ 均为对角矩阵。β_t 刻画滞后项对当前项的非线性影响，a_t 刻画变量间同期响应的时变性，h_t 刻画外生的随机波动。借助 OxMetrix 6.0 软件对模型参数进行估计，利用 MCMC 算法连续抽样 10000 次，舍弃前 1000 次抽样，模型参数估计结果如表 8 – 2 所示。

表 8 – 2　　　　　　　　　模型参数估计结果

参数	均值	标准差	95% 下限	95% 上限	CD 收敛值	无效因子
sb1	0.0228	0.0026	0.0183	0.0283	0.964	2.80
sb2	0.0226	0.0026	0.0183	0.0282	0.033	2.68
sa1	0.0932	0.0494	0.0424	0.2335	0.630	25.82
sa2	0.0782	0.0307	0.0417	0.1591	0.067	17.29
sh1	0.1744	0.1342	0.0515	0.5626	0.141	66.29
sh2	0.2482	0.1509	0.0686	0.6054	0.000	86.29

表 8-2 显示的参数的后验均值均位于 95% 的置信区间以内，CD 收敛值均小于 5% 显著性水平下的临界值 1.96，表明参数收敛于后验分布。无效因子表示为得到不相关样本所需进行抽样的次数，无效因子数值越小，说明 MCMC 抽样越有效。估计结果显示，即使是最大值 86.29 也显著小于抽样次数 10000。为进一步诊断模型的适用性，样本的自相关图、样本路径图及后验分布密度如图 8-1 所示。

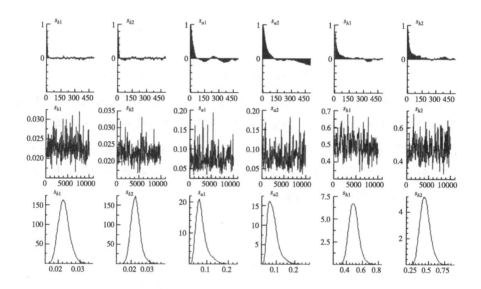

图 8-1 样本自相关（上）、样本路径（中）和样本后验分布（下）

由图 8-1 可知，样本自相关系数在 0 附近波动，说明样本基本不存在自相关关系；样本路径稳定，表明样本数据具有平稳性。

8.3.3 实证检验结果分析

（1）影子银行顺周期性检验

在 TVP-VAR 模型中，A_t^{-1} 中的自由元素 a_t 以递归识别的形式反映了对于某变量一单位的初始冲击，其他变量的同期响应。宏观经济景气指数与影子银行的同期关联特征如图 8-2 所示。图 8-2 中，在样本期间内，宏观经济景气指数与影子银行规模关联系数的后验均值为正，且位于正负一个标准差的置信区间内，表明影子银行规模具有顺宏观经济周期波动的特征。

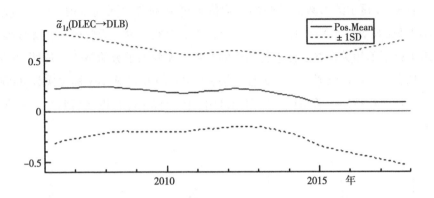

图 8 - 2　影子银行与宏观经济景气指数的同期关联关系

TVP - VAR 模型的系数、方差具有时变性，能准确地反映不同时点上经济变量间相互作用的动态特征。为深入研究影子银行规模顺宏观经济周期膨胀的规律，利用等时间间隔脉冲响应图进行分析。等时间间隔脉冲响应图反映了在特定的滞后期条件下，影子银行规模对于宏观经济景气指数一单位标准差的初始冲击的时变脉冲响应，如图 8 - 3 所示。

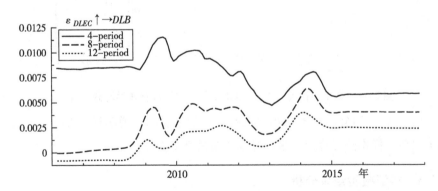

图 8 - 3　影子银行对于宏观经济景气指数冲击的等时间间隔脉冲响应

由图 8 - 3 可知，滞后 4 期、8 期、12 期的时变等时间间隔脉冲响应图的走势大体相同且基本为正；走势的波动性说明影子银行顺周期性特征具有时变性。脉冲响应在 2008 年下半年之前，走势平稳，表明影子银行规模对宏观经济景气指数冲击的敏感性基本保持不变。2008 年下半年至 2009 年，脉冲响应图呈先上升后下降的趋势，这主要是由于，受国际金融危机影响，2008 年下半年以来我国经济增速放缓，随后通过采取宽松货币政策和积极财政政策，经济在 2009 年企稳回升，因而影子银行增长率对宏观经济景气指数的敏感性呈先上升后下降的趋势。2014 年以来，我国经济从高速增长转为中高速增长，原银监会等陆续发布"33 号文""99 号文"及"127"号文等规范影子银行发展，影子银行增长率对宏观经济景气指数的敏感性再次成上升趋势，于 2015 年以后趋于平稳。

影子银行与宏观经济景气指数的同期关联关系图和时变等时间间隔脉冲响应图均表明影子银行具有顺经济周期发展的运行特点，而且影子银行对宏观经济景气指数的敏感度具有时变性，随着宏观经济环境的变化而波动。市场需求、资金来源以及自身风险承担的顺周期性是影子银行顺周期行为的重要诱因。影子银行顺周期运行的特点和货币政策的逆周期调控相矛盾，增加了货币政策调控的难度。

（2）影子银行对货币政策中介目标的影响

作为数量型货币政策中介目标，广义货币供应量 M2 应当具有可测性、可控性以及与货币政策最终目标的相关性。Lucas（1983）提出金融资产之间具有替代性，金融创新对货币当局盯住货币供给量来调控宏观经济的做法形成挑战。影子银行具有"类似银行"的功能（王振和曾辉，2014），成为新的货币供给主体，增强了货币供给的内生性，对数量型货币政策中介目标的有效性形成挑战。

如图 8-4 所示，图中短虚线、长虚线及实线分别代表滞后 4 期、8 期和 12 期的等时间间隔脉冲响应图。三种不同等时间间隔的冲击响应函数走势基本一致，说明时变估计具备稳健性；脉冲响应函数基本为正并呈波动上升趋势，表明影子银行的冲击会引起货币供应量的同向响应，且该正向关系具有时变性。2009 年之前，货币供应量对于影子银行规模冲击的敏感性相对平稳，2009 年之后，呈波动态势，这主要归因于国际金融危机之后宽松、紧缩货币政策的频繁转换。为抑制国际金融危机发生后宽松政策引致的经济过热局面，从 2010 年开始，中央银行采取一系列紧缩货币政策进行调控，至 2011 年第三季度，中央银行先后五次上调基准利率共 125 个基点，多次上调存款准备金率共 450 个基点。2012—2014 年货币政策再次出现松紧反复。随着影子银行的快速扩张，民间借贷危机、资管计划兑付危机频频爆出，影子银行蕴藏的风险引起了监管部门的注意。2014 年以后，监管部门陆续出台多项文件对影子银行业务进行整顿，影子银行增速放缓。货币供给量对于影子银行增速的脉冲响应自 2014 年以来也逐渐下降并趋于平稳，最终维持在 0.1 左右。在图 8 – 5 中，对于货币供应量的初始正向冲击，国内生产总值和居民消费价格指数的最大正向响应大体上呈下降趋势，表明广义货币供应量与国民生产总值、居民消费价格指数的关联度减弱。影子银行的发展过程也是与监管博弈的过程，但监管始终滞后于创新，影子银行创造的流动性没有纳入央行监测范围，广义货币供应量不能完全涵盖市场中的真实流动性，导致 M2 的可测性、可控性以及与GDP、CPI 的相关性降低，数量型货币政策中介目标的有效性值得商榷，根据广义货币量变动判断宏观经济运行状况的难度大大增加，货币政策误判的风险上升。

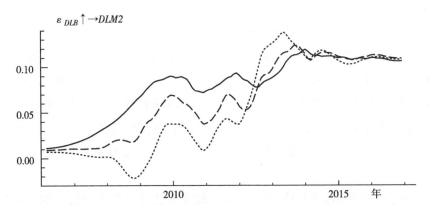

图 8 – 4　货币供应量对于影子银行冲击的等时间间隔脉冲响应

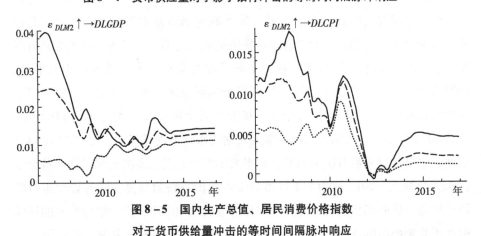

图 8 – 5　国内生产总值、居民消费价格指数
对于货币供给量冲击的等时间间隔脉冲响应

（3）影子银行对货币政策最终目标的影响

如图 8-6 所示，图中短虚线、长虚线及实线分别代表滞后 4 期、8 期和 12 期的等时间间隔脉冲响应图。对于影子银行一单位的正向冲击，国内生产总值和居民消费价格指数的脉冲响应均显著为正，表明影子银行对经济增长具有促进作用，但可能引致通货膨胀。中小企业是国民经济的重要组成部分，对托住经济增速合理区间的下限发挥重要作用；但由于信息不透明、缺乏可抵押资产，即便在经济上行期也难以从商业银行获得资金支持，融资压力巨大。在我国金融管制严格、融资渠道单一的金融体系中，影子银行填补了正规金融服务的空白。影子银行基本不受监管指标约束，为市场主体尤其是中小企业提供了及时便利的融资渠道，提高了储蓄投资转化能力和资源配置效率（张明，2013）；高融资成本也会对企业形成"优胜劣汰"的选择机制，提高边际产出，促进经济增长。影子银行对经济的促进作用具有时变性，表现为，短期内逐渐减弱并趋于平稳，但中长期有稳步增强之势。影子银行资金具有天生的逐利性，在经济逐渐走向新常态的过程中，影子银行吸收的部分资金滞留在金融体系内部，加剧了资产价格波动，降低了金融资源配置效率，不利于物价稳定和经济发展；在经济下行、政府稳增长的背景下，监管部门对影子银行的监管套利、空转套利行为进行规范，以确保金融资源流向实体经济。随着监管趋严，影子银行对经济增长和物价稳定的不利影响得到适度控制。

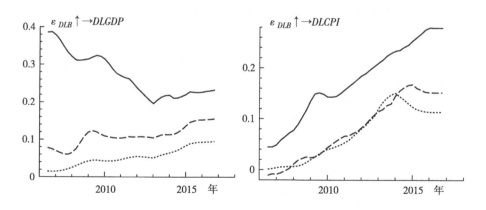

图 8-6　国内生产总值、居民消费价格指数
对于影子银行冲击的等时间间隔脉冲响应

与陈剑和张晓龙（2012）、王振和曾辉（2014）、李丛文（2015）的研究结果不同，本章认为影子银行对于经济增长和通货膨胀均具有显著的正向作用，且该作用具有长期性。影子银行对宏观经济的影响会间接地影响到影子银行自身的运行，可能会形成正反馈环机制，放大经济的周期性波动，增加货币政策调控的难度。

8.3.4　稳健性检验

关于影子银行规模的测度，业界和学术界尚未达成一致意见。虽然大部分学者（王振和曾辉，2014；蔡文霞，2015；毛泽盛和许艳梅，2015；胡振华等，2015）将委托贷款、信托贷款和未贴现银行承兑汇票规模之和作为影子银行规模的代理指标，但部分学者（解凤敏和李媛，2014；李丛文，2015；方先明和权威，2017）提出，该指标只能反映商业银行主导的影子银行业务规模，忽略了非银行类的影子银行业务，应从广义角度上衡量我国的影子银行规模，将影子银行规模表示为内部影子银行和外部影子银行规模之和，包括委托贷款、信托贷款以及社会融资规模总量扣除各组成部分之后的剩余。为了测试研究结果的稳健性，避免其受影子银行规模特定度量方式的影响，本章借鉴解凤敏和李媛（2014）等学者的做法，将广义的影子银行规模代入实证模型重新分析。图8-7、图8-8、图8-9、图8-10显示的等时间间隔脉冲响应结果与上述分析结论基本一致，表明研究结论具有稳健性。

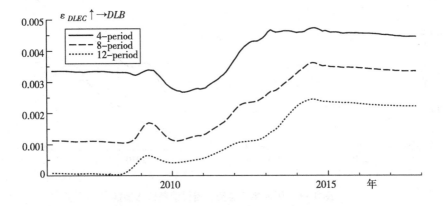

图8-7　影子银行对于宏观经济景气指数冲击的等时间间隔脉冲响应

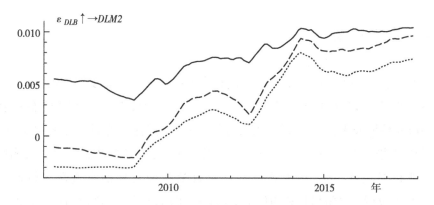

图 8-8　货币供应量对于影子银行冲击的等时间间隔脉冲响应

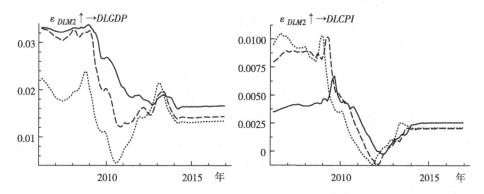

图 8-9　国内生产总值、居民消费价格指数
对于货币供给量冲击的等时间间隔脉冲响应

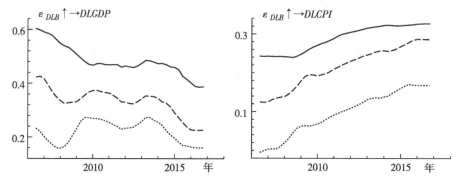

图 8-10　国内生产总值、居民消费价格指数
对于影子银行冲击的等时间间隔脉冲响应

8.4　本章小结

本章基于 TVP – VAR 模型从理论和实证层面考察了影子银行的顺周期运行特征及其对数量型货币政策中介目标、最终目标的影响，基于时变脉冲响应图的研究结果表明：（1）影子银行运行具有顺周期性，宏观经济环境的变化使得顺周期行为具有时变性；（2）影子银行降低了广义货币供应量的可测性、可控性和相关性，M2 作为数量型货币政策中介目标的有效性值得商榷；（3）影子银行对经济增长和物价水平均具有正向作用，且该作用具有长期性。影子银行对宏观经济的冲击会间接地影响到影子银行自身的运行，形成正反馈环机制，放大经济的周期性波动，增加货币政策调控的难度。从上述结论可以得到以下政策含义：

首先，影子银行业务的顺周期性与货币政策调控的逆周期性的矛盾是货币政策调控的难点所在。影子银行顺周期性的诱因之一在于其与商业银行的内在关联机制。因此，针对顺周期性问题，应将商业银行与影子银行的顺周期性同时考虑在内，关注两者的联通机制；加强监管协调，提高监管规则的一致性，考虑监管导致的合规成本增加对金融和实体经济的影响；从关注短期转向兼顾长期，深化金融体制改革，建立健全多层次多功能金融市场体系。

其次，影子银行增强了货币供给的内生性，应重新审视数量型货币政策的有效性。广义货币供应量的可测性、可控性和相关性降低，意味着根据广义货币供应量判断和调控实体经济的难度上升。一方面，完善数量型货币政策中间目标体系，将影子银行纳入货币政策框架，探索更有效的政策工具和传导机制；另一方面，加强市场基准利率体系建设，在不同层次利率间形成市场化的传导链条，稳步推进数量型货币政策向价格型货币政策转型。

最后，将影子银行纳入平稳发展轨道。尽管影子银行在拓宽融资渠道、支持实体经济发展方面发挥了重要作用，但在经济增长模式转变、金融监管日趋严格的背景下，如何引导影子银行服务于经济结构转型、化解影子银行风险显得日益重要。规范影子银行资金投向，引导影子银行退出"两高一剩"产业，以更大的力度投入国家产业政策鼓励的行业中，如新能源、生物医药和信息技术等，助力产业结构升级；引导影子银行成为直接融资渠道，打破刚性兑付，降低实体经济融资成本；推进财税、国有企业等深层次结构性改革，让影子银行发展的内在动力回归为金融创新。

第9章
影子银行、货币窖藏
与货币政策经济效应

9.1 引言

影子银行已经成为我国金融体系的一个重要的组成部分，随着其规模的快速扩张，势必也对宏观经济与货币政策产生重要的影响。Feng 和 Wang（2011）以及 Schwarcz（2012）认为影子银行作为传统银行和资本市场的替代，虽然应在国际性金融危机的爆发中承担主要责任，但从另一角度来看，其规模的扩张对促进实体经济发展发挥了显著的正向作用。Anand Sinha（2012）的研究发现，影子银行为典型的商业银行体系提供了信贷水平的有效补充，降低了企业交易成本，当经济表现为下行趋势时，其可以有效增强传统商业银行的资金支持力量，以减少经济衰退产生的消极作用。Michael 等（2015）对中国货币政策传导机制研究后发现，影子银行在中国是金融抑制的产物，过于严格的利率管制导致资金不能充分流向资金的需求方，影子银行正好扮演了满足中小企业的融资需求缺口的角色。Ayyagari，Demirgüç – Kunt 和 Maksimovic（2010）使用企业层面的数据来检验企业融资模式，包括那些中小企业。他们发现80%的公司融资都是通过非正式渠道进行的，而拥有正规银行贷款的公司往往增长得更快。Lu、Guo、Kao 等（2015）和 Tsai（2016）发现中小企业（Small and Medium – Size Enterprises，SMEs）特别依赖非正式融资，因为他们获得正式信贷的机会有限。李建军和胡凤云（2013）指出，由于信息不对称和信贷配给约束，中小企业面临结构性资金供给不足，而影子银行多样性的业务模式正好能契合企业不同生产周期的融资需求，为中小企业的顺利发展提供了积极的资金支持。王曼怡和张译文（2014）认为影子银行在运作模式、产品结构等方面对正规金融形成了有益补充，在提高我国金融体系活力和金融资源配置效率方面发挥了积极作用。影子银行在提高金融资源的配置效率的同时，对金融稳定和宏观经济也产生重要的不利影响。Gertler 和 Kiyotaki（2010）研究发现，影子银行机构在宏观经济冲击的传导过程中具有放大效应功能。Reinhart 和 Rogoff（2008）指出，影子银行有着极高的杠杆率，它们对于资金的流动性的补给有着极大的依赖，在出现流动性短缺并且缺乏及时的再融资机会时会导致金融系统的不稳定。Richard（2009）发现，影子银行系统擅长创造结构化以及资产化产品，如 CDS 与 CDO 等，传统的商业银行部门在参与此类工具的交易时经常归入表外业务，从而逃避监管，结果导致商业银行部门容易积累到大量风险，从而影响金融系统整体稳定。

同时，由于信用创造与逆周期特征，影子银行对货币政策也产生了重要的影响。Den Haan 和 Sterk（2011）认为影子银行具有逆周期性，当传统商业银行面临紧缩性的政策约束时，会投向影子银行进而继续融资，既转移了受限贷款又规避了监管要求，进而影响到货币政策效果。Andrew Shan（2012）首次提出"M_5"，$M_5 = M_2 +$ 影子银行，通过研究发现影子银行使得货币政策更加复杂，同时还增加了系统性风险隐患，政府应扩大货币政策的实施和监管范围。Bernanke 和 Blinder（1988）提出贷款具有特殊作用、货币政策能够影响银行贷款行为是信贷渠道的两个必要条件。影子银行作为规避监管、银行表外活动诱发的金融创新，具有期限转换、流动性转换和信用转换等功能，使得商业银行不再是唯一的货币供给主体，对货币政策信贷渠道的两个必要条件形成挑战。李波和伍戈（2011）从信用创造的视角，探讨了影子银行体系对货币政策调控目标、资产价格、金融稳定、货币政策工具效力等的影响。刘荣茂、蒋怡（2014）认为，影子银行会显著影响经济增长和物价稳定，对信贷规模有较小的影响，同时会一定地减少广义货币供应量。裘翔和周强龙（2014）基于 DNK‐DSGE 模型框架，发现加息驱动了影子银行规模的扩张，由于影子银行的逆周期行为，中央银行原本旨在抑制投资的货币政策效果被削弱。封思贤等（2014）认为我国的影子银行系统以信贷发展为主，增加社会融资成本、影响货币政策有效性、影响银行体系稳定的方式来影响我国金融稳定性，并且认为影子银行的风险远远大于通胀风险以及银行内部风险。贾生华（2016）构建 SVAR 模型，认为影子银行扩张伴随着货币供给的增长，无疑增加了货币当局意图利用货币政策工具调节经济的难度。何平、刘泽豪和方志玮（2018）认为影子银行扩张一方面由于其低准备金的特性会增加社会信贷总规模，另一方面由于大部分影子银行产品不具有商业银行存款和现金的流动性，因而可能会降低社会总体流动性。将影子银行引入传统货币乘数模型，并基于动态时间序列框架，实证检验影子银行扩张的影响。结果表明：影子银行会降低货币乘数和单位社会融资对应的流动性比例。

上述文献从不同角度探究了影子银行体系对宏观经济运行和货币政策的影响，但他们均未考虑影子银行的"金融窖藏"功能。事实上，2011 年掀起的民营企业老板"跑路"现象、2015 年股市的大起大落、近几年来一线城市楼市的疯涨等与货币资金的"脱实向虚"都不无关系。虽然我们无法定量测算这部分资金的规模，但毫无疑问，影子银行是其中资金转移的一个重要通道。为规避监管，我国商业银行通过影子银行将其资产与负债业务表外化，使得银行内资金源源不断地流出到影子银行体系，然而其中部分资金可能并没有流入实体经济，而是滞留在金融体系内部，形成了独立于实体经济的货币循环流，即"金融窖藏"。Binswanger（1997）建立了"金融窖藏"理论，他认为，当金融资产提供的收益率比实物投资的收益率高时，部分资金便滞留在金融部门内部，形成"金融窖藏"。大量资金的这种"脱实向虚"一方面加剧了资产价格的波动；另一方面影响金融资源的配置效率，进而影响到宏观调控政策的效果。正是基于这一初步的判断，本章在企业融资市场分割的假定下，拓展了 Fabioet 等（2011）和裘翔（2014）的 DSGE 模型，引入一个具有中国特点、存在"货币渗漏效应"的影子银行体系，探讨影子银行部门在整个宏观经济中起到的作用及其资金利用效率变动的实际影响，进而研究在这种背景下货币政策冲击对宏观经济的影响。

9.2 实体经济货币循环与金融窖藏

9.2.1 实体经济货币循环

如果把货币资金看作经济系统的"血液"，那么货币循环流就可视为经济体系的"血液循环系统"。由于货币的循环流动与经济的实际活动并存,它描述的是直接关系到实际经济活动的所有货币交易,诸如生产、销售、使用商品和服务,这些流动存在于各经济部门之间。在经济体系中,企业作为生产者,需要先支出一定数量的货币,这些支出形成家庭的收入。在获得货币收入后,家庭会将其中一部分用于消费,另一部分则作为储蓄流向资本市场或金融中介机构。金融机构可以通过资产运用将流入的储蓄导向企业,为其提供下一轮投资所需的资金,从而有效地将储蓄转化为投资。用 L_d 代表实体经济货币循环中总的货币需求,Y 代表收入,i 代表银行存款的利率,P 代表商品的市场价格,则 $L_d = L(Y, i, P)$。实体经济货币循环是与实体经济的储蓄、投资、生产、交易过程联系在一起,由于收入水平可以在较大程度上反映待交易的商品与劳务规模,因此实体经济货币循环中的货币需求首先取决于收入,收入越高,实体经济中的货币需求越大;如果商品价格越高,则需要更多的货币来满足商品生产与交易,实体经济中货币需求也越大;银行存款利率提高,会吸引更多货币以储蓄形式持有,而退出商品交易过程,同时利率提高使得企业投资机会成本提高,从而减少借贷和投资支出规模。所以,实体经济货币循环中的总的货

币需求与收入、商品价格正相关,与利率呈反相关。即 $L_d = L\left(\overset{+}{Y}, \overset{-}{i}, \overset{+}{P}\right)$,其中

字母上方的正号表示对货币循环中货币需求的作用为同向,负号表示为反向,这意味着当收入增加时,实体经济货币循环中总的货币需求会增加,商品价格上升,实体经济货币循环中总的货币需求也会增加,而利率上升时,实体经济货币循环中总的货币需求减少。

9.2.2 金融窖藏

并不是所有的货币资金都进入前文所讨论的实体经济货币循环,居民的储蓄也不是完全转化为实体企业的投资。凯恩斯早就敏锐地意识到货币存在"产业"与"金融"两种不同的循环,他认为金融部门能够从工业部门"偷取资源",即货币资金从工业部门游离出来,不作为工业生产中投资、交易的媒介,而滞留在金融体系内循环,从而导致工业部门资金的短缺与实际产出下降。当大量资金滞留在金融部门,使资本市场的发展变得跟赌场相近时,金融发展可能对实体经济造成负面影响。托宾(1984)也认为,尤其在现代信用

货币经济制度中，金融市场上的许多证券交易与将居民的储蓄转移到公司的业务投资几乎没有什么关系，大量金融交易形成的货币流量也没有与实物交易直接对应，而仅仅是在金融领域内自我流转。

由于金融创新、放松管制与全球化便利了金融资产投资，因而资产市场获得了快速的发展。货币从执行交易职能转换到寻求金融投资，经营货币的金融机构不再限于支付清算中介的功能，而在资产管理、资金调剂、风险管理等方面发挥重要的作用。金融体系开始在资金盈余方（资金供给者）与资金稀缺方（资金需求者）之间全面发挥中介调节进行金融资源配置的功能，包括直接为资金稀缺方提供融资，为盈余方用资金购买各种金融资产提供理财、资产管理服务。为了满足金融机构、企业和居民的金融资产（如各类证券、房产）交易需要，当期储蓄的一部分资金不会立即转化为企业的投资，而是囤积在金融系统。

这部分游离于实体经济之外，囤积在金融系统以投资金融资产、追逐投资获利为目的的资金具有一定的稳定性。尽管金融资产会被多次交易，卖出资产的代理人可能会把资金重新注入实体经济中，出现货币当期回流到实体经济的情况，但另一个资产购买的代理人会同时从实体经济中抽出资金投资到金融资产上。从整体来看，总有一部分资金滞留在实体经济货币循环流动外的金融循环领域。而且，当金融资产提供的收益率高于实际投资项目，实体经济的资金会有净流出，另外，一些增发的货币可能直接进入了金融领域，因此，囤积在金融系统的资金会越来越多。徐茂魁、李伟等（2007）也认为随着现代金融体系的发展，存在金融体系对实体经济的货币抽取效应，即部分货币会从实体经济渗漏到金融系统，专门从事金融资产交易，其目的就是进行金融资产的保值增值或者获取投机收益。他们认为并不是有一定量的货币完全不变地滞留在金融系统门为资产交易服务，而是不断地有资产卖出、有资产买进，因而伴随着货币资金的流进与流出，但总有一部分滞留在金融系统的货币存量。滞留在金融系统的货币存量就越多，对资产的需求也越大，在资产供给相对变化不大的情况下，资产价格就会上涨。资产价格的膨胀意味着需要更多的货币来帮助实现资产交易，因此，从实体经济中转移到金融领域参与资产交易的资金会更多，两者作用是相互促进、互为相长的。

这部分暂时或永久地游离于实体经济货币循环之外而停留在金融领域内的资金就是金融窖藏。如果当期的活期储蓄不重新注入实体经济货币循环流动，金融窖藏增加，金融窖藏的规模越大，表示游离出实体经济相关的货币循环资金越多，而投向金融市场的资金就越多；如果之前窖藏在金融体系的资金被重新投放到实体经济货币循环流动中，代表金融循环流动资金的较少，即金融窖藏的减少，或称为"金融的反窖藏"的增加。

9.3　考虑影子银行的 DSGE 模型构建

9.3.1　模型假定

本节把金融中介系统分为两个部分：商业银行系统与影子银行系统。影子银行系统的主要作用是满足无法从商业银行获得贷款的中小企业的融资需求，对于实体经济的作用主要是提供信贷服务。

在我国的金融体系下，主要的融资渠道为商业银行信贷，从而我国大部分企业都有融资需求（Allen 等，2005），作为对于商业银行信贷功能的重要补充，影子银行得以产生并且较快地发展，对我国企业的生产经营发挥了非常重大的作用。

研究表明，企业的风险承担水平对企业的信贷行为有着非常重大的影响（Bargeron，2010，；胡元木、王琳，2008）。造成这种现象的原因：从企业对于信贷的需求角度看，由于高风险的企业的收入、利润的波动性较大，而银行信贷渠道对于贷款企业的标准要求比较高，这使得高风险企业难以直接从商业银行获得信贷（Arnold，2013），因此，高风险企业希望通过影子银行部门获得信贷支持；而低风险企业贷款主要来自商业银行，对于影子银行依赖性较低。

因此，可以将低风险企业理解为规模较大、建账完整、抵押担保完善、收入较为稳定、潜在的呆坏账率较低的企业；反之，则可以将高风险企业理解为规模较小、担保不足、收入波动性较大、潜在的呆坏账率较高的企业。程小可等（2014）认为影子银行作为银行正规信贷渠道的替代和补充，对高风险企业的融资约束具有缓解作用。

Fabioet 等 （2011） 建立模型，模型设定低风险企业通过影子银行系统进行融资，高风险企业从商业银行系统进行融资，但是这个假定与我国的实际情况并不相符。由于我国商业银行对于高风险企业的风险识别方式并不完善，因此我国的商业银行贷款主要投资方向为大中型企业，小型企业以及风险较高企业从商业银行获得资金的难度较大。所以在企业获得资金层面我们假定金融市场是分割的，高风险企业只能够通过支付比较高的成本从影子银行系统中借款，低风险企业获得资金的成本较低，从商业银行体系就能够获得信贷支持，商业银行部门既可以为低风险企业提供资本支持，同时也可以向影子银行系统提供资金支持，同时假定影子银行系统属于垄断竞争。

在影子银行体系获得资本后，设定进入影子银行体系的资本中有一定比例没有循环流出到实体经济体系中，为实体经济提供支持，而是留在影子银行系统中，参与到金融资产的购买中。因此，在影子银行系统中会存留一定的货币资金，使得从整体系统来看有一部分资金存在"金融窖藏"现象，同时假定商业银行部门不存在此类现象，也就是说商业银行的信贷资金完全流出到实体经济系统中，支持实体经济发展的同时进行货币创造等活动。

9.3.2 高风险企业和影子银行系统

经济中有两类企业：风险较高的企业以及风险较低的企业。其中设定高风险企业占总企业数量比为 η，以 (H, i) 表示。设定高风险企业在第 t 期期末的净资产存量为 $N_{t+1}^{H,i}$，并且从影子银行系统中获得资本用于购买的存量资产量为 $\overline{K}_{t+1}^{H,i}$，假定企业在本期购买的资产存在的价格波动为 $\omega_{t+1}^{H,i}$，导致资产的价格会发生变化，从 $\overline{K}_{t+1}^{H,i}$ 变为 $\omega_{t+1}^{H,i} \overline{K}_{t+1}^{H,i}$，$\omega_{t+1}^{H,i}$ 满足对数正态分布假定，即 $\ln\left(\omega_{t+1}^{H,i}\right) \sim N\left(-\frac{1}{2}\sigma^2, \sigma^2\right)$。在 t 期期初，将资本利用率设定为 $u_t^{H,i}$，因此 $K_{t+1}^{H,i} = u_t^{H,i} \overline{K}_{t+1}^{H,i}$，假定资本利用率为恒定的，将企业调整产能利用率的所需的调整成本设定为 $a(u_t^{H,i})$，并且将 $a(u_t^{H,i})$ 定义为：$a(u_t^{H,i}) = \dfrac{r^{k,H}}{\sigma_a^H}\left[\exp^{\sigma_a^H(u_t^{H,i}-1)} - 1\right]$，其中，$r^{k,H}$ 为 $r_t^{k,H}$ 的稳态值，$r_t^{k,H}$ 为单位资产的预期收益率，$a(1) = 0$，$a''(1) > 0$，并且 $\sigma_a^H =$

$\dfrac{a''(1)}{a'(1)}$ 为一个常数。

假设 t 期的价格水平为 P_t，我们选择 $u_t^{H,i}$ 来最大化下列问题：

$$\max_{u_t^{H,i}} \left[u_t^{H,i} r_t^{k,H} - a(u_t^{H,i}) \right] \omega_t^{H,i} \, \overline{K}^{H,i} P_t \tag{9.1}$$

将资本利用率设为恒定，将企业资产的折旧率设为 δ，设定第 t 期企业尚未折旧的资产的市场价格为 Q_t，则可以获得企业当期名义总收益率：

$$1 + R_t^{k,H,i} = \frac{\left[u_t^{H,i} r_t^{k,H} - a(u_t^{H,i}) \right] P_t + (1 - \delta) Q_t}{Q_{t-1}} \omega^{H,i} \tag{9.2}$$

假定企业期末购买资产的资金部分来源于企业利润的剩余，另一部分从影子银行部门获得资金即

$$BI_{t+1}^{H,i} = Q_{t+1}^{H,i} \, \overline{K}_{t+1}^{H,i} - N_{t+1}^{H,i} \tag{9.3}$$

对于影子银行系统，设定影子银行处于垄断竞争状态，即存在异质性。设定第 z 家影子银行获得资金的成本为 $R_{t+1}^c(z)$，那么企业的约束条件为融资成本最小化。同时设定债务加总模式为 Dixit – Stiglitz 方法，可以获得企业效用最大化的约束条件如下：

$$\min \int_0^1 \left[1 + R_{t+1}^c(z) \right] BI_{t+1}^{H,i}(z) \, dz$$
$$\text{s. t.} \quad BI_{t+1}^{H,i} = \left\{ \int_0^1 \left[BI_{t+1}^{H,i}(z) \right]^{\frac{\varepsilon_{t+1}^c - 1}{\varepsilon_{t+1}^c}} \right\}^{\frac{\varepsilon_{t+1}^c}{\varepsilon_{t+1}^c - 1}} \tag{9.4}$$

其中，$1 + R_{t+1}^c = \left\{ \int_0^1 \left[1 + R_{t+1}^c(z) \right]^{1 - \varepsilon_{t+1}^c} dz \right\}^{\frac{1}{1 - \varepsilon_{t+1}^c}}$，$R_t^c$ 表示影子银行系统的平均借贷利率。

由一阶条件，可以得到

$$BI_{t+1}^{H,i}(z) = \left(\frac{1 + R_{t+1}^c(z)}{1 + R_{t+1}^c} \right)^{-\varepsilon_{t+1}^c} BI_{t+1}^{H,i} \tag{9.5}$$

由于影子银行间与高风险企业间存在着较为严重的信息不对称现象，因此影子银行需要设定一定比例的溢价来对高风险企业进行调查以及预防可能带来的违约风险，假定此类成本占企业利润的比例为 θ，同时假定影子银行系统存在一个"临界值" $\overline{\omega}_t^{H,i}$，当 $\omega_{t+1}^{H,i} < \overline{\omega}_t^{H,i}$ 时，企业会由于融资成本过高、无力偿还影子银行的融资而导致破产，临界条件的公式表述如下：

$$\overline{\omega}_t^{H,i}(1 + R_t^{k,H,i})Q_{t+1}^{H,i}\,\overline{K}_{t+1}^{H,i} = (1 + R_{t+1}^c)BI_{t+1}^{H,i} \tag{9.6}$$

用 $B_{t+1}^{H,i}$ 表示影子银行体系中的总资金，本章讨论的主要为"货币窖藏效应"对于宏观经济运行的影响，因此，模型设定存在一定比例的资金停留在影子银行体系中，并没有投入高风险企业中，设 $BI_{t+1}^{H,i}$ 为影子银行系统投入高风险企业的总投资量影子银行，同时假定影子银行总资本与投入高风险企业总资本之比为 α，可得

$$B_{t+1}^{H,i} = \alpha BI_{t+1}^{H,i}(\alpha \geqslant 1) \tag{9.7}$$

在影子银行系统零利润下，则会有临界状况：

$$[1 - F_t(\overline{\omega}_t^{H,i})](1 + R_{t+1}^c)BI_{t+1}^{H,i} + (1 - \theta)\int_0^{\overline{\omega}_{t+1}^{H,i}}\omega dF_{t-1}(\omega)(1 + R_{t+1}^{k,H})Q_t\,\overline{K}_{t+1}^{H,i}$$

$$= \alpha(1 + R_{t+1}^e)BI_{t+1}^{H,i} \tag{9.8}$$

其中，R_{t+1}^e 为央行规定的名义利率。

令 $k_{t+1}^{H,i} = \dfrac{Q_t\,\overline{K}_{t+1}^{H,i}}{N_{t+1}^{H,i}}$，化简后可以得到

$$[\Gamma_t(\overline{\omega}_{t+1}^{H,i}) - \theta G_t(\overline{\omega}_{t+1}^{H,i})]k_{t+1}^{H,i}\frac{1 + R_{t+1}^{k,H}}{\alpha(1 + R_{t+1}^e)} = k_{t+1}^{H,i} - 1 \tag{9.9}$$

其中，$G_t(\overline{\omega}_{t+1}^{H,i}) = \displaystyle\int_0^{\overline{\omega}_{t+1}^{H,i}}\omega dF_{t-1}(\omega)$，$\Gamma_t(\overline{\omega}_{t+1}^{H,i}) = \overline{\omega}_{t+1}^{H,i}[1 - F_t(\overline{\omega}_t^{H,i})] + G_t(\overline{\omega}_{t+1}^{H,i})$。

高风险企业面临的效用最大化约束为在影子银行系统利润为零的条件下，获得高风险企业的最大化企业利润：

$$\max E_t\left\{[1 - \Gamma_t(\overline{\omega}_{t+1}^{H,i})]k_{t+1}^{H,i}\frac{1 + R_{t+1}^{k,H}}{\alpha(1 + R_{t+1}^e)}\right\}$$

$$\text{s. t. } [\Gamma_t(\overline{\omega}_{t+1}^{H,i}) - \theta G_t(\overline{\omega}_{t+1}^{H,i})]k_{t+1}^{H,i}\frac{1 + R_{t+1}^{k,H}}{\alpha(1 + R_{t+1}^e)} = k_{t+1}^{H,i} - 1 \tag{9.10}$$

由上述优化问题的一阶条件，可以得到

$$\frac{E_t(1 + R_{t+1}^{k,H})}{\alpha(1 + R_{t+1}^e)} = \Psi\left(\frac{Q_t\,\overline{K}_{t+1}^{H,i}}{N_{t+1}^{H,i}}\right) \tag{9.11}$$

其中，$\dfrac{E_t(1 + R_{t+1}^{k,H})}{\alpha(1 + R_{t+1}^e)}$ 表示企业通过外部融资所需要支付的额外成本，该值与企业总体杠杆率正相关。

假定每期有 $1 - r^H$ 比例的企业结束运营，并且将所有企业价值完全转移到

家庭部门，可表示为 $(1 - r^H) V_t^{H,i}$。其中：

$$V_t^{H,i} = (1 + R_t^{k,H}) Q_{t-1} \overline{K}_t^{H,i}$$

$$- \left[1 + R_t^e + \frac{\theta \int_0^{\overline{\omega}_t^{H,i}} \omega dF_{t-1}(\omega) (1 + R_t^{k,H}) Q_{t-1} \overline{K}_t^{H,i}}{Q_{t-1} \overline{K}_t^{H,i} - N_t^{H,i}} (Q_{t-1} \overline{K}_t^{H,i} - N_t^{H,i}) \right]$$

$$(9.12)$$

与此同时，家庭部门提供新的资本 $W_t^{e,H,i}$，并且有

$$N_{t+1}^{H,i} = r^H V_t^{H,i} + W_t^{e,H,i} \tag{9.13}$$

9.3.3 低风险企业与商业银行系统

对于低风险企业的假定与高风险企业类似，低风险的资本利用率设定为 $u^{L,j}$，同时需要比较资本利用率与资本使用成本 $a(u^{L,j})$ 的相对关系，用于效用最大化问题的约束，从而得到最优的资本利用率。模型设定在低风险企业中没有生产率冲击。低风险企业需要从商业银行系统中借款为

$$B_{t+1}^{L,j} = Q_{t+1} \overline{K}_{t+1}^{L,j} - N_{t+1}^{L,j} \tag{9.14}$$

因此低风险企业 t 时期利润：

$$\Pi_t^{L,j} = [u_t^{L,j} r^{k,L} - a(u_t^{L,j})] K_t^{L,j} P_t + (1 - \delta) Q_t \overline{K}_t^{L,j}$$

$$- Q_t \overline{K}_{t+1}^{L,j} - R_t^b (Q_{t+1} \overline{K}_{t+1}^{L,j} - N_{t+1}^{L,j}) \tag{9.15}$$

R_{t+1}^b 表示商业银行要求的贷款利率，$r_t^{L,j}$ 表示低风险企业投资生产的资本收益率，P 表示 t 时期价格水平，δ 表示固定的折旧率。

在 t 期，企业效用最大化问题为通过确定资本利用率和当期资本量，使得 t 期利润最大化。方法为对 $u^{L,j}$ 和 $\overline{K}_{t+1}^{L,j}$ 一阶求导。

由一阶条件，可得

$$r_t^{k,L} = a'(u_t^{L,j}) \tag{9.16}$$

$$Q_t = \beta E_t \{ [u_{t+1}^{L,j} r_{t+1}^{L,j} - a(u_{t+1}^{L,j})] P_{t+1} + (1 - \delta) Q_{t+1} - R_{t+1}^b Q_t \} \tag{9.17}$$

低风险企业在 t 期权益为

$$V_t^{L,j} = \{ [u_{t+1}^{L,j} r_{t+1}^{L,j} - a(u_{t+1}^{L,j})] P_t + (1 - \delta) Q_t \} K_t^{L,j} - (1 + R_t^b)(Q_{t-1} \overline{K}_t^{L,j} - N_t^{L,j}) \tag{9.18}$$

模型设定存在 $(1 - r^L)$ 比例的低风险企业会在当期退出，因此可以得到低风险企业对家庭部门转移的资本量为 $(1 - r^L) V_t^{L,j}$，同时家庭部门会给低风险企

业系统提供新进入的资本量为 $W_t^{e,L,j}$，由此可得本期低风险企业净价值为

$$N_t^{L,j} = r^L V_t^{L,j} + W_t^{e,L,j} \tag{9.19}$$

对于商业银行而言，t 期的利润最大化问题为商业银行系统中收入与成本的差，即贷款利率与存款利率之差。而且，约束条件中贷款额与利率之间存在的关系与影子银行系统中非常详尽，因此可以得到如下方程：

$$\max\Pi_{t+1}^b(z) = \left\{ \left[1 + R_{t+1}^b(z) \right] B_{t+1}^{L,j}(z) - \left[1 + R_{t+1}^e \right] B_{t+1}^{L,j}(z) \right\}$$

$$\text{s. t. } B_{t+1}^{L,j}(z) = \left(\frac{1 + R_{t+1}^b(z)}{1 + R_{t+1}^b} \right)^{-\varepsilon_{t+1}^b} B_{t+1}^{L,j} \tag{9.20}$$

对 $R_{t+1}^b(z)$ 一阶求导，整理后可得

$$1 + R_{t+1}^b = \frac{\varepsilon_{t+1}^b}{\varepsilon_{t+1}^b - 1}(1 + R_{t+1}^e)$$

假定 ε_{t+1}^b 为常数 ε^b，由一阶条件可得

$$1 + R_{t+1}^b = \frac{\varepsilon^b}{\varepsilon^b - 1}(1 + R_{t+1}^e) \tag{9.21}$$

9.3.4 家庭部门

模型设定家庭部门总效用函数为 $U_t = \log(C_t - bC_{t-1}) - \psi_L \dfrac{h_{j,t}^{1+\sigma_L}}{1 + \sigma_L}$（其中，$C_t$ 表示消费，$h_{j,t}$ 表示劳动时间，σ_L 表示劳动供给弹性，ψ_L 表示劳动负效应的权重），银行存款设为 T，影子银行系统获得存款为 CB，且影子银行部门对于家庭部门支付的必要报酬率为 R_t^F，家庭部门受到预算约束为

$$(1 + R_{t+1}^e)T_{t-1} + (1 + R_t^F)CB_{t-1} + W_{j,t}h_{j,t} + (1 - r^L)(1 - \eta)V_t^{L,j}$$

$$+ (1 - r^H)\eta V_t^{H,i} \geqslant CB_t + T_t + P_t C_t + W_t^e + M_t \tag{9.22}$$

$W_{j,t}$ 表示家庭部门工作获得的工资，M_t 表示家庭部门当期持有的现金总量，P_t 表示消费品的价格水平，W_t^e 表示家庭部门向企业部门进行的总转移支付，通过一阶求导，可以得到

$$\lambda_t = \beta(1 + R_{t+1}^e)E_t(\lambda_{t+1}) \tag{9.23}$$

$$\lambda_t = \beta(1 + R_{t+1}^F)E_t(\lambda_{t+1}) \tag{9.24}$$

$$\lambda_t P_t = \frac{1}{(C_t - bC_{t-1})} - \beta b \frac{1}{(C_{t+1} - bC_t)} \tag{9.25}$$

由式（23）和式（24）可知 $R_{t+1}^F = R_{t+1}^e$，表示商业银行提供的存款利率与影子银行吸收存款后支付给家庭部门的报酬率是相同的。

假定劳动供给函数为

$$L_{i,t} = \big[\int_0^1 (h_{j,t})^{\frac{1}{\lambda_\omega}} dj\big]^{\lambda_\omega} \tag{9.26}$$

因此可以得到家庭部门的劳动时间为

$$h_{j,t} = \Big(\frac{W_{j,t}}{W_t}\Big)^{\frac{\lambda_\omega}{1-\lambda_\omega}} L_{i,t} \tag{9.27}$$

同时，平均名义工资 W_t 的方程由下式给出：

$$W_t = \big[\int_0^1 (W_{j,t})^{\frac{1}{1-\lambda_\omega}}\big]^{1-\lambda_\omega}$$

模型假定每期都存在 ζ_w 比例的家庭的工资水平由于存在黏性不能调整至最优，因此，该比例内的家庭工资的变化按照以下规则：

$$W_{j,t} = W_{j,t-1} (\overline{\pi})^{l_\omega} (\pi_{t-1})^{1-l_\omega}$$

其中，$0 \le l_\omega \le 1$。而 $1 - \zeta_w$ 比例的家庭工资水平可以每期都能调整至最优工资水平 $\widetilde{W}_t$，则根据 Calvo 定价方法可以获得家庭部门总体工资水平为

$$W_t = \big\{(1 - \zeta_w) \widetilde{W}_t^{\frac{1}{1-\lambda_\omega}} + \zeta_w \big[W_{j,t-1} (\overline{\pi})^{l_\omega} (\pi_{t-1})^{1-l_\omega}\big]^{\frac{1}{1-\lambda_\omega}}\big\}^{1-\lambda_\omega} \tag{9.28}$$

其中，ζ_w 表示可以每期调整工资水平至最优的企业的比例，π_t 表示当期的通货膨胀水平，$W_{j,t}$ 表示单个家庭在 t 期的工资水平。

9.3.5 最终品生产商、中间品生产商、资本品生产商

最终品生产商通过购买中间产品 $Y_{i,t}$，生产最终产品 Y_t，面临带约束条件的利润最大化问题：

$$\max P_t Y_t - \int_0^1 P_{i,t} Y_{i,t} di$$

$$\text{s. t. } Y_t = \big[\int_0^1 Y_{i,t}^{\frac{1}{\lambda_f}}\big]^{\lambda_f} \tag{9.29}$$

由一阶条件，可以得到

$$Y_{i,t} = \Big(\frac{P_{i,t}}{P_t}\Big)^{\frac{\lambda_f}{1-\lambda_f}} Y_t \tag{9.30}$$

在完全竞争环境下，价格水平可表示为

$$P_t = \Big[\int_0^1 P_{i,t}^{\frac{1}{1-\lambda_f}} \Big]^{1-\lambda_f} \tag{9.31}$$

设定中间品生产厂商定价方法使用 Calvo 定价模式，即只有 $(1 - \zeta_p)$ 比例的企业可以重新定价 $P_{i,t} = \tilde{P}_{i,t}$ 获得最优利润，另一部分企业满足 $P_{i,t} = P_{i,t-1} (\overline{\pi})^l (\pi_{t-1})^{1-l}$，同样我们可以得到加总的价格水平表达式为

$$P_t = \Big\{ (1 - \zeta_p) \tilde{P}_t^{\frac{1}{1-\lambda_f}} + \zeta_p \big[P_{t-1} (\overline{\pi})^l (\pi_{t-1})^{1-l} \big]^{\frac{1}{1-\lambda_f}} \Big\}^{1-\lambda_f} \tag{9.32}$$

在第 t 期，资本品生产商生产的资本总量设定为 $\overline{K}_t$，在 t 期期末企业买回资产 $x_{K,t}$，同时加入投资，产生资产 $x'_{K,t}$，假定 $A(g)$ 表示投资的转换函数，因此有：$x'_{K,t} = x_{K,t} + A(I_t, I_{t-1})$。

由资本品生产厂商面临利润最大化的一阶条件，求解可得

$$\overline{K}_{t+1} = \eta \overline{K}_{t+1}^{H,i} + (1 - \eta) \overline{K}_{t+1}^{L,j} = (1 - \delta) \big[\eta \overline{K}_{t+1}^{H,i} + (1 - \eta) \overline{K}_{t+1}^{L,j} \big] + A(I_t, I_{t-1}) \tag{9.33}$$

9.3.6 中央银行（货币政策）

中央银行宏观经济的干预方式主要分为数量型货币政策和价格型货币政策。

（1）价格型

$$R_t^e = (R_{t-1}^e)^{\overline{\rho}} \Big[R^e \Big(\frac{E_t \pi_{t-1}}{\overline{\pi}} \Big)^{\alpha_\pi} \Big(\frac{Y_t}{\overline{Y}} \Big)^{\alpha_y} \Big]^{(1-\overline{\rho})} \varepsilon_{1t}^2 \tag{9.34}$$

其中，α_π、α_y 表示通货膨胀与总产出在货币政策制定中的权重大小，$\overline{\rho}$ 表示利率影响的平滑程度，ε_{1t}^2 是白噪声，表示价格型货币政策冲击。

（2）数量型

$$M_t^e = (M_{t-1}^e)^{\overline{\rho_1}} \Big[M^e \Big(\frac{E_t \pi_{t-1}}{\overline{\pi}} \Big)^{\alpha_{\pi 1}} \Big(\frac{Y_t}{\overline{Y}} \Big)^{\alpha_{y 1}} \Big]^{(1-\overline{\rho_1})} \varepsilon_{2t}^2 \tag{9.35}$$

其中，$\alpha_{\pi 1}$、$\alpha_{y 1}$ 表示通货膨胀与总产出在货币政策制定中的权重大小，$\overline{\rho_1}$ 表示货币供给量影响的平滑程度，ε_{2t}^2 是白噪声，表示数量型货币政策冲击。

9.3.7 市场出清及变量加总

对于总产出而言，存在以下关系：

$$C_t + I_t + G_t + \theta \int_0^{\overline{\omega}_t} \omega dF(\omega)(1 + R_t^{k,H}) \frac{Q_{t-1} K_t^{H,i}}{P_t} \eta$$

$$+ \eta a(u_t^{H,i}) \overline{K}_t^{H,i} + (1 - \eta) a(u_t^{L,j}) \overline{K}_t^{L,j} = Y_t \qquad (9.36)$$

净资产总额为

$$N_t^T = \eta N_t^{H,i} + (1 - \eta) N_t^{L,J} \qquad (9.37)$$

总杠杆：

$$Lev_{t+1}^T = \eta Lev_{t+1}^{H,i} + (1 - \eta) Lev_{t+1}^{L,j} = \eta \frac{Q_t K_{t+1}^{H,i}}{N_{t+1}^{H,i}} + (1 - \eta) \frac{Q_t K_{t+1}^{L,j}}{N_{t+1}^{L,j}} \quad (9.38)$$

总信用规模为

$$B_{t+1}^T = \eta BI_{t+1}^{H,i} + (1 - \eta) B_{t+1}^{L,j} \qquad (9.39)$$

对于资本品，市场出清条件为

$$\int_0^1 K_{i,t}^H di = K_t^H = \eta K_t^{H,i} = \eta u_t^{H,i} \overline{K}_t^{H,i}$$

$$\int_0^1 K_{i,t}^L di = K_t^L = (1 - \eta) K_t^{L,j} = (1 - \eta) u_t^{L,j} \overline{K}_t^{L,j} \qquad (9.40)$$

对于影子银行系统资金以及贷款资金，市场出清条件为

$$T_t = (1 - \eta) B_{t+1}^{L,j}$$

$$CB_t = \eta B_{t+1}^{H,i} \qquad (9.41)$$

劳动力市场出清条件为

$$L_t = \int_0^1 \left\{ \left[\int_0^1 (h_{j,t})^{\frac{1}{\lambda_\omega}} dj \right]^{\lambda_\omega} \right\} di \qquad (9.42)$$

家庭部门对企业的总转移为

$$W_t^e = \eta W_t^{e,H,i} + (1 - \eta) W_t^{e,L,j} \qquad (9.43)$$

本章构建的 DSGE 方程组共有 33 个方程组成，分别是式（9.2）、式（9.3）、式（9.5）、式（9.6）、式（9.7）、式（9.11）、式（9.12）、式（9.13）、式（9.14）、式（9.15）、式（9.16）、式（9.17）、式（9.18）、式（9.19）、式（9.21）、式（9.23）、式（9.24）、式（9.25）、式（9.26）、式（9.27）、式（9.30）、式（9.31）、式（9.32）、式（9.33）、式（9.34）、式（9.35）、式（9.36）、式（9.37）、式（9.38）、式（9.39）、式（9.42）、式（9.43）。内生变量包括 $R_t^{k,H}$、$BI_{t+1}^{H,i}$、$u_t^{H,i}$、$\overline{K}_{t+1}^{H,i}$、$Q_{t+1}^{H,i}$、$B_{t+1}^{H,i}$、$R_{t+1}^{k,H}$、$N_t^{H,i}$、$W_t^{e,H,i}$、$B_{t+1}^{L,j}$、$u_t^{L,j}$、$\overline{K}_{t+1}^{L,j}$、$N_{t+1}^{L,j}$、$Q_t^{L,j}$、R_t^b、R_{t+1}^e、$W_t^{e,L,j}$、R_{t+1}^F、

C_t、L_t、W_t、P_t、$\tilde{P}_t$、N_t^T、π_{t-1}、$\overline{K}_{t+1}$、N_t^T、Lev_{t+1}^T、B_{t+1}^T、$h_{j,t}$、W_t^e、$r_t^{k,H}$、$r_t^{k,L}$。外生冲击变量是 ε_{1t}^2、ε_{2t}^2。参数为 β、δ、α、θ、σ_a^H、σ_a^L、σ^2、η、ε^b、ψ_L、r^L、r^H、σ_L、λ_ω、l_ω、ζ_w、l、b、ρ、α_π、α_y、$\alpha_{\pi 1}$、α_{y1}、S''、$\overline{\rho}$、η_y、λ_f、$\sigma_{\varepsilon 1}$、$\sigma_{\varepsilon 2}$。

9.4 参数校准与估计

9.4.1 参数校准

本节的模型基础中包括了"金融加速器"理论，其中存在着一定的 DSGE 模型中较为常用以及约定俗成的基本参数，同时国外对于此类参数有大量文献进行研究，因此我们不对以下常见的参数进行重新估计，主要参考经典文献来进行赋值。对常见的参数进行分析的文献主要有 CCER "中国经济观察" 研究组（2007）、FED（2009）、裘翔（2014）、FabioVerona 等（2011）等文献，通过此类文献我们可以把基本参数总结如下（见表 9 - 1）：

表 9 - 1　　　　　　　　　部分参数校准值

符号	参数描述	参数值	符号	参数描述	参数值
β	折现率	0.99	η	政府支出占 GDP 比重	0.2
η	高风险企业相对规模	0.286	δ	折旧率	0.025
γ^L	低风险企业退出率	0.85	S'	投资函数曲率	29.3
γ^H	高风险企业退出率	0.9	θ	银行监控成本比例	0.12
$\overline{\rho}$	利率平滑指数	0.8			

9.4.2 参数估计

对于其他参数的估计主要使用真实经济数据与贝叶斯估计方法相结合的方式。数据来源主要用的是经过季度调整并去除通胀率影响后的我国 GDP 季度数据和人民银行一年期存款基准利率。在数据期间选择上，考虑到我国在 2008 年为了提振经济曾经实施大规模基础设施建设的政策，同时由于后续几年需要追加投资，从而导致了 2009 年以来我国广义货币供给量增速较大，因此对于数据的时间点选择为 2013 年第一季度至 2017 年第三季度。参数估计值如表 9 – 2 所示。

表 9 – 2　　　　　　　　　　　部分参数估计值

变量	变量含义	先验分布	先验均值	标准差	后验均值	90% 置信区间
α_π	价格型规则通胀权重	Normal	1	0.5	1.0911	[0.721, 1.4612]
α_y	价格型规则产出权重	Beta	0.15	0.1	0.1567	[0.0413, 0.2234]
σ_a^H	资本利用成本曲率	Normal	15	5	14.645	[9.86, 19.43]
σ_a^L	劳动利用成本曲率	Normal	15	5	14.755	[10.58, 18.93]
$\alpha_{\pi1}$	数量型规则通胀权重	Normal	1	0.5	1.3119	[0.8876, 1.7361]
ζ_w	工资黏性	Beta	0.025	0.01	0.0301	[0.0261, 0.3471]
ζ_p	价格黏性	Beta	0.25	0.1	0.2603	[0.2392, 0.3001]
l_w	工资指数对稳态通胀权重	Beta	0.5	0.15	0.4006	[0.2913, 0.6462]
l	价格指数对稳态通胀权重	Beta	0.25	0.1	0.1942	[0.0590, 0.3317]
α_{y1}	数量型规则产出权重	Beta	0.15	0.1	0.2074	[0.1214, 0.2798]
$\sigma_{\varepsilon1}$	价格型冲击标准差	InvGamma	0.01	1	0.896	[0.8001, 1.0872]
$\sigma_{\varepsilon2}$	数量型冲击标准差	InvGamma	0.01	1	0.357	[0.2542, 0.4136]
σ_L	劳动供给弹性倒数	Normal	0.5	0.15	0.4765	[0.2501, 0.7029]
b	消费习惯权重参数	Beta	0.5	0.15	0.5985	[0.3501, 0.7769]
ψ_L	劳动的权重	Beta	30	5	31.08	[17.82, 38.65]
ε^b	商业银行贷款利率弹性	Normal	100	10	101.59	[85.21, 117.97]
λ_ω	工资加成	Beta	1	0.2	1.1098	[0.7106, 1.3631]
ρ	出租资本的替代弹性	Normal	30	5	26.535	[17.42, 35.65]
λ_f	中间品替代弹性	Beta	1	0.2	1.102	[0.9325, 1.3975]
α	资本产出弹性	Beta	0.5	0.1	0.4721	[0.3415, 0.6402]

9.5　脉冲响应分析

随着金融监管的日益加强，影子银行系统为了规避监管获得政策套利，影子银行的业务方式不断推陈出新，并且十分复杂。同时，又由于影子银行开展业务的灵活性和隐蔽性，同时又存在着收益率高的特点，能够吸引大量的资本进入影子银行系统，同时由于金融系统收益率高于实体经济，导致进入影子银行系统内的资金由于追求高额利润的目的没有进入实体经济部门，而是投资于金融资产中，并且投资到投机性较强、利润较高的股票市场和房地产市场，因此导致了部分金融资本在金融体系内循环。在此形势下，当金融体系的资本报酬率高于实体经济体系的报酬率时，可能导致金融系统内的资本并没有进入实体经济系统，促进生效、消费和投资，而是进入了金融体系，追求更高利润，但是也带来了资产泡沫。[①] 金融窖藏的存在，导致中央银行通过货币政策调控宏观经济的效力受到了较大的影响。为了探讨影子银行的金融窖藏现象对于货币政策效力的影响，本节分别通过讨论中央银行分别实行价格型与数量型两种货币政策工具，通过脉冲响应图来对比影子银行存在货币窖藏与否对宏观经济的影响，为了便于研究，其中我们主观假定当存在货币窖藏现象时有一半的金融资本停留在影子银行系统中未进入实体经济，此时即 $\alpha = 2$，并以此为根据，从而探讨影子银行系统对货币政策的效力影响。

9.5.1 价格型货币政策冲击

当 $\alpha = 2$ 时，根据假定，表示影子银行系统中资金进入实体经济系统的资金量为影子银行系统总资金量的一半，此时表示影子银行体系存在"货币窖藏现象"。给定随机冲击为中央银行利率降低一个单位，宏观经济变量的脉冲响应如图 9 - 1 所示。

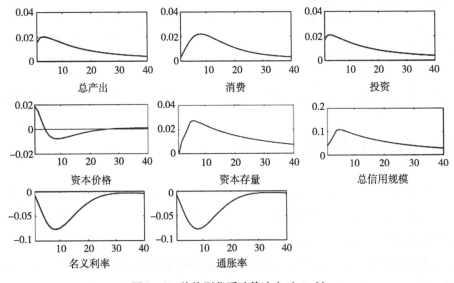

图 9 - 1　价格型货币政策冲击（$\alpha = 2$）

[①] 2015 年，我国上证指数迅速攀升到 5178 点，与影子银行提供的场外配资不无关系。

　　给定中央银行基准贷款利率降低一个单位的冲击下，可以从图 9 – 1 中看到总产出、消费、投资、资本价格、资本存量以及总信用规模都受到了正向冲击，存在先上升后慢慢恢复到稳态的现象；利率等指标由于政策因素，导致了下降，同时经过一段时间后慢慢恢复稳态。这表明尽管存在影子银行系统且存在金融窖藏现象时，由于仍然存在部分资金能够从影子银行系统内部流通到实体经济部门，因此货币政策仍然对各类经济变量具有一定的影响，价格型货币政策的实行仍然会刺激实体经济对其作出反应。

　　当 α = 1 时，此时根据模型假定，表示影子银行体系的资本完全进入高风险企业，即影子银行系统不存在"货币窖藏"现象。此时同样给定中央银行利率降低一个单位的随机冲击下，各个经济变量的脉冲响应如图 9 – 2 所示。

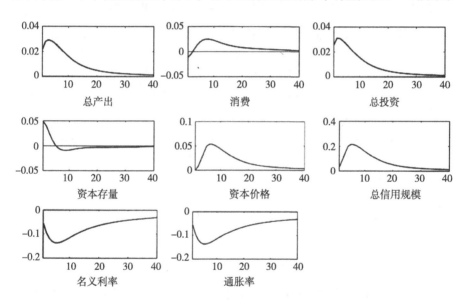

图 9 – 2　价格型货币政策冲击（α = 1）

　　同样给定中央银行基准贷款利率降低一个单位的冲击下，各个宏观经济变量的偏离方向与 α = 2 时的脉冲响应变化方向相同，同样可以得到总产出、消费、投资、资本价格、资本存量以及总信用规模都受到了正向冲击，存在先上升后慢慢恢复到稳态的现象；利率等指标由于政策因素，导致了下降，同时经过一段时间后慢慢恢复稳态。但是可以发现，与图 9 – 1 相比，图 9 – 2 中总产出、消费、投资等宏观指标的稳态偏离程度更大。因而从对货币政策效果来分析，这是由于影子银行系统的资本完全进入实体经济，导致了货币政策效果增强，总信用扩张规模更大，因而更多的信用用于实体经济，致使各项产出增强。因此可以得到的结论是当不存在金融窖藏效应时，价格型货币政策对于实体经济的作用更为显著。

9.5.2 数量型货币政策冲击

当 $\alpha = 2$ 时，给定中央银行增加一个单位的数量型货币政策冲击，各个宏观经济变量的脉冲响应图像如图 9-3 所示。

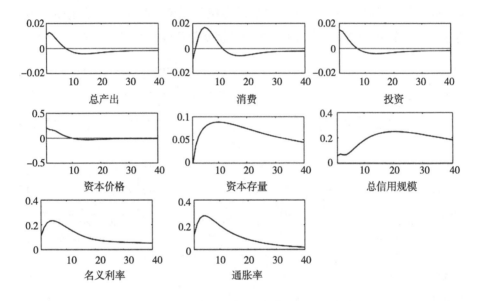

图 9-3 数量型货币政策冲击（$\alpha = 2$）

给定中央银行货币供给量增加一个单位的冲击下，可以从图 9-3 中看到总产出、消费、投资、资本存量、总信用规模受到了正向冲击，这可以有"金融加速器"效应进行解释：由于此效应的存在，导致资产价格提高，所以资产价格会正向偏离稳态同时企业购买资产后使得资本存量对应增加，同时利率方面也受到了正向冲击。这表明尽管存在影子银行系统且存在金融窖藏现象时，由于仍然存在部分资金能够从影子银行系统内部流通到实体经济部门，因而数量型货币政策仍然对各类经济变量仍然具有一定的影响，数量型货币政策的实行仍然会刺激实体经济对其作出反应。

当 α = 1 时，如上，给定中央银行增加一个单位的货币政策随即冲击时，各个宏观经济变量的脉冲响应变化如图 9 - 4 所示。

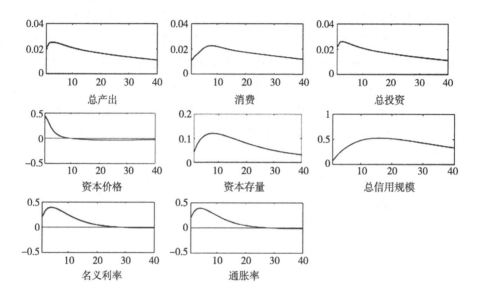

图 9 - 4 数量型货币政策冲击（α = 1）

给定中央银行供给量增加一个单位的冲击下，脉冲响应的变化方向与 α = 2 时变化方向相同。总产出、消费、投资、信贷规模均向上波动，同样地，由于"金融加速器"效应的存在，导致资产价格的提高，因此资产价格也是正向偏离稳态，资本存量由于信用规模的增加而增加，利率等价格因素同样遭受了正向波动。但是与 α = 2 相比，α = 1 的波动幅度更大，对于政策的反应更加明显，这表明了影子银行中货币窖藏效应会导致数量型货币政策的效力产生一定的降低作用，当影子银行系统中不存在此效应时，能够使得更多的基础货币投入实体经济，通过货币乘数的放大效应会使得数量型货币政策效果更加显著。

9.6 本章小结

从价格型与数量型货币政策工具对于实体经济的作用效果来看，两者都对实体经济产生了重要的影响。中央银行通过利率工具或者通过增加资金投放，不仅使得传统银行部门获得大量的资金，而且使得影子银行部门也获得了流动性支持，扩大了影子银行系统的规模，影子银行在银行体系之外通过与银行类似的金融中介活动，为高风险的科技型中小企业提供资金融通，从而促进了经济结构的调整和实体经济的发展。但无论是价格型货币政策工具，还是数量型货币政策工具，当影子银行体系存在"货币窖藏"，致使部分资金滞留在金融体系内时，货币政策的实施效果都被明显削弱。因此，影子银行体系一方面对传统银行信贷形成了替代和补充，促进了金融资源配置效率的提升；另一方面它也充当了货币渗漏的"漏斗"，使原有的通货存量和货币供给增量一起"渗漏"到资产市场，进而造成两个不良后果：（1）削弱货币政策的实施效果，加大宏观调控的难度；（2）促进资产价格的膨胀，助推资产价格泡沫的形成，加剧金融体系的"脆弱性"。

第 10 章
新利率双轨制、企业部门杠杆率差异
与我国货币政策传导：
考虑影子银行体系的 DSGE 模型分析

10.1 引言

2015 年 10 月，中国人民银行取消对商业银行和农村合作金融机构等设置存款利率浮动上限，金融机构存贷款利率实现了政策意义上的市场化。但在取消利率管制初期，由于商业银行定价行为对中国人民银行基准利率存在长期依赖性，且实际定价能力不足，加之中国人民银行进行利率窗口指导及信贷规模控制，传统信贷市场资金价格仍会在一段时间内低于市场出清水平，并保持一定黏性。因此，当前"利率双轨制"依然存在，且存在基础已由政策支撑转变为市场主体适应①。本章将利率管制取消初期，商业银行黏性存款利率与基本由市场决定的货币、债券市场利率并存的阶段，定义为"新双轨制"阶段。

在"新双轨制"利率背景下，商业银行体系货币供给量和社会融资规模的较高增长，仍然与成长性、创新型的高风险中小型企业难获资金支持形成鲜明反差，且不同风险企业部门间杠杆率差异日益加大，这恰恰需要货币政策对

---

① 本章所称市场主体适应的"利率双轨制"，即由于商业银行在长期利率管制下形成了定价惯性，以及其他市场主体对银行资金价格的被动适应性，即使在管制取消后，利率也无法在短期内与完全市场化利率趋同。

信贷市场杠杆率结构失衡现象进行有效调节。不同企业部门的杠杆率差异越大，需要货币政策传导机制的通畅度越高。然而新的利率双轨制使得货币政策最为核心的利率传导机制必然受到利率黏性的影响。另外，杠杆率较高的低风险企业因企业背景和较高的议价能力，长期占用着大量的金融资源，是加大企业部门杠杆率差异的重要因素。且这部分企业往往具有明显的"资金黑洞"或"资金饥渴"特征，大规模的融资难以形成有效投资，以高投资拉动经济增长的模式在我国"三期叠加"的现实情况下难以为继，使得被占用的信贷资金低效运营。近年来，新兴影子银行体系的资金规模不断扩张，虽然为高风险中小企业在传统银行信贷体系外提供了融资渠道，但产生了部门加杠杆行为的逆周期现象，这对货币政策有效性造成了不可忽视的影响。同时，影子银行体系也拉长了企业融资链条，提高了融资成本。比如商业银行借助信托、证券等机构发行的大规模的理财产品，收益率显著高于同期存款利率，但因刚性兑付的低风险水平与存款相当，使得市场无风险利率被迫抬升，进一步提升了市场融资成本。

利率双轨制的情况可能在很长一段时期内会存在，影子银行体系也将随部分市场主体对资金的新增需求而继续扩张，这两方面因素都会对货币政策传导效果产生负面影响，因此，货币政策对企业部门杠杆率结构的调整将是相对缓慢的。而不合理的杠杆率差异水平或信贷市场结构失衡也会因有待提升的货币政策传导效率而持续存在。可见，高风险中小企业的"融资难，融资贵"问题难以快速获得有效解决。那么，随着利率市场化进程的加快，我国货币政策的传导及政策工具的选择必须更加注重调整企业部门杠杆率结构，实现将资金向引领技术升级的中小型科技创新企业引导。同时，关注影子银行体系的货币创造行为对货币政策有效性的影响，在降低政策冲击所致价格波动的前提下，健康可持续地提升经济增长率。正是基于这一判研，本章将利率双轨制和影子银行同时纳入分析框架，试图探讨它们对货币政策效果的影响。

10.2　对利率双轨制和货币政策效果的探讨

在利率双轨制背景下，货币政策的有效性如何？该如何选择合适的货币政策工具？现有相关研究主要从以下两个层面展开：（1）利率双轨制与货币政策传导；（2）利率双轨制与最优货币政策工具的选择。

（1）利率双轨制与货币政策传导

Wicksell（1898）最先提出了货币政策利率传导机制的三命题，为货币政策机制的研究奠定了基础。Tobin（1961）的金融资产结构平衡理论指出货币政策通过调节利率，可引起资产价格变化，进而影响企业投资支出，向收入和产出变量传导。Mishikin（1995）同样认为利率是货币政策传导的重要媒介，他将利率传导机制视为货币政策传导机制中货币传导渠道最重要和最基础的机制。由于我国经历了较长时期的利率管制及政策改革，且基本取消利率管制的时间较短，因此，国内学者在研究利率对货币政策传导作用的条件设定上停留在管制利率和市场利率并存的"利率双轨制"背景下。又因国内金融市场各主体开展投融资活动所涉及资金交易主要由银行存贷体系完成①，故相关文献的研究思路主要集中于①针对不同利率市场化程度，推导市场利率与受管制利率双重因素影响下的市场均衡或货币政策传导效果；②通过对比各种货币政策工具在传导过程中社会福利的变动，考察最优货币政策的选择及对利率市场化程度、市场均衡的影响。如曾宪久（2001）通过线性回归方法证明了当期我国货币政策对信贷市场实际利率和被管制名义利率的调控措施，存在向实体经济变量传导路径受阻的问题。王召（2001）在此基础上进行了模型修正及检验方法完善，结论与曾宪久（2001）一致，即货币政策通过利率管制难以实现从直接调控向间接调控的转化。盛朝晖（2006）进一步将货币政策工具做了分类研究。在对比分析十年间利率双轨制背景下，价格型和数量型货币政策的传导效果后，指出实际经济对利率的敏感性较差。楚尔鸣（2007）、潘耀明等（2008）、赵天荣等（2008）的实证分析结果都表明双轨制利率还不能充分发挥货币政策传导效用。然而以上学者主要采用的计量分析方法面临"卢卡斯批判"问题，使得模型可能欠缺长期稳定性，因此，一部分学者得到了不同的结论。如钱水土等（2004）、唐安宝等（2007a，b）的实证研究却表明实际利率的产出效应较强。然而在现实情况下，短期内，利率双轨制决定了我国货币政策仍然主要通过利率管制进行传导（张勇等，2014）。近年来，国内学

① 即使通过影子银行体系实现投融资交易，但由于中国影子银行衍生于商业银行而非非银行金融机构，因此其资金运动也主要依靠银行存贷体系。

者引入了动态随机均衡方法，以解决计量分析法的短板。如李荣丽等（2014）的模拟分析结果表明，在利率双轨制背景下，若经济波动幅度较大，一年期存贷款利率、存款准备金率等价格型货币政策工具对平缓经济波动效果明显；若经济发展速度过快，准备金率、公开市场操作等数量型货币政策工具控制经济增速的效果明显。

（2）利率双轨制与货币政策工具的选择

央行执行货币政策所需构建传导机制的一个重要元素便是货币政策工具，而如何选择适当的政策工具又是实现货币政策目标的关键研究课题。Poole（1970）对这一课题提出"普勒规则"，指出经济体所受冲击的类型以及模型主要变量的利率敏感性影响了货币政策工具的选择及货币政策的传导。赵伟等（2011）对普勒规则的拓展研究显示，当经济体受到货币需求层面的冲击，特别是货币需求更多地来自货币市场时，如果货币政策可以有效调节总需求，那么银行间同业拆借利率、存贷款利率等价格型货币政策工具可以更有效地提升社会福利。可见，政策工具的选择仍要以货币政策传导有效性作为前提。那么，由我国双轨制利率传导路径作为前提条件，怎样进行最优货币政策工具选择？工具的传导机制又是怎样的？近年来，国内学者就相关问题作为了研究重点。何东等（2011），姚余栋等（2011）以 Freixas 和 Rochet（2008）、Porter 和 Xu（2009）、Chen 等（2011）的模型为基础，引入利率双轨制中的贷款利率下限和存款利率上限作为新变量构造一般均衡理论模型，通过分析不同约束有效性利率上下限与信贷规模管制组合下，市场利率对于不同政策工具的反应，他们指出利率双轨制下中国的货币政策传导的确是有效的，但其作用机理与西方发达国家的不同，存款基准利率是央行最有力的政策工具，其对市场利率的影响要大于存款准备金率，而公开市场操作对市场利率没有显著影响。胡育蓉、范从来（2015）的动态模拟结果也显示在利率双轨制时期，存款准备金率相比其他政策工具对物价和产出的影响力度更大，但不可忽视的是，信贷规模管制及窗口指导的微调效果具有更强的持续性，这与何东、王红林（2011）的结论存在出入。可见，国内学者对数量型货币政策工具效果的不同判断是争议的重点之一。

综上所述，国内学者均对我国利率双轨制时期货币政策的利率传导有效性及不同货币政策工具的效果进行了深入的探讨，但值得关注的是，第一，上述研究期内，基本取消存贷款利率管制的改革尚未完全落实，即未将"新双轨制"利率作为研究背景，实证结果具有历史局限性。目前我国正积极推进利率市场化改革，且在基本取消利率管制后，名义资金价格的调整状态处于完全弹性和被管制之间。面对新时期的价格黏性，货币供给规则和利率规则的有效性仍是值得研究的问题。价格型、数量型货币政策工具对我国宏观经济影响的异同与优劣也需要评价（李荣丽等，2014）。第二，上述研究仅将银行存贷体系视为国内金融市场各主体开展投融资活动所涉及资金交易的主要市场，未考虑近年来呈井喷式发展，并对货币政策传导具有一定影响的新投融渠道——影子银行体系。利率双轨制和影子银行并存是当前我国宏观经济的一个重要特征，本章融合我国取消利率管制初期的存款利率黏性特征、风险企业杠杆率差异和影子银行因素，通过构建 DSGE 模型，模拟分析不同企业部门杠杆率差异水平下货币政策传导的有效性，进而以政策有效的杠杆率差异水平为基础，模拟分析管制取消后不同存款利率水平下价格型与数量型货币政策工具在传导效果上的比较优势。本章的主要贡献在于：一是在我国当前经济运行特征——新利率双轨制和影子银行并存背景下，通过 DSGE 模型的模拟分析得到了我国两类风险企业杠杆率差异 $\bar{l}$ 的最优区间，这为央行提升我国货币政策的有效性、合理控制影子银行的规模提供了有益参考；二是比较分析了不同存款利率水平下价格型和数量型两种货币政策工具在传导效果上的比较优势，这为央行选择合适的货币政策工具提供了理论支撑。

10.3　新环境下货币政策传导效果的逻辑判断

（1）新利率双轨制是研究我国货币政策传导效果的出发点

从我国各历史时期货币政策经验看，有效的利率政策抑制了中华人民共和国成立初期的通货膨胀，差别化存贷款利率促进了私营企业的社会主义改造；但计划经济体制下受压制的利率政策却完全阻断了货币政策通过信贷市场向实体经济的传导；间接金融调控手段更多采用的利率和资产价格传导渠道重新激活了改革开放后的货币政策传导机制；存贷款基准利率调整及浮动上下限的运用，与银行间货币市场、债券市场利率体系的完善，构建了近年来符合我国金融市场发展现状的货币政策的双轨制利率传导渠道。何东、王红林（2011）

在研究我国货币政策传导机制时，提出理解我国货币政策框架及把握利率市场化进程中货币政策工具配置的出发点是利率双轨制，因为利率双轨制既是中国经济体制向市场经济过渡阶段渐进式金融改革的重要政策选择，也是现阶段我国货币政策的显著特点之一。虽然目前我国基本取消了利率管制①，但由于商业银行对央行基准利率的长期依赖性，以及专业性研究和实际定价能力的不足（易纲，2015），加之央行信贷规模控制，相比于利率市场化更高的银行间货币市场、企业债券市场，银行主导下的传统信贷市场价格变动仍会在一段时间内保持一定黏性，名义价格也会低于市场出清水平，其对资金供求的敏感性或弹性依然有待提升。易纲（2015）认为取消管制后，利率仍需按照宏观经济的整体取向进行调控，完善金融市场利率传导机制。传统意义的利率双轨制在取消存款利率上限后，已随利率市场化改革的推进衍化为"新双轨制"。利率双轨制的存在和持续，必然要求货币政策提供其他调控措施（张军，2007）。前期存款利率上限有效约束积累的价格偏离，除依靠市场供求机制纠正和央行价格型工具调节外，仍然需要数量型货币政策管控来组合施效。这也使得国内外学者对我国利率双轨制背景下货币政策传导是否有效的质疑（Dickinson 和 Liu，2007；Laurens 和 Maino，2007）以及货币政策工具如何选择在"新双轨制"利率市场化初期继续存在，即当前对货币政策传导效果的研究仍要以新利率双轨制作为出发点。

（2）影子银行体系是研究货币政策传导效果的重要因素

近年来，我国影子银行规模井喷式发展，其信用创造功能对货币政策传导机制的影响显著。赵明浩（2013）认为，现行货币政策的利率双轨制其实是影子银行存在的重要条件之一，利率和信贷规模管制产生资金供求失衡，才由此催生了理财与信托等影子银行体系的金融产品。影子银行是银行系统在利率尚未完全市场化的政策条件下，绕开受监管的传统信贷渠道，通过与信托和证券公司合作将银行存款提供给融资主体的新渠道，由于投资项目本来就是银行的信贷项目，融资又有银行隐性担保，通过该方式银行将表内资产变为表外资

① 自2013年7月20日起，除商业性个人住房贷款利率外，中国人民银行全面放开金融机构贷款利率管制：一是取消金融机构贷款利率0.7倍的下限，由金融机构根据商业原则自主确定贷款利率水平；二是取消票据贴现利率管制，由金融机构自主确定；三是对农村信用社贷款利率不再设立上限。自2015年10月24日起，对商业银行和农村合作金融机构等不再设置存款利率浮动上限。

产，使融资成本在利率双轨制背景下因适用不同利率体系而发生显著改变。表内融资成本因定价惯性仍主要以政策基准利率为基础计算，调整存在一定黏性，而表外融资成本则适用市场化利率。利率市场化将导致更高的市场利率（Feyzioglu 等，2009），形成表内外收益差，因此，大量的资金会因收益率偏好从传统的商业银行存款市场流向利率市场化更高的影子银行体系，加剧了金融脱媒和存款搬家。在实际信贷需求大幅攀升的背景下，一方面，货币政策将抑制银行体系传统渠道的信贷供给规模；另一方面，商业银行因信贷资金风险管理要求始终存在向低风险企业放贷的偏好。上述因素将高风险企业的新增融资需求逼入利率市场化的影子银行融资渠道。各种形式影子银行产品较高的利率水平转移了部分受监管的传统信贷市场资金，导致货币乘数放大，使管制利率的调控作用受限，从而影响货币政策目标的实现（李小瑜，2014）。裘翔等（2014）的研究证实了上述逻辑：正向的利率冲击，即紧缩的货币政策引发了影子银行体系的扩张以及高风险企业加杠杆行为的逆周期特征出现，削弱了货币政策的有效性。可见，影子银行体系与传统商业银行体系逐步构成了对不同风险融资主体的市场隔离，即传统商业银行通常将信贷资金配置给低风险企业，影子银行体系将资金配置给高风险企业，这与 Michael Funke 等（2015）的观点相同，这是利率双轨制的结果，也是影响利率传导机制有效运行的因素之一。然而，影子银行在双轨制利率间进行套利的行为将经济总体利率水平不断提升至市场均衡利率，并通过不断地进行产品衍生拉长融资链条，结果加剧了高风险企业的融资成本负担，进而加大企业部门杠杆率差异，影响产出水平。因此，在"新双轨制"利率背景下研究货币政策传导效果，必然需要将影子银行体系作为一般均衡系统的重要变量。

（3）企业部门间杠杆率差异水平影响货币政策传导效果

有效的货币政策传导应使得市场资金供求基本平衡，即不同风险类型企业可在自身风险等级下以合理市场价格融到相应规模的资金，让低风险和高风险企业部门杠杆率差异维持在合理区间内。差异水平过低或过高均是资金供求失衡的反映。在利率双轨制时期和存款利率上限管制取消初期，由于利率市场化程度还有待加深，传统信贷市场价格的黏性以及信贷配给现象，都使得低风险企业仍在一段时期内更易融得商业银行低成本资金，并保持较高的杠杆水平，导致大部分高风险的中小企业被挤出传统信贷市场，只能从市场化的影子银行部门融得较小规模高风险溢价的"贵资金",这使得企业部门杠杆率差异通常难以维持在合理区间。利率双轨制环境维持得越久,货币政策通过调节名义利率及合意贷款规模等手段从商业银行向影子银行传导受到的阻力越大,上述信贷资源配置的不平衡性就越明显,由此加剧两类型风险企业的稳态杠杆率差异,加深高风险中小企业融资饥渴程度,进而对社会总产出、消费及就业产生负向影响。可见,两类型风险企业杠杆率差异可以反映商业银行部门和影子银行部门由于利率双轨制因素对企业融资需求的市场隔离程度,也可侧面反映利率市场化程度。因此,有必要考察不同杠杆率差异下货币政策冲击在一定时期内对主要经济变量的影响方向和幅度,分析"新双轨制"利率背景下的货币政策传导有效性。

(4)有效传导前提下两类货币政策工具对经济变量影响迥异

随着利率市场化程度加深,存款利率的定价不再完全受基准利率影响,而会根据市场流动性供给及自身盈利空间进行自主定价,价格弹性会显著提升。Feyzioglu 等(2009)指出,商业银行部门长期的竞争最终会导致存款利率的上升,趋近于理财产品收益率,即利率市场化将导致更高的市场利率收益率。如企业部门间杠杆率差异水平使货币政策传导有效,那么可以做以下判断:①在由取消存款利率管制初期到利率逐步市场化的过程中,价格型货币政策工具通过逐渐发挥利率传导机制的信号作用间接影响家庭部门在不同市场间的资金供给结构,来调整企业部门的融资成本和高风险企业融资规模,对企业产出、社会流动性水平及经济通胀率的作用效果显现会有一定的滞后性,但市场较为稳定的利率预期将使政策持续性加长,加之企业部门间杠杆率差异并不很大,因此,也不会引发产出水平和通胀率较大幅度的波动;②数量型货币政策则更直接地改变货币供给规模进行市场需求管理,借助商业银行利润最大化决策行为明显改变信贷投放规模,进而影响社会整体流动性水平,因此,短期内,其对企业部门产出水平和经济通胀率的影响将比价格型货币政策更加显著,但随着存款利率市场化程度的改变和影子银行体系货币创造能力的增强,货币流通速度将更具有时变性,进而引起货币需求函数的不稳定,货币总量与产出之间的相关性也逐渐减弱,加之数量型货币政策未从根本影响市场已稳定的利率预期,那么其对产出刺激作用的持久性和显著性也会逐步减弱。

10.4 DSGE 模型的构建与求解

10.4.1 基本假设及模型结构

在经济处于非充分就业状态、企业融资市场分割、家庭部门资产配置同质性、劳动力流转外生性等假定条件下，在 Michael Funke 等（2015）模型基础上，考虑财富管理产品、信托贷款、民间借贷三类影子银行产品（李若愚，2013），同时将模型中资本生产商、中间产品制造商和最终产品制造商均合并进企业部门，并沿用其两类型风险企业融资市场分割的假设，模型结构如图 10-1 所示。其中，高、低风险企业向资本生产商购置资本，并向中间产品商提供资本服务，通过影子银行、债券市场与商业银行进行融资，中间产品商向最终产品生产商提供中间产品，最终产品生产商向家庭部分提供消费。模型的基本假设如下：

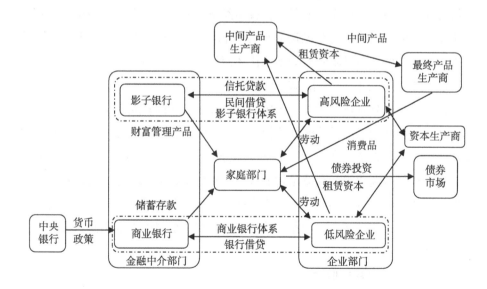

图 10-1 DSGE 模型结构

（1）经济非充分就业状态假设

本章假设经济处于非充分就业状态。在该经济环境中，货币是非中性的，即在经济达到非充分就业前，货币政策可以刺激总产出的增长，或者说存在某一区间，当其他经济变量值处于该区间时，合理的货币政策方向和货币政策工具选择对经济的调节是有效的。否则研究将无意义。

（2）非开放型经济假设

为简化分析，本章构建的四部门 DSGE 模型并未考虑开放型经济部门，即不考虑汇率因素及他国经济变量对国内经济变量的影响，货币政策主要通过调整名义利率和合意信贷规模，以实现刺激经济增长和稳定国内价格水平的目标。

（3）家庭部门资产配置同质性假设

为便于构建模型，假设家庭部门中的每个个体对于自身资产配置的决策是相同的，即风险偏好具有一致性，由此可以将代表性家庭的资产配置决策视作整个家庭部门的资产配置决策。

（4）劳动力流转外生性假设

本章将企业分为低风险企业和高风险企业，而家庭部门为两类型风险企业提供劳动力。但由于在现实情况下，我国经济体制还无法令劳动力市场实现完全流动性，劳动力在两类型风险企业间的流转受诸多因素影响。因此，为简化分析，本章将两类型风险企业的就业比率假设为外生变量。

（5）企业融资市场分割假设

目前，高风险企业通常集中于中小型企业。受风险控制和信贷配给因素影响，其融资需求难以通过传统商业银行贷款来满足，负债资金大部分依靠债券市场或影子银行渠道融得。另外，低风险企业通常为大型国有或国有控股企业，一般较易从商业银行获取足量低成本信贷资金，而无须通过其他融资渠道承担无谓的溢价成本。因此，本章将金融中介部门分为商业银行和影子银行两个市场体系，并假设两个市场相互独立，分别仅为低风险企业和高风险企业提供信贷资金。

（6）存款利率黏性假设

在我国取消存款利率上限初期，长期依赖中央银行基准利率浮动上限调整存款利率的商业银行定价能力仍不足，导致目前传统信贷市场价格仍不能及时反映市场供求，即存款利率存在黏性。本章在构建模型时，将利率黏性假设考虑到商业银行实际定价的方程中。

10.4.2　DSGE 模型的构建

（1）家庭部门最优决策方程

家庭部门的效用函数受其跨期消费情况及劳动供给影响：

$$U_h(C_t^H, L_t) = \frac{1}{1-a}(C_t^H - \tau_H C_{t-1}^H)^{1-a} - \frac{1}{1+\varphi}H_t^{1+\varphi} \qquad (10.1)$$

其中，C_t^H 为家庭部门在第 t 期的消费；H_t 为第 t 期的劳动供给；a 为家庭部门风险厌恶参数，风险厌恶程度越高，其消费边际效用越低，即家庭部门将会选择延期消费；τ_H 为家庭部门消费习惯形成参数，代表前期消费对本期消费能力的影响程度；$\frac{1}{\varphi}$ 为 Frisch 劳动供给弹性，弹性越大，单位劳动供给增加量对家庭部门效用水平的影响越小。

家庭部门效用函数的预算约束条件如下：

$$P_t C_t^H + \frac{D_{t+1}^H}{1+R_{D,t}^{RB}} + \frac{B_{t+1}^H}{(1+R_{B,t})(1-\rho_{B,t})} + \frac{WMP_{t+1}^H}{(1+R_{WMP,t})(1-\rho_{WMP,t})}$$

$$+ \frac{PL_{t+1}^H}{(1+R_{PL,t})(1-\rho_{PL,t})} \leq W_t H_t + D_t^H + B_t^H + WMP_t^H + PL_t^H$$

$$+ (1-\theta)(1-\rho^{lf})V_t^{lf} + \theta(1-\rho^{rf})V_t^{rf} \qquad (10.2)$$

其中，D_t^H、B_t^H、WMP_t^H、PL_t^H 分别为第 t 期家庭部门的储蓄存款规模、企业持有额、财富管理产品投资额和参与民间借贷规模；$R_{D,t}^{RB}$、$R_{B,t}$、$R_{WMP,t}$、$R_{PL,t}$ 分别为银行黏性存款利率、企业风险债券收益率、财富管理产品收益率及民间借贷利率；$\rho_{B,t}$、$\rho_{WMP,t}$、$\rho_{PL,t}$ 分别为企业风险债券、财富管理产品和民间借贷的违约率；V_t^{rf}、ρ^{rf} 分别为高风险企业的净资产与存续的概率；V_t^{lf}、ρ^{lf} 分别为低风险企业的净资产与存续的概率；θ 为高风险企业的市场占有率。

构建拉格朗日函数。分别对第 t 期消费、劳动供给及各项金融产品投资额求一阶偏导数，进而得到家庭部门最优劳动供给方程及消费的欧拉方程。①

---

① 由消费的欧拉方程可知，只要企业破产概率及财富管理产品违约概率不为 0，则企业债券和财富管理产品收益率是高于商业银行存款利率（无风险利率）的，源于前者将风险溢价考虑到收益率定价中。

（2）企业部门最优决策方程组

企业部门实现了资本在生产过程中的运行，即两类风险企业首先通过内外部融资从资本品制造商购买的资本租至中间产品厂商生产使用，并形成最终产品；随后租赁到期收回的资本残值回售至资本品制造商；资本品制造商购入最终产品作为投资品与存量资本共同产出新资本品出售给风险企业。

①最终产品厂商利润最大化决策。

设中间产品厂商总量为 1，建立厂商决策方程，并利用 Dixit – Stiglitz 聚合法列出约束条件：

$$\max_{Y_t(i)} P_t Y_t - \int_0^1 P_t(i) Y_t(i) di$$

$$\text{s. t.} \quad Y_t = \left\{ \int_0^1 \left[Y_t(i) \right]^{\frac{1}{\lambda_{if}}} di \right\}^{\lambda_{if}} \tag{10.3}$$

其中，λ_{if} 为中间产品转化为最终产品的聚合指数，$P(i)$、$Y(i)$ 为中间产品商 i 的产品价格和产出规模。构建拉格朗日函数，对 $Y_t(i)$ 求一阶偏导数，可得

$$Y_t(i) = \left[\frac{P_t(i)}{P_t} \right]^{\frac{\lambda_{if}}{1-\lambda_{if}}} Y_t \tag{10.4}$$

$$P_t = \left\{ \int_0^1 \left[P_t(i) \right]^{\frac{1}{1-\lambda_{if}}} di \right\}^{1-\lambda_{if}} \tag{10.5}$$

②中间产品厂商定价决策。

中间产品厂商数量具有一定规模，且产品存在差异，因此，中间产品市场具有垄断竞争性。厂商成本最小化决策方程为

$$\min_{H_t(i), \, \tilde{K}_t^{rf}(i), \, \tilde{K}_t^{lf}(i)} \left[\frac{W_t H_t(i)}{P_t} + R_{K,t}^{rf} \tilde{K}_t^{rf}(i) + R_{K,t}^{lf} \tilde{K}_t^{lf}(i) \right] \tag{10.6}$$

$$\text{s. t.} \quad Y_t(i) = \left[\tilde{K}_t(i) \right]^{\alpha_{\tilde{K}}} \left[H_t(i) \right]^{1-\alpha_{\tilde{K}}} \tag{10.7}$$

$$\tilde{K}_t(i) = \left\{ \theta \left[\tilde{K}_t^{rf}(i) \right]^{\lambda_{\tilde{K}}} + (1-\theta) \left[\tilde{K}_t^{lf}(i) \right]^{\lambda_{\tilde{K}}} \right\}^{\frac{1}{\lambda_{\tilde{K}}}} \tag{10.8}$$

其中，$H(i)$ 为中间产品厂商 i 雇佣的劳动，$\tilde{K}_t^{rf}(i)$、$\tilde{K}_t^{lf}(i)$ 分别为中间产品厂商 i 从高风险企业和低风险企业实际租用的资本规模，$R_{K,t}^{rf}$、$R_{K,t}^{lf}$ 分别为高风险企业和低风险企业资本租金率，$\tilde{K}_t(i)$ 为中间产品厂商 i 实际资本投入量，$\lambda_{\tilde{K}}$ 为两类企业资本间的替代率。构建拉格朗日函数，分别对 $H_t(i)$、$\tilde{K}_t^{rf}(i)$、$\tilde{K}_t^{lf}(i)$ 求

一阶偏导数，最终可得

$$MC_t = \frac{(1 - \lambda_{\tilde{K}})}{\lambda_{\tilde{K}} + \alpha_{\tilde{K}}(1 - \lambda_{\tilde{K}})} \left[\frac{W_t}{(1 - \alpha_{\tilde{K}})P_t} \right]^{1 - \frac{\alpha_K}{\lambda_{\tilde{K}} + \alpha_{\tilde{K}}(1 - \lambda_{\tilde{K}})}}$$

$$\left[\frac{\alpha_{\tilde{K}}}{R_{K,t}^{lf}} (\tilde{K}_t^{lf})^{\lambda_{\tilde{K}} - 1} \right]^{\frac{-\alpha_{\tilde{K}}}{\lambda_{\tilde{K}} + \alpha_{\tilde{K}}(1 - \lambda_{\tilde{K}})}} (Y_t)^{\frac{-\alpha_{\tilde{K}}(1 - \lambda_{\tilde{K}})}{\lambda_{\tilde{K}} + \alpha_{\tilde{K}}(1 - \lambda_{\tilde{K}})}} \tag{10.9}$$

中间产品厂商的定价策略参照 Calvo（1983）定价法，即

$$\max_{P_t(i)} E_0 \sum_{t=0}^{\infty} (\beta\rho_P)^t \{ [P_t(i) - MC_t] Y_t(i) \} \tag{10.10}$$

s.t. $\quad P_t(i) = P_{t-1}(i) (\overline{\Pi})^{\alpha_\Pi} (\Pi_{t-1})^{1-\alpha_\Pi} = P_{t-1}(i) (\overline{\Pi})^{\alpha_\Pi} \left(\frac{P_{t-1}}{P_{t-2}}\right)^{1-\alpha_\Pi}$

$$\tag{10.11}$$

$$P_t = \left\{ (1 - \rho_P) (\tilde{P}_t)^{\frac{1}{1-\lambda_{if}}} + \rho_P \left[P_{t-1}(i) (\overline{\Pi})^{\alpha_\Pi} (\Pi_{t-1})^{1-\alpha_\Pi} \right]^{\frac{1}{1-\lambda_{if}}} \right\}^{1-\lambda_{if}} \tag{10.12}$$

其中，MC 为中间产品厂商共同面临的边际成本，ρ_P 为中间产品厂商黏性调整价格的概率，Π 为通货膨胀率，$\overline{\Pi}$、α_Π 分别为稳态通胀率及其对中间产品价格的影响度。结合式（10.9）对 $P_t(i)$ 求一阶偏导数，可得新凯恩斯主义菲利普斯曲线。

③资本品制造商利润最大化决策。

$$\max_{\{I_t\}} E_0 \sum_{t=0}^{\infty} \beta^t \{ P_{K,t+1} [(1 - \delta_K)K_t + A_K(I_t)] - P_{K,t}(1 - \delta_K)K_t - P_t I_t \}$$

$$\tag{10.13}$$

其中，P_K 为资本品价格，A_K 为投资品向资本品的转化函数，δ_K 为资本折旧率。对 I_t 求一阶偏导数，可得一阶条件：

$$E_0 \beta^t [P_{K,t+1} A'_K(I_t) - P_t] = 0 \tag{10.14}$$

另外，$K_{t+1} = \theta K_{t+1}^{rf} + (1 - \theta) K_{t+1}^{lf} = (1 - \delta_K) [\theta K_t^{rf} + (1 - \theta) K_t^{lf}] + A_K(I_t)$

$$\tag{10.15}$$

④低风险企业定价及融资决策。

低风险企业利润为扣除资本服务成本、资本折旧融资成本后的资本租金收益：

$$[u_t^{lf}R_{K,t}^{lf} - C_u(u_t^{lf})]K_t^{lf}P_t + (1-\delta_K)K_t^{lf}P_{K,t}$$
$$- R_{L,t}(K_t^{lf}P_{K,t-1} - N_t^{lf} - B_t^{lf}) - R_{B,t}B_t^{lf} - K_{t+1}^{lf}P_{K,t} \qquad (10.16)$$

其中，$C_u(u_t^{lf}) = \dfrac{\overline{R_K^{lf}}}{\sigma_{C_u}^{lf}}(e^{\sigma_{C_u}^{lf}(u_t^{lf}-1)} - 1)$，$u_t^{lf}K_t^{lf} = \tilde{K}_t^{lf}$，$N_t^{lf} = \rho^{lf}V_{t-1}^{lf} + (1-\rho^{lf})W^{h,lf}Y_t$，

$V_t^{lf} = [u_t^{lf}R_{K,t}^{lf} - C_u(u_t^{lf})]K_t^{lf}P_t + (1-\delta_K)K_t^{lf}P_{K,t} - (1+R_{L,t}^{FB})(K_t^{lf}P_{K,t-1} - N_t^{lf} - B_t^{lf}) -$

$(1+R_{B,t})B_t^{lf}$。其中，u_t^{lf} 为低风险企业资本利用率，分别对式（9.16）的 u_t^{lf} 和

K_{t+1}^{lf} 求一阶偏导数，可得资本租金率决策方程及资本的欧拉方程。另外，低风

险企业贷款成本最小化决策方程[①]为

$$\min_{L_t^{lf}(j)} \int_0^1 R_{L,t}^{FB}(j)L_t^{lf}(j)dj$$

$$\text{s. t.} \quad L_t^{lf} = \left\{\int_0^1 \left[L_t^{lf}(j)\right]^{\frac{\varphi_{L,t}^{lf}-1}{\varphi_{L,t}^{lf}}}dj\right\}^{\frac{\varphi_{L,t}^{lf}}{\varphi_{L,t}^{lf}-1}} \qquad (10.17)$$

其中，$R_{L,t}^{FB}(j)$，$L_t^{lf}(j)$ 分别为企业向第 j 家银行贷款的利率和规模，$\varphi_{L,t+1}^{lf} = \varphi_L(1+O_t^{FB})$，$O_t^{FB} = \gamma_O^{FB}O_{t-1}^{FB} + (1-\gamma_O^{FB})\tau_N^{FB}(N_{t+1}^{lf} - \overline{N}^{lf})$，对式（10.17）$L_t^{lf}(j)$ 求

一阶偏导数，可得低风险企业对第 j 家商业银行的贷款需求额：

$$L_t^{lf}(j) = \left\{\frac{R_{L,t}^{FB}(j)}{R_{L,t}^{FB}}\right\}^{-\varphi_{L,t}^{lf}}L_t^{lf} \qquad (10.18)$$

⑤高风险企业融资杠杆率决策。

假定 ω 为异质性生产率冲击，$\ln(\omega) \sim N\left(-\dfrac{1}{2}\sigma_\omega^2, \sigma_\omega^2\right)$，$\overline{\omega}$ 为异质性生产率

冲击阈值，由影子银行零利润方程：

$$[1-F(\overline{\omega}_t)]\left[(1+R_{TL,t}^{SB})(TL_t^{rf}) + (1+R_{PL,t}^{SB})PL_t^{rf}\right]$$

$$+ \int_0^{\overline{\omega}_t}\omega dF(\omega)(1-\mu^{SB})(1+R_{K,t}^{rf})P_{K,t-1}K_t^{rf}\left(1 - \frac{B_t^{rf}}{P_{K,t}K_t^{rf} - N_t^{rf}}\right)$$

$$= (1+R_{WMP,t})TL_t^{rf} + (1+R_{PL,t})PL_t^{rf} \qquad (10.19)$$

可构建高风险企业利润最大化决策方程：

---

① 本章设经济体内商业银行总量为 1。

$$\max_{LR^{rf}_{TL,t}, LR^{rf}_{PL,t}, LR^{rf}_{B,t}, \overline{\omega}_t} \left\{ \begin{array}{l} \left[1 - \overline{\omega}_t \left(1 - F(\overline{\omega}_t) - \int_0^{\overline{\omega}_t} \omega dF(\omega) \right) \right] \times \\ \\ \dfrac{1 + R_{K,t}^{rf}}{(1 + R_{WMP,t}) \left(1 - \dfrac{B_t^{rf} + PL_t^{rf}}{P_{K,t-1} K_t^{rf} - N_t^{rf}} \right) + (1 + R_{PL,t})} \left(\begin{array}{l} 1 + LR^{rf}_{TL,t} + \\ LR^{rf}_{PL,t} + LR^{rf}_{B,t} \end{array} \right) \\ \\ \left(\dfrac{PL_t^{rf}}{P_{K,t-1} K_t^{rf} - N_t^{rf}} \right) + (1 + \chi R_{B,t}^{lf}) \dfrac{B_t^{rf}}{P_{K,t-1} K_t^{rf} - N_t^{rf}} \end{array} \right\}$$

$$\text{s. t.} \quad \left\{ \overline{\omega}_t \left[1 - F(\overline{\omega}_t) \right] + (1 - \mu^{SB}) \int_0^{\overline{\omega}_t} \omega dF(\omega) \right\}$$

$$(1 + R_{K,t}^{rf})(1 + LR^{rf}_{TL,t} + LR^{rf}_{PL,t} + LR^{rf}_{B,t})$$

$$= (1 + R_{WMP,t}) LR^{rf}_t + (1 + R_{PL,t}) LR^{rf}_{PL,t} + (1 + \chi R_{B,t}^{lf}) LR^{rf}_{B,t} \quad (10.20)$$

其中，$LR^{rf}_{TL,t} = \dfrac{TL_t^{rf}}{N_t^{rf}}, LR^{rf}_{PL,t} = \dfrac{PL_t^{rf}}{N_t^{rf}}, LR^{rf}_{B,t} = \dfrac{B_t^{rf}}{N_t^{rf}}$ 分别为高风险企业信托贷款融资、民间贷款融资以及债券融资的杠杆率，μ^{SB} 为影子银行不良贷款管理成本系数，$\overline{\omega}_t (1 + R_{K,t}^{rf}) P_{K,t-1} K_t^{rf} = (1 + R_{TL,t}^{SB})(P_{K,t-1} K_t^{rf} - N_t^{rf} - B_t^{rf} - PL_t^{rf}) + (1 + R_{PL,t}^{SB}) PL_t^{rf} + (1 + \chi R_{B,t}^{lf}) B_t^{rf}, TL_t^{rf} = P_{K,t-1} K_t^{rf} - N_t^{rf} - B_t^{rf} - PL_t^{rf}$。另外，$N_t^{rf} = \rho^{rf} V_{t-1}^{rf} + (1 - \rho^{rf}) W^{h,rf} Y_t$，且

$$V_t^{rf} = (1 + R_{K,t}^{rf} - \delta_K^{rf}) P_{K,t-1} K_t^{rf} - \left\{ \left[1 - F(\overline{\omega}_t) \right] \left[(1 + R_{TL,t}^{SB}) TL_t^{rf} \right. \right.$$

$$\left. \left. + (1 + R_{PL,t}^{SB}) PL_t^{rf} + (1 + \chi R_{B,t}^{lf}) B_t^{rf} \right] + \int_0^{\overline{\omega}_t} \omega dF(\omega)(1 + R_{K,t}^{rf}) P_{K,t-1} K_t^{rf} \right\}$$

$$(10.21)$$

构建拉格朗日函数，分别对 $LR^{rf}_{TL,t}$、$LR^{rf}_{PL,t}$、$LR^{rf}_{B,t}$、$\overline{\omega}_t$ 求一阶偏导数，可知企业杠杆率水平越低，企业违约概率即冲击阈值越低，面临的影子银行两类贷款利率或债券融资利率越低。

（3）金融中介部门最优决策方程

①商业银行部门

我国商业银行面向市场主体的部门主要为对私和对公业务两类，前者对应

家庭部门的存贷款需求①，后者对应企业部门存贷款等，另外商业银行与中央银行发生的资金流动成为货币政策传导的重要渠道。则商业银行利润最大化定价方程为

$$
\max_{L_t^{lf}, D_t^H} \left\{ \begin{array}{l} R_{L,t}^{FB} L_t^{lf} + R_{DR,t}^{CB} D_t^H + R_{CBB,t}^{CB} CBB_t - R_{D,t} \dfrac{D_t^H}{\nu_{RR,t}} - R_{SLF,t} SLF_t \\[3mm] - \left\{ \dfrac{\kappa_D^{RB}}{2} \left[\dfrac{D_t^H}{\nu_{RR,t}} \right]^2 + \dfrac{\kappa_L^{FB}}{2} [L_t^{lf}]^2 + \dfrac{\kappa^{FB}}{2} [L_t^{lf} - L_t^{CB}]^2 \right\} \end{array} \right\}
$$

$$
\text{s. t.} \quad \frac{D_t^H}{\nu_{RR,t}} + SLF_t = L_t^{lf} + D_t^H + CBB_t \tag{10.22}
$$

其中，$R_{DR,t}^{CB}$ 为央行准备金存款利率，R_{CBB}^{CB} 为央行票据利率，R_D 为商业银行市场化存款利率，R_{SLF} 为常备借贷便利利率，ν_{RR} 为商业银行存款准备金率。通过对商业银行利润最大化求解，可得商业银行最优贷款利率及存款利率：

$$
R_{L,t}^{FB} = \frac{1}{1 - \nu_{RR,t}} (R_{D,t} - \nu_{RR,t} R_{DR,t}^{CB}) + \kappa_D^{RB} \frac{D_t^H}{\nu_{RR,t}(1 - \nu_{RR,t})} + \kappa_L^{FB} L_t^{lf} + \kappa^{FB} (L_t^{lf} - L_t^{CB})
$$

$$
\tag{10.23}
$$

$$
R_{D,t} = \nu_{RR,t} R_{DR,t}^{CB} + (1 - \nu_{RR,t}) R_{L,t}^{FB} - \kappa_D^{RB} \frac{D_t^H}{\nu_{RR,t}} - (1 - \nu_{RR,t}) [\kappa_L^{FB} L_t^{lf} + \kappa^{FB} (L_t^{lf} - L_t^{CB})]
$$

$$
\tag{10.24}
$$

其中，$L_t^{lf} = \left\{ \dfrac{R_{L,t}^{FB}(j)}{R_{L,t}^{FB}} \right\}^{\varphi_{L,t}^{lf}} L_t^{lf}(j)$，$\nu_{RR,t} = \overline{\nu}_{RR}^{(1-\rho_\nu)} \nu_{RR,t-1}^{\rho_\nu} e^{\varepsilon_{\nu,t}}$，$\varepsilon_\nu : N(0, \sigma_\nu^2)$

②影子银行体系

影子银行主要资金来源于通过财富管理产品吸收的家庭部门资金，资金的投向是以信托贷款及民间借贷等形式提供给高风险企业。由于影子银行无须上缴中央银行存款准备金，资金留存比完全由机构自行决定，因此，影子银行可以进行货币创造。构建体系净值最大化方程时，应将货币乘数加入约束方程：

$$
\max_{R_{TL,t}^{SB}, R_{PL,t}^{SB}} N_t^{SB} = (1 - \rho_{t-1}^{SB}) N_{t-1}^{SB} + [1 - F(\overline{\omega}_t^b)] [(1 + R_{TL,t}^{SB}) TL_t^{tf} + (1 + R_{PL,t}^{SB}) PL_t^{tf}]
$$

$$
+ \int_0^{\overline{\omega}_t^b} \omega dF(\omega) (1 - \mu^{SB}) (1 + R_{K,t}^{tf}) P_{K,t-1} K_t^{tf} - [(1 + R_{WMP,t}) TL_t^{tf}
$$

---

① 为简化分析，本章仅将家庭部门储蓄存款需求考虑到模型中，并假定家庭部门跨期消费行为均使用自有资金。

$$+ (1 + R_{PL,t})PL_t^{rf}] - \left[\frac{\kappa_{WMP}^{SB}}{2}(\eta_{WMP,t}WMP_t^H)^2 + \frac{\kappa_{PLH}^{SB}}{2}\left(\frac{PL_t^H}{\eta_{PL,t}}\right)^2 \right.$$

$$\left. + \frac{\kappa_{TL}^{SB}}{2}(TL_t^{rf})^2 + \frac{\kappa_{PLf}^{SB}}{2}(PL_t^{rf})^2 \right]\eta_{WMP,t}WMP_t^H + \frac{PL_t^H}{\eta_{PL,t}} = TL_t^{rf} + PL_t^{rf} \quad (10.25)$$

其中，$\ln\rho_t^{SB}:N\left(\dfrac{N_t^{SB}}{TL_t^{rf} + PL_t^{rf}}, (\sigma_\rho^{SB})^2\right)$，$\overline{\omega}_{t+1}^b = \overline{\omega}_{t+1}^a(1 + O_t^{SB})$，且

$$\overline{\omega}_{t+1}^a(1 + E_tR_{K,t+1}^{rf})P_{K,t}K_{t+1}^{rf} = (1 + R_{TL,t+1}^{SB})TL_{t+1}^{rf} + (1 + R_{PL,t+1}^{SB})PL_{t+1}^{rf}$$

$$(10.26)$$

$$O_t^{SB} = \gamma_O^{SB}O_{t-1}^{SB} + (1 - \gamma_O^{SB})\tau_N^{SB}(N_{t+1}^{rf} - \overline{N}^{rf}) \quad (10.27)$$

$$\eta_{WMP,t} = \overline{\eta}_{WMP}^{(1-\rho_{\eta WMP})}\eta_{WMP,t-1}^{\rho_{\eta WMP}}e^{\nu_{\eta WMP,t}} \quad \nu_{\eta WMP,t}:N(0,\sigma_{\eta WMP}^2) \quad (10.28)$$

$$\eta_{PL,t} = \overline{\eta}_{PL}^{(1-\rho_{\eta PL})}\eta_{PL,t-1}^{\rho_{\eta PL}}e^{\nu_{\eta PL,t}} \quad \nu_{\eta PL,t}:N(0,\sigma_{\eta PL}^2) \quad (10.29)$$

（4）中央银行货币政策方程

中央银行遵循泰勒规则制定名义利率：

$$R_t = R_{t-1}^{\delta_R}\left(\overline{R}\left(\frac{\Pi_t}{\overline{\Pi}}\right)^{\delta_\Pi}\left(\frac{Y_t}{\overline{Y}}\right)^{\delta_Y}\right)^{1-\delta_R}\nu_{R,t} \quad (10.30)$$

其中，ν_R 为名义利率冲击，且 $\nu_R:N(0,\sigma_R^2)$。存款基准利率表达式为

$$R_{D,t}^{CB} = (R_{D,t-1})^{\delta_D}\left(R_t\frac{\overline{R}_D}{\overline{R}}\right)^{(1-\delta_D)} \quad (10.31)$$

商业银行黏性定价的存款利率介于中央银行存款基准利率与市场化利率之间：

$$R_{D,t}^{RB} = R_{D,t}^{CB} + \psi_D(R_{D,t} - R_{D,t}^{CB}) = (1 - \psi_D)(R_{D,t-1})^{\delta_D}\left(R_t\frac{\overline{R}_D}{\overline{R}}\right)^{(1-\delta_D)} + \psi_DR_{D,t}$$

$$(10.32)$$

其中，$\psi_D \in [0,1]$，其取值越接近 1，存款利率市场化程度越高。

另外，参照 Michael Funke 和 Michael Paetz（2012）的研究，中央银行合意贷款规模会对偏离稳态的通货膨胀率和产出做出内生反应，同时受央行外生干预影响：

$$L_t^{CB} = (L_{t-1}^{CB})^{\Phi_{CBL}}\left(\overline{L}^{lf}\left(\frac{L_t^{lf}}{\overline{L}^{lf}}\right)^{\Phi_L}\left[\left(\frac{\Pi_t}{\overline{\Pi}}\right)^{\Phi_\Pi}\left(\frac{Y_t}{\overline{Y}}\right)^{\Phi_Y}\right]^{(1-\Phi_L)}\right)^{1-\Phi_{CBL}}\nu_{CBL,t} \quad (10.33)$$

其中，ν_{CBL} 为央行合意贷款规模冲击，且 $\nu_{CBL,t}:N(0,\sigma_{CBL}^2)$。

（5）主要宏观变量加总关系

为分析货币政策冲击及其他外生变量冲击对经济变量的影响，需要明确上述方程中总产出、总财富、总杠杆率、总贷款规模的均衡关系及市场出清条件下中间产品厂商租用资本的规模：

$$Y_t = C_t^H + I_t + \theta\mu^{SB}\int_0^{\overline{\omega}_t}\omega dF(\omega)(1+R_{K,t}^{rf})\frac{P_{K,t-1}K_t^{rf}}{P_t}$$

$$+ \theta C_u(u_t^{rf})K_t^{rf} + (1-\theta)C_u(u_t^{lf})K_t^{lf} \tag{10.34}$$

$$\frac{P_{K,t-1}K_t}{N_t} = \theta\frac{P_{K,t-1}K_t^{rf}}{N_t^{rf}} + (1-\theta)\frac{P_{K,t-1}K_t^{lf}}{N_t^{lf}} \tag{10.35}$$

$$\int_0^1 \widetilde{K}_t^{rf}(i)di = \theta u_t^{rf}K_t^{rf} \tag{10.36}$$

$$\int_0^1 \widetilde{K}_t^{lf}(i)di = (1-\theta)u_t^{lf}K_t^{lf} \tag{10.37}$$

10.4.3 参数校准及变量关系

由于对数线性化后，模型待估参数较多，利用已有研究的经验值作为校准前参数赋值，可节省参数校准过程中大量的贝叶斯估计工作。其中，根据刘斌（2008），庄子罐等（2012），鄢莉莉（2012）及康立、龚六堂（2014），取值的算术平均值，本章将 β 设为 0.9884。根据 Karadi 等（2012）的研究结论，a、τ_H 及 φ 分别赋值 2、0.89 和 1/3。将 $\alpha_{\widetilde{K}}$ [①] 取值为 0.33。根据 Christiano 等（2007）的参数估计结果，设 σ_ω 为 18.9。根据刘丹等（2014）对各行业短期融资到期收益率相对公共事业行业风险溢价的估算，本章将 χ 取为 1.2。参照 Funke 等（2015）的估计结果，κ_D^{RB}、κ_L^{FB}、κ^{FB} 分别为 0.01%、0.0158%、0.4。完成参数校准后，可由四部门决策方程组依次解得主要经济变量间的数量关系（见附录3）。

---

① 从国际经验看，该参数值基本稳定在 0.33；从我国现状看，根据收入法计算的劳动报酬率尽管在 0.4~0.5，但由于国内"二元经济"特性，劳动力市场始终处于未出清状态，导致劳动力定价能力较低，劳动报酬占比不能真实反映劳动产出弹性，因此用统计数据或生产函数估算得出的劳动产出弹性通常偏低。

10.5　变量冲击下的脉冲响应分析

（1）不同杠杆率差异下货币政策有效性分析

设 $\bar{lr}$ 为稳态下两类型风险企业融资杠杆率之比，即稳态杠杆率差异。因商业银行、影子银行体系及债券市场向企业提供融资的基础为反映企业净值的即期资本存量，可设 $\bar{lr} = \overline{\dfrac{L_t^{lf} + B^{lf}}{TL^f + PL^f + B^f} \times \dfrac{K^{lf}}{K^{tf}}}$，$\bar{lr}$ 越大，表明低风险企业的融资杠杆率越高，资金在企业部门间配置越不均衡。本章对 $\bar{lr}$ 分别取值 1、1.5 和 4，模拟得到每个稳态杠杆率差异水平下主要经济变量对货币政策冲击的 40 期脉冲响应结果。

由于名义利率的调整影响着存款基准利率，进而影响商业银行存款黏性利率，这里将 $\nu_{R,t}$ 作为货币政策冲击来源，并对经济施加标准差为 1% 的负向冲击，即宽松货币政策。当 $\bar{lr}$ 由 1 增至 1.5 时，总产出、总消费及总资本的正向波动幅度增大，两类风险企业产出波动变化的方向相反，存款在后期将恢复增长；当 $\bar{l}$ 继续增加至 4 时，总产出、总消费及总资本的正向波动幅度反而降低，高风险企业产出甚至出现负向波动，宽松货币政策对经济的提振作用减弱，这与上文的判断相符。可见，杠杆率差异水平将影响货币政策传导效果。当两类型风险企业杠杆率水平相当时，影子银行体系为高风险企业提供的融资较为充足，而低风险企业从商业银行获取的融资相对不足。宽松货币政策使商业银行黏性下调存款利率，促使部分风险偏好家庭部门受高收益率驱动将储蓄存款转移至影子银行体系，进一步增加了影子银行体系流动性，进而降低高风险企业融资成本，提升产出。而两类型风险企业杠杆率差异过大，表明影子银行体系为高风险企业提供的融资规模严重不足或资金风险溢价过高，但低风险企业往往因其多为议价能力高的大中型国有控股企业，可从商业银行融出大量的低成本信贷资金。宽松货币政策虽因名义利率的黏性下调将部分存款输送至影子银行体系，但其资金运动始终会以存款形式循环回商业银行体系继续进行货币创造，这使得商业银行流动性扩张远超影子银行体系，让低风险企业扩大低成本融资规模的同时，进一步加剧了企业部门间杠杆率差异，降低了货币政策的传导效果。当企业部门间维持适中的杠杆率差异（社会融资总体风险水平较低）

时，低风险企业资金饥渴问题得到缓解，宽松货币政策不仅释放了市场流动性，而且降低了企业部门整体融资成本，使得两类型风险企业产出水平均有所增长，这给改善家庭部门收入、消费、存款水平，以及企业的资本积累都带来积极影响（见图10-2）。

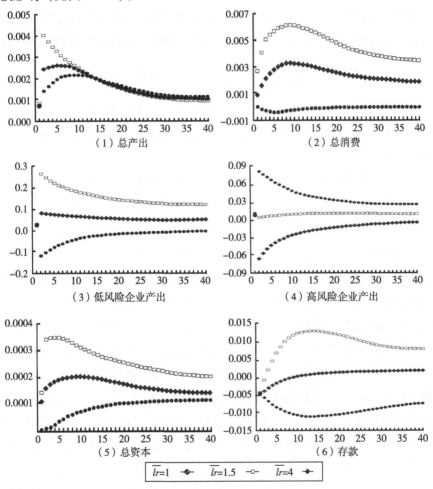

（1）总产出　　　　　　（2）总消费

（3）低风险企业产出　　　　　　（4）高风险企业产出

（5）总资本　　　　　　（6）存款

$\overline{lr}=1$　　$\overline{lr}=1.5$　　$\overline{lr}=4$

图10-2　主要经济变量对货币政策冲击的脉冲响应

通过对 $\overline{lr} \in [1, 1.5]$ 时货币政策效果进行模拟发现，在杠杆率差异水平较低时，适度增加差异值能够有效提高货币政策有效性，刺激经济增长；但当杠杆率差异超过临界值1.48时，宽松货币政策对经济的刺激作用将明显减弱，难以拉动经济增长。但此时，存款利率仍然出现负向波动，利率定价黏性将加剧市场流动性的释放，进而增加经济滞胀的风险。那么，在"新双轨制"利率背景和影子银行因素影响下，保证货币政策传导有效，即 $\bar{l}$ 处于临界值时，各初始存款利率水平下不同货币政策工具在政策传导中的比较优势又如何？

（2）不同初始存款利率下两类型货币政策工具效率分析

①两类型货币政策冲击下经济变量标准差分析

分别对商业银行初始存款利率水平 $R_{D,0}^{RB}$ 为 1% ～9% 时[①]，在价格型货币政策工具（以名义利率冲击下的中央银行存款基准利率变动作为替代变量）及数量型货币政策工具（以合意贷款规模冲击下的中央银行合意贷款规模变动作为替代变量）影响下，各主要经济变量标准差进行计算，结果如表 10 – 1 所示。

表 10 – 1　不同存款利率水平下货币政策工具对主要经济变量波动的影响

$R_{D,0}^{RB}$	价格型货币政策工具				数量型货币政策工具			
	消费标准差	存款利率标准差	通胀率标准差	总产出标准差	消费标准差	存款利率标准差	通胀率标准差	总产出标准差
	σ_{CH}	$\sigma_{R_D^{RB}}$	σ_{π}	σ_Y	σ_{CH}	$\sigma_{R_D^{RB}}$	σ_{π}	σ_Y
1%	4.19%	1.65%	1.90%	3.53%	4.04%	0.44%	2.69%	5.31%
2%	4.05%	1.63%	1.80%	3.07%	3.72%	0.53%	2.24%	4.79%
3%	3.88%	1.62%	1.77%	2.89%	3.65%	0.52%	1.84%	4.50%
4%	3.74%	1.58%	1.70%	2.86%	3.60%	0.50%	1.75%	4.42%
5%	3.77%	1.59%	1.68%	2.85%	3.62%	0.49%	1.73%	4.39%
6%	3.79%	1.63%	1.72%	2.97%	3.72%	0.62%	1.70%	4.42%
7%	3.80%	1.67%	1.74%	3.22%	3.87%	0.67%	1.72%	4.85%
8%	4.16%	1.72%	1.80%	3.94%	4.29%	0.73%	1.73%	5.42%
9%	7.70%	2.22%	2.27%	9.48%	7.46%	1.70%	1.90%	9.68%

一方面，随着 $R_{D,0}^{RB}$ 上升，价格型货币政策工具令四个经济变量的标准差均呈先降后升的变化形态，特别当 $R_{D,0}^{RB}$ 保持在 3% ～5% 时，标准差处于低

---

① 随着市场化程度加深，存款利率弹性的增加会提升市场差别定价的灵活性，商业银行部门长期的竞争最终会导致存款利率的上升，趋近于理财产品收益率。因此，该部分尽量将分析的银行初始存款利率值域扩大。

位，这表明随利率市场化程度加深，存款利率不断上升，并处于一定区间内，价格型货币政策在调节经济的同时可避免经济变量过大波动；另一方面，随着 $R_{D,0}^{RB}$ 上升，数量型货币政策工具令消费、通胀率及总产出波动率分别在不同利率区间达到最小值，同时使存款利率波动幅度不断上升，表明随着利率市场化程度的加深，数量型货币政策对市场流动性调控的同时，难以将经济变量的波动幅度均维持在最小。可见，价格型货币政策工具在实现对经济微调方面具有比较优势。

②主要经济变量对两类货币政策冲击的脉冲响应分析

为更直观地考察两类货币政策工具的比较优势，分别对经济施加标准差为1%的负向名义利率冲击和正向合意贷款规模冲击，即宽松货币政策，模拟两类政策工具在不同存款利率水平下施放时，分别对总产出和通货膨胀率的影响。

a. 总产出脉冲响应

如图10-3所示，实施负向名义利率冲击时，在第1期，产出提升的幅度不大，到第2期产出才出现了较大幅度的提升，这可能与微观主体（高、低风险企业）对价格的敏感性不强有关，因而表现出一定的滞后性，实施正向合意贷款规模冲击时，产出在第1期立即就出现了较大幅度的提升。同时，不难发现，价格型货币政策冲击对总产出正向响应的幅度并未因存款利率变动而出现显著差异，且波幅较小。而数量型货币政策对总产出的提升幅度随存款利率上升逐步降低，且波动幅度相对前者政策冲击要显著增大。可见，价格型货币

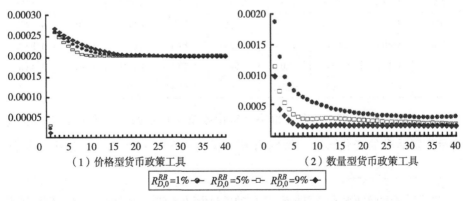

（1）价格型货币政策工具　　　（2）数量型货币政策工具

$R_{D,0}^{RB}=1\%$ ●　　$R_{D,0}^{RB}=5\%$ □　　$R_{D,0}^{RB}=9\%$ ◆

图10-3　总产出对两类型货币政策冲击的脉冲响应

政策工具在微幅调整总产出增长方面具有比较优势；数量型货币政策工具在短期内刺激总产出显著增长的效果更为显著。另外，随着利率市场化程度提高，价格型货币政策对总产出持续作用期增长，而数量型货币政策反之，这与前文的判断相符。

b. 通货膨胀率脉冲响应

通货膨胀率对价格型货币政策的敏感性更强，这符合该类政策工具直接影响市场资金价格的特点。随着初始存款利率水平上升，通胀率在数量型货币政策冲击影响下，正向波动幅度更大，持续时间更久。这是由于货币供给量一次性扩张，使市场流动性增加，进而企业可融资规模增加，另外，更具市场化的存款利率定价将随流动性下降，进而引导家庭部门资金向影子银行体系转移，其货币创造功能将进一步增加市场流动性，对通胀率的影响将是显著和持续的。而价格型货币政策通过利率传导机制使市场主体对资金供求形成稳定地预期，避免市场流动性的过度释放进而通胀率持续性地正向波动，再次表现出微调经济的比较优势（见图 10 - 4）。

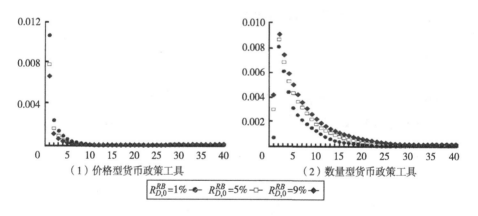

（1）价格型货币政策工具　　（2）数量型货币政策工具

$R_{D,0}^{RB}=1\%$　$R_{D,0}^{RB}=5\%$　$R_{D,0}^{RB}=9\%$

图 10 - 4　通货膨胀率对两类型货币政策冲击的脉冲响应

10.6　我国货币政策传导效果实践分析

（1）企业部门合理信贷结构域内货币政策有效性分析

从上述分析可知，当两类型风险企业杠杆率差异处于合理域内，货币政策可以有效传导，刺激产出、消费最大幅度增长。从历史经验看，1998 年亚洲金融危机后我国经济增长放缓，但企业部门间信贷结构较为合理，为货币政策有效刺激经济增长提供了操作基础。以工业企业为例，本节将《中国统计年鉴》中1998—2015年我国国内生产总值增长率、国有及国有控股工业企业与其他工业企业净资产负债率之比作为经济增长及两类风险企业杠杆率差异的替代变量。考虑到这一时期第一、第三产业大量高风险企业杠杆率普遍较低，可估计整个企业部门的杠杆率差异会较高。通过数据比对可发现：1998—2002年，工业企业净资产负债率由0.94上升至1.17，当期货币政策释放的流动性有效拉升了我国经济增速，且从 GDP 后续的上升走势可以看出，杠杆率差异在2002年并未超过合理域的上限值。在这一前提下，由于当时利率管制使企业融资成本始终低于完全市场化均衡值，正的资本边际收益令两类型风险企业都倾向于投资。虽然低风险企业的银行贷款能力挤占了高风险企业的信贷资源，增加了对经济发展负向影响的概率，但考虑到长期以来我国经济增长仍主要依靠投资与出口拉动，货币政策无论通过调整信贷结构扩大了杠杆率差异，或通过窗口指导使低风险企业获得了更多信贷资源，最终都将银行信贷资金迅速转化为投资，并拉动经济增长（见图10-5）。

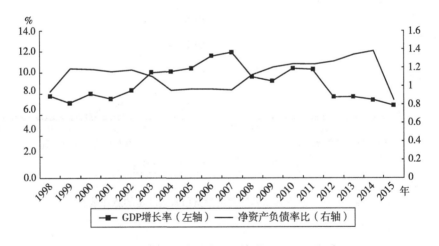

图 10-5 净资产负债率差异与经济增长

（2）风险企业杠杆率差异过大的货币政策传导困境分析

如前述分析结果所示，当两类型风险企业杠杆率差异超过一定水平时，货币政策难以有效刺激产出、消费大幅度增长。2008年国际金融危机以来，我国经济增速再度放缓，商业银行信贷配给行为使两类型风险企业融资结构失调状况加剧。以工业企业为例，国有及国有控股企业与其他所有制企业的净资产负债率差异呈现剪刀形走势，二者比值由 2007 年的 0.96 扩大至 2014 年的 1.38。2014 年末，主要依靠银行贷款的房地产企业净资产负债率更是达到 1.89，可见企业部门杠杆率差异远不止 1.38。近年来，受国际国内宏观经济环境影响，企业部门资本的边际产出率大幅下降，使高风险企业进行影子银行融资的高成本难以被投资回报所覆盖，因此，高风险企业提高负债率的意愿不足，呈现去杠杆的趋势。而国有及国有控股、政府融资平台、房地产等较低风险企业往往因承担解决就业、拉动地方经济等政策性职责，且享有政府隐性担保，或其资产规模庞大，仍在大量吸纳商业银行信贷资源，但同样受资本边际产出率递减影响而不能有效利用资金实现较高产出增长，从而形成资金黑洞或流动性陷阱。因此，货币政策向市场提供的流动性难以有效刺激经济增长，更增加了经济出现滞胀的风险。企业部门信贷结构的失衡迫使高风险企业融资更多地依靠影子银行渠道。而该渠道是双轨制利率背景下货币政策难以触碰到的，这也令货币政策传导机制失灵问题加剧。

（3）货币政策工具选择与经济调控效率分析

从 20 世纪 90 年代中期社会主义市场经济初步建立以来，我国货币政策在维持物价水平稳定的情况下，在应对 1998 年东南亚金融危机后的通货紧缩、2003 年治理经济过热、2008 年国际金融危机冲击下经济增速快速下行等关键时点，配合采用价格型与数量性货币政策工具对宏观经济进行了有效地调节。但 2010 年以后，受国际经济复苏疲软、国内结构性矛盾日益显现等多种因素的影响，市场流动性出现结构不均，同时经济增速放缓压力明显增大。为应对此问题，满足利率市场化进程中总量调控的需要，央行仍主要使用各类数量型货币政策工具（存款准备金率、央票正/逆回购、公开市场短期流动性调节工具、常备借贷便利、抵押补充贷款、中期借贷便利等）。但注入银行系统的流动性向实体经济传导不佳，政策操作效果并不理想，症结在于商业银行体系仍存在产能过剩的低风险企业对成长性高风险企业的信贷挤出现象，形成商业银行和影子银行对企业部门的市场分割。在新旧利率双轨制下，货币政策难以通过商业银行信贷规模的变动来改善两类风险企业的杠杆率结构。根据前文分析，利率对主要经济变量的调节更具持续性，更易将货币政策由商业银行传导至影子银行，改善高风险企业的融资现状。因此，随着商业银行利率逐步市场化，相比投放大量数量型货币政策工具，综合运用价格型货币政策工具实现企业部门杠杆率结构的调整，对促进经济长期增长及价格持续稳定均更加有效。

10.7　本章小结

本章以"新利率双轨制"为背景，通过引入影子银行因素构建四部门 DSGE 模型，分别模拟分析了两类型风险企业融资杠杆率差异下货币政策有效性，以及不同存款利率水平下两类型货币政策工具效率，并得出以下几点结论：

一是，利率双轨制环境维持得越久，货币政策通过商业银行向影子银行传导受到的阻力越大，信贷资源在两类型风险企业间配置的不平衡性就越明显，由此加剧了两类型风险企业的稳态杠杆率差异，融资饥渴程度的加深构成阻碍高风险中小企业成长的不利因素，进而对投资、产出、消费及就业都会产生一定负面影响。

二是，当两类型风险企业杠杆率差异维持在合理区间内时，相比其他经济波动来源，货币政策冲击对总产出水平和商业银行存款利率的影响最为显著，并能有效调节企业部门杠杆率结构及信贷资金在主体间的配置，进而对主要经济变量产生影响；反之，如杠杆率差异过大，货币政策将难以降低其水平，进而对主要经济变量的调控能力会大大降低。

三是，我国货币政策体系在完全取消商业银行利率管制初期存在利率黏性，在两类型风险企业的不同杠杆率差异下，都会影响技术升级对存量资本更新的效率，进而使总产出水平的提升仅维持在极不显著的状态。

四是，随着银行存款利率市场化程度加深，当银行存款利率处于最优区间时，价格型货币政策工具的经济熨平功能较强，使总产出、通货膨胀率等主要经济变量更加稳健，实现货币政策对宏观经济的微调；而数量型货币政策工具则更适于刺激总产出的快速增长，并提高稳态下的经济增速。

附录 1

模型变量及参数经济含义

变量/参数	经济含义	变量/参数	经济含义
C^H	家庭部门的消费	N^{rf}	高风险企业自有财富值
H	家庭部门劳动供给	TL^{rf}	高风险企业信托贷款规模
U_h	家庭部门效用函数	R_{TL}^{SB}	影子银行信托贷款利率
a	家庭部门跨期消费的风险厌恶系数（与消费边际效用负相关）	B^{rf}	高风险企业债券融资规模
τ_H	家庭部门跨期消费习惯形成参数	χ	高风险企业债券融资风险溢价率
φ	Frisch 劳动供给弹性倒数（与消费边际效用正相关）	PL^{rf}	高风险企业民间贷款规模
P	市场价格指数	R_{PL}^{SB}	高风险企业民间贷款利率
D^H	家庭部门储蓄存款规模	LR_{TL}^{rf}	高风险企业信托贷款融资杠杆率
$R_{D,t}^{RB}$	商业银行黏性存款利率	LR_{PL}^{rf}	高风险企业民间贷款融资杠杆率
B^H	家庭部门的企业债券持有额	LR_B^{rf}	高风险企业债券融资杠杆率
R_B	企业风险债券收益率	σ_ω^2	异质性生产率冲击的方差
ρ_B	企业风险债券违约率	$W^{h,rf}$	家庭部门对新设高风险企业的投资（总产出的%）
WMP^H	家庭部门购买财富管理产品规模	R_{DR}^{CB}	央行准备金存款利率
R_{WMP}	财富管理产品收益率	R_{CBB}^{CB}	央行票据利率
ρ_{WMP}	财富管理产品违约率	CBB	央行票据规模
PL^H	家庭部门参与民间借款规模	R_D	商业银行市场化存款利率
R_{PL}	民间借款收益率	ν_{RR}	商业银行存款准备金率
ρ_{PL}	民间借贷违约率	R_{SLF}	常备借贷便利利率
W	家庭部门工资指数	SLF	常备借贷便利规模
ρ^{lf}	低风险企业存续的概率	κ_D^{RB}	商业银行存款业务运营成本系数
V^{lf}	低风险企业净资产	κ_L^{FB}	商业银行贷款业务运营成本系数
θ	高风险企业净资产、资本的市场占有率	κ^{FB}	商业银行合意贷款规模偏差管理成本系数
ρ^{rf}	高风险企业存续的概率	L^{CB}	央行合意贷款规模
V^{rf}	高风险企业净资产	$\bar{\nu}_{RR}$	央行存款准备金率稳态值
β	主观贴现因子	ρ_ν	央行存款准备金率一阶自相关指数

续表

变量/参数	经济含义	变量/参数	经济含义
Y	最终产品产出（社会总产出）	$\varepsilon_{\nu,t}$	央行存款准备金率冲击
$P(i)$	第 i 个中间产品厂商的产品价格	σ_ν^2	央行存款准备金率冲击方差
$Y(i)$	第 i 个中间产品厂商产出规模	N^{SB}	影子银行体系自有财富值
λ_{if}	中间产品转为最终产品的聚合指数	ρ^{SB}	影子银行破产概率
$H(i)$	第 i 个中间产品厂商雇用的劳动	$\overline{\omega}^b$	异质性生产率冲击事后阈值
R_K^{tf}	高风险企业资本租金率	κ_{WMP}^{SB}	影子银行财富管理产品管理成本系数
$\widetilde{K}^{tf}(i)$	第 i 个中间产品厂商自高风险企业实际租用的资本规模	η_{WMP}	财富管理产品资金的货币乘数
R_K^{lf}	低风险企业资本租金率	κ_{PLH}^{SB}	家庭部门民间借款资金管理成本系数
$\widetilde{K}^{lf}(i)$	第 i 个中间产品厂商自低风险企业实际租用的资本规模	η_{PL}	影子银行对民间借款资金留存比率
$\widetilde{K}(i)$	第 i 个中间产品厂商实际资本投入量	κ_{TL}^{SB}	影子银行信托贷款管理成本系数
$\alpha_{\widetilde{K}}$	中间产品厂商资本的产出贡献指数	κ_{PLf}^{SB}	影子银行民间贷款管理成本系数
$H(i)$	第 i 个中间产品厂商劳动投入量	W^{SB}	家庭部门对新增影子银行的投资
$\lambda_{\widetilde{K}}$	两类风险企业资本间的替代率	σ_ρ^{SB}	影子银行破产概率值的标准差
MC	中间产品厂商共同面临的边际成本	$\overline{\omega}^a$	异质性生产率冲击事前阈值
ρ_P	中间产品厂商黏性调整价格的概率	O_t^{SB}	影子银行对高风险企业状态的乐观程度
$\overline{\Pi}$	稳态通胀率	γ_O^{SB}	影子银行乐观程度的一阶自回归系数
Π	通货膨胀率	τ_N^{SB}	影子银行乐观度对高风险企业自有财富值偏离度的敏感系数
α_Π	稳态通胀率对中间产品价格影响度	$\overline{N^f}$	高风险企业自有财富的稳态值
$\widetilde{P}$	弹性调整的中间产品价格	$\overline{\eta_{WMP}}$	财富管理产品资金货币乘数稳态值
P_K	资本品价格	$\rho_{\eta WMP}$	财富管理产品资金货币乘数一阶自相关指数
δ_K	资本折旧率	$\nu_{\eta WMP}$	财富管理产品资金货币乘数冲击值
$A_K(g)$	投资品向资本品的转化函数	$\sigma_{\eta WMP}^2$	财富管理产品资金货币乘数冲击值的方差
I	投资品规模	$\overline{\eta_{PL}}$	影子银行对民间借款资金留存比率稳态值
u^{lf}	低风险企业资本利用率	$\rho_{\eta PL}$	民间借款资金留存比率一阶自相关指数
$C_u(u_t^{lf})$	低风险企业资本利用成本	$\nu_{\eta PL}$	民间借款资金留存比率冲击值

续表

变量/参数	经济含义	变量/参数	经济含义
K^{lf}	低风险企业存量资本	$\sigma^2_{\eta_{PL}}$	民间借款资金留存比率冲击值的方差
R_L^{FB}	商业银行贷款利率	R	央行名义利率
N^{lf}	低风险企业自有财富值	δ_R	央行名义利率一阶自相关指数
B^{lf}	低风险企业债券融资规模	$\bar{R}$	央行名义利率稳态值
R_B^{lf}	低风险企业债券融资利率	δ_Π	央行名义利率对通胀率稳态偏离值的敏感度
$\bar{R}_K^{lf}$	低风险企业资本租金率稳态值	$\bar{Y}$	社会总产出稳态值
$\sigma_{C_u}^{lf}$	低风险企业资本利用成本函数曲度	δ_Y	央行名义利率对总产出稳态偏离值的敏感指数
$W^{h,lf}$	家庭部门对新设低风险企业的投资（总产出的%）	ν_R	名义利率冲击
$R_L^{FB}(j)$	企业向第 j 家银行贷款的利率	σ^2_R	名义利率冲击的方差
$L^{lf}(j)$	企业向第 j 家银行贷款的规模	R_D^{CB}	存款基准利率
φ_L^{lf}	低风险企业贷款需求的利率弹性	δ_D	存款基准利率对上期市场存款利率的敏感指数
φ_L	贷款需求的利率弹性均值	$\bar{R}_D$	市场存款利率稳态值
O^{FB}	银行对公部门对低风险企业状态的乐观程度	ψ_D	商业银行存款利率定价的黏性系数
γ_O^{FB}	银行乐观程度的一阶回归系数	ϕ_{CBL}	央行合意贷款规模的一阶相关指数
τ_N^{FB}	银行乐观度对低风险企业自有财富值偏离度的敏感系数	$\bar{L}^{lf}$	低风险企业银行贷款规模稳态值
$\bar{N}^{lf}$	低风险企业自有财富的稳态值	ϕ_L	央行合意贷款规模对企业银行贷款稳态偏离度的敏感指数
L_t^{lf}	低风险企业银行贷款规模	ϕ_Π	央行合意贷款规模对通胀率稳态偏离度的敏感指数
$\underline{\omega}$	异质性生产率冲击阈值（使高风险企业收入恰好偿还影子银行贷款）	ϕ_Y	央行合意贷款规模对总产出稳态偏离度的敏感指数
$F(g)$	累计分布函数	ν_{CBL}	央行合意贷款规模冲击
ω	异质性生产率冲击	σ^2_{CBL}	央行合意贷款规模冲击的方差
μ^{SB}	影子银行不良贷款管理成本系数	K	社会总资本
K^{lf}	高风险企业存量资本	$\bar{lr}$	两类型企业杠杆率差异稳态值

附录2

模型参数校准值

参数	赋值方法	参数值	来源	参数	赋值方法	参数值	来源
a	先验值	2	Karadi 等（2012）	κ^{FB}	先验值	0.4	Funke 等（2015）
τ_H	先验值	0.89	Karadi 等（2012）	ρ_ν	估计值	0.94	—
φ	先验值	1/3	Karadi 等（2012）	σ_ν	估计值	2.61%	—
ρ^{lf}	估计值	0.948	—	κ^{SB}_{WMP}	估计值	0.02%	—
ρ^{rf}	估计值	0.876	—	κ^{SB}_{PLH}	估计值	0.25%	—
θ	估计值	0.35	—	κ^{SB}_{TL}	估计值	0.1%	—
β	先验值	0.9884	刘斌（2008）等	κ^{SB}_{PLrf}	估计值	0.25%	—
λ_{if}	先验值	1.2	Christiano 等（2010）	σ^{SB}_ρ	估计值	1.73	—
$\alpha_{\tilde{K}}$	先验值	0.33	—	γ^{SB}_0	估计值	0.8	—
$\lambda_{\tilde{K}}$	估计值	0.78	—	τ^{SB}_N	估计值	0.9	—
ρ_P	先验值	0.75	Erceg 等（2000）	$\rho_{\eta WMP}$	估计值	0.53	—
α_Π	先验值	0.16	Christiano 等（2010）	$\sigma_{\eta WMP}$	估计值	13.5%	—
δ_K	先验值	0.03	Funke 等（2012）	$\rho_{\eta PL}$	估计值	0.6	—
$\sigma^{lf}_{C_u}$	先验值	18.9	Christiano 等（2010）	$\sigma_{\eta PL}$	估计值	16.71%	—
$W^{h,lf}$	先验值	0.14	Christiano 等（2010）	δ_R	先验值	0.9	Funke 等（2015）
φ_L	估计值	400	—	δ_Π	先验值	1.8	Funke 等（2015）
γ^{FB}_0	先验值	0.9	Verona, F. 等（2013）	δ_Y	先验值	0.1	Funke 等（2015）
τ^{FB}_N	先验值	40	Verona, F. 等（2013）	ρ_R	估计值	0.71	—
μ^{SB}	估计值	0.29	—	δ_D	估计值	0.93	—
χ	先验值	1.2	刘丹等（2014）	ψ_D	估计值	0.64	—
σ_ω	先验值	18.9	Christiano 等（2007）	ϕ_{CBL}	先验值	0.8	Funke 等（2015）
$W^{h,rf}$	先验值	0.22	Christiano 等（2010）	ϕ_L	先验值	0.3	Funke 等（2015）
κ^{RB}_D	先验值	0.01%	Funke 等（2015）	ϕ_Π	先验值	1.8	Funke 等（2015）
κ^{FB}_L	先验值	0.0158%	Funke 等（2015）	ϕ_Y	先验值	0.1	Funke 等（2015）

附录 3

稳态下主要经济变量比值

变量	经济含义	比值
$\dfrac{C^H}{Y}$	消费产出比	0.58
$\dfrac{D^H}{Y}$	储蓄产出比	0.6
$\dfrac{K}{Y}$	资本产出弹性	3.84
$\dfrac{L_t^{lf} + B^{lf}}{TL^{cf} + PL^{cf} + B^{cf}}$	两类型风险企业融资规模比	0.49

第 11 章
影子银行、金融杠杆与
我国货币政策规则的选择

11.1 引言

2016 年以来，以社会融资总量测度的中国金融杠杆加速攀升，构成影子银行活动的各类非常规信贷规模出现强势增长，截至 2017 年 6 月末，影子银行资产总值相当于国内生产总值的 82.6%。[①] 高杠杆的影子银行业务作为商业银行的"影子"，为经济体提供流动性的同时可以不受最低资本充足率等监管的约束（Wen 等，2017），但会干扰货币政策的实施效果，增加供给侧结构性改革的难度。2016 年下半年，有关"金融去杠杆"的相关措施实质上是对影子银行业务的规定和监管。因此，面对金融杠杆攀升、表外理财等影子银行业务激增，如何设定基准利率和最优货币增速成为核心问题。

影子银行运用高杠杆的方式进行融资活动，债务风险在这一过程被逐渐放大，因此，有效降低"影子银行杠杆率"是降低金融杠杆的核心，是防范和降低债务风险的关键。在实际经济运行中，货币增速的提高直接促成了金融杠杆率的攀升。中国货币政策在保持合理充裕流动性的同时，既要适度扩大总需求，又不能过度放水，要避免因宽松政策造成"影子银行杠杆率"升高和金融风险（周小川，2011；张晓慧，2017），因此，"控杠杆"和"稳增长"都

---

① 资料来源：《穆迪：2016 中国影子银行季度监测报告》《穆迪：中国影子银行季度监测报告》。

是中国货币政策的现实目标（胡志鹏，2014）。

国外学者通过分析金融杠杆、金融发展与经济发展的关系发现，当金融杠杆率处于较高区间时，金融发展会阻碍经济的增长（Rioja 和 Valev，2004），金融杠杆率过高的金融体系不能合理配置有效的社会资源，导致储蓄流失和投机盛行。例如，商业银行的杠杆过高就会引致银行业危机，甚至对宏观经济造成负面影响（Cerra 和 Saxena，2008；Furceri 和 Mourougane，2012）。随着金融机构间竞争加剧，商业银行会通过资产证券化等影子银行活动来拓展业务（Nijskens 和 Wagner，2011），在经济体受到冲击时，影子银行规模会剧烈变化，引致系统性风险的积聚和金融体系不稳定的增强（Meeks 等，2017）。Ngalawa 和 Viegi（2013）构建了动态随机一般均衡（DSGE）模型，模拟结果表明，当发生正向的技术冲击时，商业银行和影子银行的利率会发生同方向变动，而货币政策冲击和风险冲击会使利率变动的方向不一致。Funke 等（2015）构建了包含影子银行的 DSGE 模型，在模型中融入了金融抑制、窗口指导、利率管制等与中国经济相吻合的要素，结果表明，正向的价格规则冲击会导致监管套利、资产替换、杠杆率上升和影子银行规模扩张，紧缩的价格规则不能控制影子银行资产负债表扩张。Korinek 和 Simsek（2016）指出，为了降低家庭部门的杠杆率，运用价格型政策时需要不断降低利率，但该操作会受到零利率下限的限制，而降低杠杆率的宏观审慎政策具有更好的"控杠杆"效果，社会福利也得到提高。

早期，国内学者集中于分析影子银行对货币政策的影响，认为影子银行会减弱价格货币规则的实施效果。影子银行主要对内部金融资产采取打包、销售、转移等方式，由此创造的流动性没有纳入广义流动性，造成传统的货币供应量难以衡量社会流动性，数量货币规则的效力受到挑战（李波等，2011；李扬，2011；周莉萍，2011）。随着中国"去杠杆"相关措施的推行，越来越多的学者开始关注影子银行引致的高杠杆现象。胡志鹏（2014）提出"控杠杆"应该与"稳增长"一样成为中央银行的货币政策目标，通过构建包含居民、企业、金融机构和中央银行的 DSGE 模型，分析了货币信贷冲击对经济的影响，结论表明，中央银行即使掌握了控制风险的关键步骤，单纯依靠货币政策工具也不能达到理想的降低杠杆要求，还需要采取结构性改革的相关措施。谭海鸣等（2016）基于可计算一般均衡（CGE）模型，认为金融杠杆率不超过中期杠杆率的上限，就能够保持经济的稳定增长。本章认为只要风险在可以控制的范围内，应该客观地接受金融杠杆的自然上升，对于金融杠杆波动的问题可以结合财政金融政策予以解决。林琳等（2016）发现贷款融资的杠杆率远低于社会融资的杠杆率，说明在传统信贷之外存在较大的影子银行信贷规模，由此建立了包含影子银行的 DSGE 模型，分析了企业的借贷行为、影子银行的风险转化机制与宏观经济的波动，结果表明，影子银行以资产和资金转移的方式从商业银行获得信贷，这会使风险传递路径更加复杂；宽松的信贷政策会激发商业银行进一步扩大影子银行规模。

基于以往学者的研究，本章在 Verona 等（2013）的基础上，将金融杠杆纳入 DSGE 模型中，主要刻画和分析不同货币政策冲击对"商业银行杠杆率""影子银行杠杆率""总杠杆率"等金融杠杆变量的影响，并从中总结出能抑制影子银行信贷规模的货币政策规则。在此基础上，本章进一步讨论了模型的社会福利含义。社会福利分析表明，在合理的范围内，随着中央银行对金融杠杆关注程度的加大，货币政策调控的力度有所加强，但也加剧了杠杆率、信贷、产出、消费、通货膨胀率等宏观经济变量的波动。

本章的创新体现在三个方面：第一，在政策分析上，已有文献基本上都将泰勒规则作为人民银行实施的货币规则，然而从历史上看，人民银行多次调整存款准备金率、存贷款基准利率，综合运用公开市场操作、常备借贷便利、中期借贷便利等工具和宏观审慎政策来预调微调。因此，本章同时将泰勒规则和麦克勒姆规则引入货币政策的分析中，并进一步将标准的货币规则扩展为宏观审慎的货币规则。第二，在模型构建上，目前研究普遍认为利率冲击是"金融加速器"效应主要的传导因素，却无法分析货币供应量冲击变化对金融杠杆的影响。本章基于中国国情，将货币要素纳入居民的效用函数和预算约束，以此分析货币供应量增长率冲击对金融杠杆率等宏观经济变量的影响。第三，在理论分析上，与央行"加强和改善宏观审慎管理，组织实施好宏观审慎评估，逐步探索将更多金融活动和金融市场纳入宏观审慎管理框架"的目标相一致，通过纳入"商业银行杠杆率""影子银行杠杆率"等新的金融杠杆变量，首次将影子银行与金融杠杆纳入统一分析框架，从而更加契合中国经济运行现状和金融体系融资实践。

11.2　理论模型

在本章构建的理论模型中，存在家庭、生产商、零售商、中央银行、影子银行、商业银行、高风险企业以及低风险企业等部门。低风险企业从商业银行获得融资，而高风险企业受到借款的约束，只能从影子银行获得资金。家庭提供劳动力，并在预算约束下实现自身效用最大化。零售商集中打包中间厂商的产品，并将最终品出售给家庭。中央银行制定数量和价格两类货币规则，调控金融杠杆、信贷规模。

（1）家庭部门

假设家庭为独立同质的连续统，每个家庭选择消费（C_t）、持有的实际货币量（M_t/P_t）和工作时长（N_t）以实现效用最大化：

$$\max E_t \sum_{t=0}^{\infty} \beta^t \Big[\frac{(C_t)^{1-\sigma}}{1-\sigma} - \psi \frac{(N_t)^{1+\phi}}{1+\phi} + \frac{(M_t/P_t)^{1-\upsilon}}{1-\upsilon} \Big] \tag{11.1}$$

家庭的收入由几部分组成：提供劳动获得的工资（W_t）、生产商等部门利润分红（Π_t）、存款（D_{t-1}）、影子银行产品（SB_{t-1}）的利息收入、上一期持有的货币量（M_{t-1}）、退出经济体低风险企业家净值（V_t^L）和高风险企业家净值（V_t^H）。家庭的支出用于消费（C_t），去除存款（D_t）和影子银行产品（SB_t），剩下的以货币形式（M_t）持有。家庭的预算约束为

$$(1 + R_{t-1}^e) D_{t-1} + (1 + R_{t-1}^S) SB_{t-1} + W_t N_t$$
$$+ (1 - \gamma^L) V_t^L + (1 - \gamma^H) V_t^H + \Pi_t + M_{t-1}$$
$$= SB_t + D_t + P_t C_t + M_t \tag{11.2}$$

其中，β 为贴现系数，σ、ϕ 和 υ 分别为消费、劳动和货币的偏好参数，γ^L 和 γ^H 分别为每期存活的低风险企业和高风险企业比例，R_t^e 为无风险利率，R_t^S 为影子银行产品收益率，P_t 为最终产品的价格。

（2）非金融企业部门

Song 等（2011）认为中国不同类型企业的借贷利率有较大差异，国有企业、大型企业等低风险企业可以从商业银行获得融资，借贷利率较低，而民营企业、中小企业主要通过影子银行部门进行借贷，借贷成本较高。因此，本章依据中国资金借贷的现实状况，分别构建了高风险企业部门和低风险企业

部门。

①高风险企业。高风险企业购买资本后会遭受异质性冲击 ω_{t+1}，使得资本 $\overline{K}^H_{t+1}$ 转变为 $\omega_{t+1}K^H_t$。高风险企业与影子银行签订合约首先要确定资本利用率：

$$\max[\, u^H_t r^{k,H}_t - a(u^H_t)\,]\omega_t \overline{K}^H_t P_t \qquad (11.3)$$

在决定资本利用率后，高风险企业将未折旧的资本出售给资本生产者，那么高风险企业家在 $t-1$ 期的名义资本总收益率 $1+R^{k,H}_{t+1}$ 可以表示为

$$1 + R^{k,H}_{t+1} = \frac{[\,u^H_t r^{k,H}_t - a(u^H_t)\,]P_t + (1-\delta)Q_t}{Q_{t-1}}\omega_t \qquad (11.4)$$

其中，Q_t 是资本的价格。

t 期末，影子银行为企业家提供债务合约，确定给高风险企业家的贷款利率（R^{shadow}_{t+1}）和贷款数量（B^H_{t+1}）。$t+1$ 期，如果 ω_{t+1} 小于阈值 $\overline{\omega}_{t+1}$，企业家会宣布破产。其中，关于 $\overline{\omega}_{t+1}$ 的表达式为

$$\overline{\omega}_{t+1}(1 + R^{k,H}_{t+1})Q_t\overline{K}^H_{t+1} = (1 + R^{shadow}_{t+1})B^H_{t+1} \qquad (11.5)$$

当贷款合约确定后，高风险企业股权为 $N^H_{t+1}=\gamma^H V^H_t$，其中高风险企业的净值为

$$V^H_t = (1 + R^{k,H}_t)Q_{t-1}\overline{K}^H_t - (1 + R^e_t)(Q_{t-1}\overline{K}^H_t - N^H_t)$$
$$- \left(\mu \int_0^{\overline{\omega}_{t+1}} \omega_{t-1}dF_{t-1}(\omega_{t-1})(1 + R^{k,H}_t)Q_{t-1}\overline{K}^H_t\right) \qquad (11.6)$$

②低风险企业。低风险企业家为中间厂商提供资本服务（K^L_t），与资本存量（$\overline{K}^L_{t+1}$）的关系是 $K^L_t = u^L_t\overline{K}^L_{t+1}$，其中，$u^L_t$ 代表低风险企业的资本利用率，关于 u^L_t 的成本为

$$a(u^L_{t+1}) = \frac{r^{k,L}_t}{\sigma^L_a}[\,\exp(\sigma^L_a(u^L_t - 1)) - 1\,] \qquad (11.7)$$

其中，$r^{k,L}_t$ 代表真实的资本成本。低风险企业家决定净资本（N^L_{t+1}）和商业银行贷款数量 $B^L_{t+1}=Q_t\overline{K}^L_{t+1} - N^L_{t+1}$ 后，t 期的利润为

$$\Pi^L_t = [\,u^L_t r^{k,L}_t - a(u^L_t)\,]\overline{K}^L_t P_t + (1-\delta)Q_t\overline{K}^L_t - Q_t\overline{K}^L_{t+1} - R^{com}_t(Q_{t-1}\overline{K}^L_t - N^L_t) \qquad (11.8)$$

其中，R^{com}_t 为商业银行的名义平均贷款利率。低风险企业家在 t 期末的净值为

$$V^L_t = \{[\,u^L_t r^{k,L}_t - a(u^L_t)\,]P_t + (1-\delta)Q_t\}\overline{K}^L_t - (1 + R^{com}_t)(Q_{t-1}\overline{K}^L_t - N^L_t) \qquad (11.9)$$

本章假设低风险企业可以从 z 家不同的商业银行获得融资，为降低借贷成本要使总借贷规模的本息和最小：

$$\min \int_0^1 \left[1 + R_{t+1}^{com}(z) \right] B_{t+1}^L(z) \, dz \tag{11.10}$$

约束条件：

$$B_{t+1}^L = \left\{ \int_0^1 \left[B_{t+1}^L(z) \right]^{\frac{\lambda_{t+1}^{com}-1}{\lambda_{t+1}^{com}}} dz \right\}^{\frac{\lambda_{t+1}^{com}}{\lambda_{t+1}^{com}-1}} \tag{11.11}$$

其中，$R_t^{com}(z)$ 表示第 z 家银行要求的贷款利率，$\lambda_t^{com} > 1$ 为资金需求的利率弹性。由成本最小化的一阶条件得出低风险企业家对第 z 家商业银行贷款需求：

$$B_{t+1}^L(z) = \left(\frac{1 + R_{t+1}^{com}(z)}{1 + R_{t+1}^{com}} \right)^{-\lambda_{t+1}^{com}} B_{t+1}^L \tag{11.12}$$

总体贷款利率是单个商业银行贷款利率的加成，那么商业银行总贷款利率为

$$1 + R_{t+1}^{com} = \left\{ \int_0^1 \left[1 + R_{t+1}^{com}(z) \right]^{1-\lambda_{t+1}^{com}} dz \right\}^{\frac{1}{1-\lambda_{t+1}^{com}}} \tag{11.13}$$

（3）金融部门

现有 DSGE 模型主要针对商业银行体系建模，没有根据实际的金融结构考虑金融机构的异质性现象，这就降低了模型对现实经济现象的解释力（马勇，2013）。Chivakul 和 Lam（2015）认为中国大多数企业借贷不仅来自商业银行体系，还源于非银行金融中介组织，因此，本章将金融部门按照是否吸储分为商业银行部门和影子银行部门。

①影子银行。相比于商业银行，现实中的影子银行更加符合完全竞争市场的特征。本章假设影子银行利用理财产品获得的资金，继而向高风险企业提供贷款。影子银行的零利润条件为

$$\left[1 - F_t(\overline{\omega}_{t+1}) \right] (1 + R_{t+1}^{shadow}) B_{t+1}^H + (1 - \mu) \int_0^{\overline{\omega}_{t+1}} \omega_t dF_t(\omega_t)(1 + R_{t+1}^{k,H}) Q_t \overline{K}_{t+1}^H$$

$$= (1 + R_{t+1}^e) B_{t+1}^H \tag{11.14}$$

其中，$F_t(\omega_t^H)$ 是 ω_t^H 累 $F_t(\omega_t^H)$ 积分布函数，由此得到

$$\left[\Gamma_t(\overline{\omega}_{t+1}) - \mu G_t(\overline{\omega}_{t+1}) \right] k_{t+1}^H \frac{1 + R_{t+1}^{k,H}}{1 + R_{t+1}^e} = k_{t+1}^H - 1 \tag{11.15}$$

其中，

$$G_t(\overline{\omega}_{t+1}) = \int_0^{\overline{\omega}_{t+1}} \omega_t dF_t(\omega_t) \tag{11.16}$$

$$\Gamma_t(\overline{\omega}_{t+1}) = \overline{\omega}_{t+1}[1 - F_t(\overline{\omega}_{t+1})] + G_t(\overline{\omega}_{t+1}) \tag{11.17}$$

其中，$\Gamma_t(\overline{\omega}_{t+1})$ 代表影子银行获得的企业家收益的份额，$1 - \Gamma_t(\overline{\omega}_{t+1})$ 是企业家获得的利润，$\mu G_t(\overline{\omega}_{t+1})$ 代表监管成本。

借贷合约要在不同的借贷者间分配利润，最优的合约是最大化企业家在 $t-1$ 期的预期收益，该合约可以表示为

$$\max E_t\left\{[1 - \Gamma_t(\overline{\omega}_{t+1})]\frac{1 + R_{t+1}^{k,H}}{1 + R_{t+1}^e}k_{t+1}^H\right\} \tag{11.18}$$

$$[\Gamma_t(\overline{\omega}_{t+1}) - \mu G_t(\overline{\omega}_{t+1})]k_{t+1}^H\frac{1 + R_{t+1}^{k,H}}{1 + R_{t+1}^e} = k_{t+1}^H - 1 \tag{11.19}$$

由上述问题的一阶条件得到金融"加速器"表达式为

$$\frac{E_t(1 + R_{t+1}^{k,H})}{1 + R_{t+1}^e} = \Psi\left(\frac{Q_t \overline{K}_{t+1}^H}{N_{t+1}^{H,r}}\right) \tag{11.20}$$

其中，函数 ψ，$\psi' > 0$。式（11.20）左端代表高风险企业面临的外部融资溢价。康立等（2013）将"银行融资的杠杆率"定义为持有总资产与净资产的比值，参照此方法，本章将金融"加速器"中 $Q_t \overline{K}_{t+1}^H/N_{t+1}^H$ 定义为"影子银行杠杆率"（lev_{t+1}^H），同理将 $Q_t \overline{K}_{t+1}^L/N_{t+1}^L$ 定义为"商业银行杠杆率"（lev_{t+1}^L）。

②商业银行。商业银行处于垄断竞争行业，每家商业银行 z 对于利率都有一定的定价权。商业银行利润最大化为

$$\max\Pi_{t+1}^{CB}(z) = \{[1 + R_{t+1}^{com}(z)]B_{t+1}^L(z) - (1 + R_{t+1}^e)B_{t+1}^L(z)\} \tag{11.21}$$

预算约束为，$B_{t+1}^L(z) = ((1 + R_{t+1}^{com}(z))/(1 + R_{t+1}^{com}))^{-\lambda_{t+1}^{com}}B_{t+1}^L \tag{11.22}$

上述最大化问题的一阶条件经过整理得

$$1 + R_{t+1}^{com} = \frac{\lambda_{t+1}^{com}}{\lambda_{t+1}^{com} - 1}(1 + R_{t+1}^e) \tag{11.23}$$

那么商业银行整体的利润可以描述为

$$\Pi_{t+1}^{CB} = (R_{t+1}^{com} - R_{t+1}^e)(1 - \eta)B_{t+1}^L \tag{11.24}$$

（4）厂商

厂商包括生产商和零售商，生产商处于产业链的上游，利用资本和劳动生

产中间品，零售商购买中间品并打包成最终品。

①生产商。生产商的决策分为两个阶段。在第一阶段，生产商在给定名义工资 W_t 和真实资本租金率 $r_t^{k,H}$、$r_t^{k,L}$ 的情况下组织生产，成本最小化表示为

$$\min C = \frac{W_t L_{i,t}}{P_t} + K_{i,t}^H r_t^{k,H} + K_{i,t}^L r_t^{k,L} \tag{11.25}$$

约束条件：$Y_{i,t} = A_t \, (K_{i,t})^\alpha \, (L_{i,t})^{1-\alpha}$ （11.26）

约束条件式（11.26）是中间品厂商的生产函数，其中，$L_{i,t}$ 是投入的劳动，投入的资本 $K_{i,t}$ 是两类企业提供资本服务 $K_{i,t}^H$ 和 $K_{i,t}^L$ 的组合：

$$K_{i,t} = \big[\eta^{1-\rho} \, (K_{i,t}^H)^\rho + (1-\eta)^{1-\rho} \, (K_{i,t}^L)^\rho \big]^{\frac{1}{\rho}} \tag{11.27}$$

本文假设资本积累方程为

$$\overline{K}_{t+1} = \eta \overline{K}_{t+1}^H + (1-\eta) \overline{K}_{t+1}^L = (1-\delta) \big[\eta \overline{K}_t^H + (1-\eta) \overline{K}_t^L \big] + \big[1 - S\Big(\frac{I_t}{I_{t-1}}\Big) \big] I_t$$

$$\tag{11.28}$$

其中，$S \, (I_t / I_{t-1})$ 为 Christiano 等（2005）提出的资本调整成本函数，满足 $S \, (1) = S' \, (1) = 0$，$S'' \, (1) > 0$。ρ 为资本服务的替代率。厂商的规模报酬不变，可以得到实际边际成本为

$$s_t = \Big[\frac{W_t/P_t}{1-\alpha} \Big]^{1-\frac{\alpha}{\rho+\alpha(1-\rho)}} \Big[\frac{\alpha}{r_t^{k,H}} \, (K_{i,t}^H)^{\rho-1} \Big]^{-\frac{\alpha}{\rho+\alpha(1-\rho)}} \, (Y_t)^{\frac{\alpha}{\rho+\alpha(1-\rho)}} \frac{\rho}{\rho+\alpha(1-\rho)}$$

$$\tag{11.29}$$

②零售商。参考 Calvo（1983）的设定，每期只有 $1-\theta$ 比例的零售商可以调整价格，不调整价格的零售商依据式（11.30）定价。

$$P_{i,t} = P_{i,t-1} \, (\overline{\pi})^\iota \, (\pi_{t-1})^{1-\iota} \tag{11.30}$$

由此得到总价格指数为

$$P_t = \big\{ (1-\theta) \widetilde{P}_t^{\frac{1}{1-\lambda_f}} + \theta \big[P_{t-1} \, (\overline{\pi})^\iota \, (\pi_{t-1})^{1-\iota} \big]^{\frac{1}{1-\lambda_f}} \big\}^{1-\lambda_f} \tag{11.31}$$

其中，λ_f 为中间厂商的价格加成，ι 为价格指数对稳态通货膨胀的比重。

（5）货币政策

国外 DSGE 模型都是假设中央银行采用价格规则，将稳定物价和保持产出增长作为货币政策的最终目标，而中国人民银行同时使用价格和数量规则，如调整存款准备金率和存贷款基准利率，因此国外的模型无法完整描述中国的货

币政策规则。鉴于此，本章设置了两类货币政策规则——泰勒规则（Taylor Rule）和麦克勒姆规则（McCallum Rule），分别代表价格型和数量型货币政策工具。

①价格型货币政策规则。胡志鹏（2014）将"控制杠杆率"纳入货币政策目标，参考此思路，本章将"总杠杆率"纳入货币目标来设定扩展的泰勒规则：

$$R_t^e = (R_{t-1}^e)^{\rho_r} \left[R^e \left(\frac{E_t \pi_{t+1}}{\bar{\pi}} \right)^{\alpha_\pi} \left(\frac{Y_t}{\bar{Y}} \right)^{\alpha_y} \left(\frac{lev_t}{\overline{lev}} \right)^{\alpha_l} \right]^{(1-\rho_r)} \varepsilon_t^r \qquad (11.32)$$

其中，R^e、$\bar{\pi}$、$\bar{Y}$、$\overline{lev}$ 分别是 R_t^e、π_t、Y_t、lev_t 的稳态；α_π、α_y、α_l 分别是预期通胀、产出、金融杠杆的权重；ρ_r 为利率平滑；ε_t^r 为价格规则的冲击，冲击的标准差为 σ_r。通过对参数设置不同取值，本章可以刻画不同的货币制度。当 $\alpha_l=0$ 时，式（11.32）为基准的泰勒规则；当 $\alpha_l>0$ 时，央行将金融杠杆作为目标之一，式（11.32）为宏观审慎的泰勒规则。

②数量型货币政策规则。本章参照式（11.32）的泰勒规则设定麦克勒姆规则，将"总杠杆率"纳入货币目标来设定扩展的麦克勒姆规则：

$$g_t = (g_{t-1})^{\rho_g} \left[g \left(\frac{E_t \pi_{t+1}}{\bar{\pi}} \right)^{\phi_\pi} \left(\frac{Y_t}{\bar{Y}} \right)^{\phi_y} \left(\frac{lev_t}{\overline{lev}} \right)^{\phi_l} \right]^{(1-\rho_g)} \varepsilon_t^g \qquad (11.33)$$

其中，$g_t=M_t/M_t$ 为名义货币供应量增长率，g 是 g_t 的稳态，ϕ_π、ϕ_y、ϕ_l 分别为预期通胀、产出、金融杠杆的权重，ρ_g 为货币供应量增长率的平滑，ε_t^g 为数量型货币政策的冲击，冲击的方差为 σ_g。当 $\phi_l=0$ 时，式（11.33）为基准的麦克勒姆规则；当 $\phi_l>0$ 时，式（11.33）为宏观审慎的麦克勒姆规则。

（6）均衡系统

当模型中所有部门达到均衡状态时，劳动、资本与产品市场均出清。综合各部门的行为设定，本章可以得到市场出清条件：

$$C_t + I_t + \eta\mu \int_0^{\bar{\omega}_t} \omega dF(\omega)(1 + R_t^{k,H}) Q_{t-1} \bar{K}_t^H / P_t + \eta a(u_t^H) \bar{K}_t^H$$
$$+ (1-\eta) a(u_t^L) \bar{K}_t^L = Y_t \qquad (11.34)$$

由于影子银行和商业银行的杠杆率分为 lev_t^H 和 lev_t^L，可得总杠杆率为

$$lev_t = (1-\eta) lev_t^L + \eta lev_t^H \qquad (11.35)$$

11.3　参数校准与数值模拟

11.3.1　参数校准

本章参考王立勇等（2012）、袁申国等（2011）、康立和龚六堂（2014）、Verona 等（2013）、Da Silva 和 Divino（2013）等有关金融"加速器"的参数设定，而对于新出现的参数结合中国的实际情况进行校准。其中，代表性家庭的贴现率 β 取值为 0.98（Da Silva 和 Divino，2013），资本折旧率 δ 取 0.025（王立勇等，2012），投资调整成本函数的曲率 S'' 取 29.3（Verona 等，2013）。利率平滑系数 $\tilde{\rho}$ 固定在 0.85。参数校准的具体取值如表 11-1 所示。

表 11-1　　　　　　　　　　模型参数赋值

参数	描述	取值	参数	描述	取值
β	贴现率	0.98	ψ	劳动负效用的权重	36
σ	消费弹性的倒数	0.524	ϕ	劳动供给弹性的倒数	0.63
α_π	泰勒规则预期通胀的权重	1.5	α	生产函数中的资本份额	0.4
λ_f	中间厂商的价格加成	1.2	α_y	泰勒规则产出缺口的权重	0.5
ϕ_y	数量规则产出缺口的权重	0.5	ϕ_π	数量规则预期通胀的权重	1.5
δ	资本折旧率	0.025	S''	投资调整成本函数的曲率	29.3
σ_α^H、σ_α^L	资本利用成本函数的曲率	18.9	ρ	资本间的替代弹性	26.98
γ^L	低风险企业的存活率	0.96	μ	银行监督成本比例	0.12
η	高风险企业家的比例	0.3	γ^H	高风险企业的存活率	0.97
λ^{com}	资金需求的利率弹性	103.6	$\tilde{\rho}$	利率平滑	0.85

11.3.2　数值模拟

本章在商业银行和影子银行两类融资结构并行的情况下，运用脉冲响应分析不同货币政策规则冲击对主要经济变量波动的影响，经济变量包括商业银行杠杆率、影子银行杠杆率、总杠杆率、商业银行信贷、影子银行信贷、总信贷、通货膨胀率、消费和产出。本节只分析基础的货币政策规则，不将杠杆率纳入政策目标，即 $\alpha_l=0$，$\phi_l=0$。

（1）紧缩货币政策规则。实施紧缩的价格型货币政策时，经济体受到 1 个单位标准差的正向利率冲击，如图 11 – 1 （a）所示；实施紧缩的数量型货币政策时，经济体受到 1 个单位标准差的负向货币增长率冲击，如图 11 – 1 （b）所示。

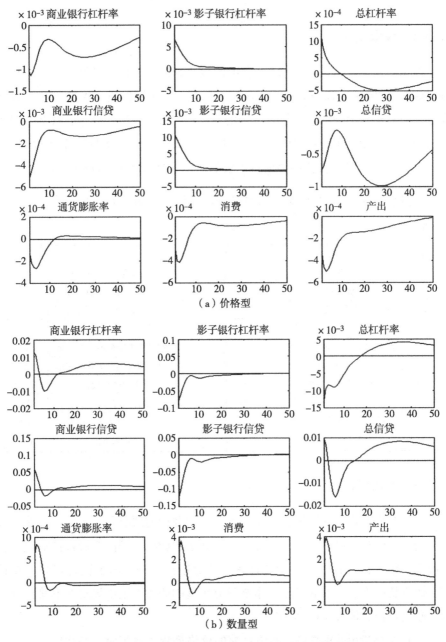

图 11 – 1　紧缩货币政策冲击对主要经济变量的影响

在图 11 – 1（a）中，紧缩的利率规则导致消费和产出的减少，通货膨胀率在 0 期瞬间小幅下降，随着消费和产出趋近于稳态，通货膨胀率也在 12 期以后出现小幅度上浮的态势并逐渐回归稳态。利率的上升会增加商业银行信贷的成本，商业银行信贷规模和商业银行杠杆率在 0 期瞬间下跌，呈现出先降后升再降的趋势，在观测期内没有回归至稳态值，说明价格型货币政策对商业银行部门调控力度较强。与此同时，影子银行杠杆率和影子银行信贷在 0 期瞬间增至最高值，并在 30 期左右回到稳态值。因为影子银行杠杆率上涨的幅度远大于商业银行杠杆率下降的幅度，总杠杆率在 0 期就达到最高值，之后，总杠杆率随影子杠杆率的降低而降低，并在 10 期左右之后一直处于负值。商业银行信贷和影子银行信贷在冲击后运动方向相反，从规模上看，商业银行信贷仍是大于影子银行信贷的，这导致了全社会信贷总量的降低，如图 11 – 1（a）所示，总信贷受到冲击后瞬间减少并呈现驼峰状的波动趋势。商业银行和影子银行两个部门信贷和杠杆率变动方向不同的原因为利率上行引起商业银行的贷款利率增加，企业向商业银行融资的成本和难度也随之增加，商业银行发展影子银行业务的动力变强，影子银行杠杆率进一步提高，形成高杠杆风险。

如图 11 – 1（b）所示，在包含影子银行部门的经济体中，货币供应量的减少没有抑制总信贷，因此消费和产出都保持了增长，通货膨胀率也在 0 期瞬间上升。紧缩的数量型货币政策实施后，影子银行杠杆率和信贷规模都出现了减少，商业银行杠杆率和信贷规模都表现出先升后降再升的趋势，说明数量规则可以在抑制影子银行流动性的同时适度放松商业银行的流动性，既实现了金融稳定的目标又为实体经济的运行提供了一定的信贷规模。在 0 期，影子银行杠杆率的下降幅度远大于商业银行杠杆率的上升幅度，这导致总杠杆率在初期就呈现较大幅度的下降，随着影子银行杠杆率逐步回归至稳态，总杠杆率也不断上升，并在 18 期左右由负转正。与刘晓光和张杰平（2016）[28] 的结论不同，本章结果说明短期内降低货币供应量可以降低影子杠杆率和总杠杆率。紧缩的数量型货币政策实施过程中，既实现了总供给的增长，又没有释放过多的流动性，避免了过度加杠杆和影子银行风险，说明缩减货币供应量的规则是审慎和稳健的，协调了"稳增长""抑泡沫"和"防风险"等货币政策目标之间的关系。

（2）宽松货币政策。实施宽松的价格型货币政策时，经济体受到 1 个标准差单位的负向利率冲击，如图 11-2（a）所示；实施宽松的数量型货币政策时，经济体受到 1 个标准差单位的正向货币增长率冲击，如图 11-2（b）所示。

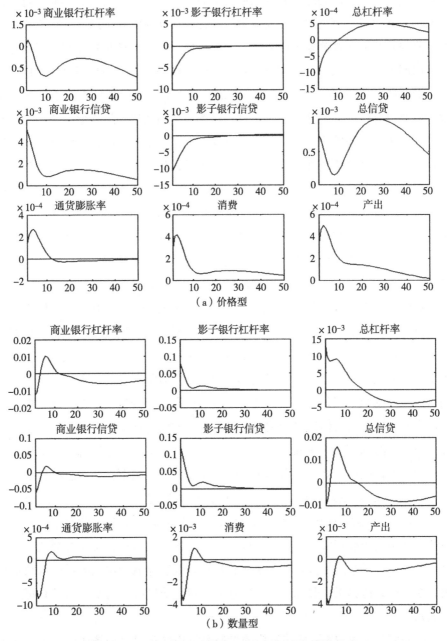

（a）价格型

（b）数量型

图 11-2 宽松货币政策冲击对主要经济变量的影响

在图 11 - 2 （a） 中，给定一个单位负向利率冲击后，通货膨胀率、消费和产出都呈现上升趋势，一般在第 2 期达到最高值，然后呈现回落态势，其中通货膨胀率回归至稳态的期数最短。商业银行杠杆率和商业银行信贷即期上升至最高点，之后快速回落，在第 10 期后出现小幅度的驼峰增长态势。影子银行贷款总额在即期出现较大幅度下降，随后快速上升，同时影子银行杠杆率在面对价格规则冲击后也迅速下降，两者都在 20 期左右恢复到稳态水平。宽松的价格货币政策使商业银行贷款规模扩大，更多企业通过商业银行部门即可获得资金，不必以较高的成本从影子银行部门融资。这与林琳等 （2016） 基于信贷政策宽松对商业银行和影子银行信贷与杠杆影响的结论一致。商业银行杠杆率上升的幅度远低于影子银行杠杆率的下降幅度，这导致总杠杆率在 0 期达到了最低点，随着影子银行杠杆率在 10 期左右回归稳态值，总杠杆率也在 10 期呈现了由负转正的态势。宽松的价格型政策在抑制影子银行信贷的同时仍为经济体注入了一定的流动性，这导致了总信贷规模在观测期内一直为正，并呈现先增后降再增的波动趋势。

在图 11 - 2 （b） 中，影子银行的杠杆率和信贷规模在 0 期都快速上升，而商业银行的杠杆率和信贷规模在 0 期达到了最低点。本章的模拟结果说明，由于影子银行部门的存在，为刺激信贷而增发货币的操作并不能使得商业信贷增加，反而会导致影子银行信贷的扩张，对总信贷在短期内也造成负面冲击。市场上信贷的供给不能满足经济运行与发展的需要，产出会在资金约束下减小规模，这导致了消费的缩减，通货膨胀率也在 0 期瞬间下降。宽松的数量规则不仅没有刺激产出的增加，还提高了影子银行的杠杆率和信贷规模，导致了社会总杠杆率的大幅提升，加大了金融体系的风险。

11.4　货币政策规则的敏感性分析与社会福利分析

根据上文的脉冲响应分析，宽松的价格规则和紧缩的数量规则都可以在抑制影子银行杠杆率和信贷规模的同时为实体经济提供适度的流动性。据此，后文的具体做法是，首先给出不同金融杠杆权重下宽松价格规则和紧缩数量规则的脉冲响应值，进行货币政策规则反应系数的敏感性分析，接着根据脉冲响应值计算不同货币政策规则下产出、通货膨胀率、影子银行杠杆率、商业银行杠杆率等变量的波动方差，最后得出两类货币规则冲击造成的社会福利损失。

11.4.1 货币政策规则的敏感性分析

（1）价格货币政策规则的敏感性分析。在价格货币规则中，本章将杠杆率的反应系数设定为不同的值：$\alpha_l=0.3$，$\alpha_l=0.5$，$\alpha_l=0.7$，负向利率冲击的结果如图 11 – 3 所示。

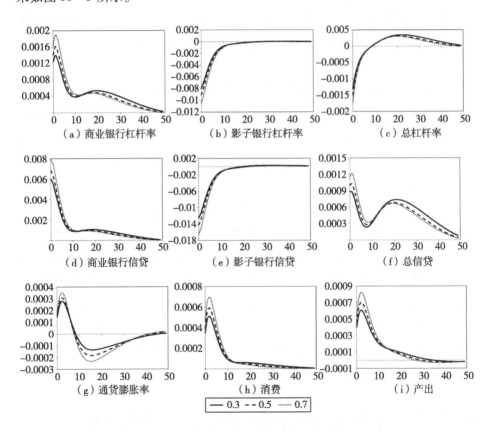

图 11 – 3　宽松的价格货币政策冲击对主要经济变量的影响

图 11 – 3 显示了一单位负向利率冲击对主要经济变量的影响。从图 11 – 3 中可以得出以下两个结论：第一，各类宏观审慎价格规则的脉冲响应曲线与图 11 – 1（a）的脉冲响应曲线基本一致，说明纳入金融杠杆的货币政策规则仍能实现抑制影子银行部门风险、提供实体经济所需的流动性和刺激产出的目标，其原因在于负向的利率冲击将引起商业银行贷款利率的降低，为了降低影

子杠杆率和保持金融稳定，宏观审慎的利率规则会更加关注影子银行的流动性供给，这不仅降低了企业从商业银行获得融资的成本，而且抑制了企业对影子银行信贷的需求；第二，经济变量的波动幅度随着金融杠杆反应系数的增大而增大，说明货币政策增加"去杠杆"的政策目标后，利率冲击会加大实体经济的不稳定性。该结论表明在去杠杆的过程中，中央银行要注意政策实施效果的力度和方向，在经济变量波动可控的范围内，既不与原有的货币政策目标冲突，又可以尽可能地降低影子银行杠杆率，提高了货币政策的实施效果。

（2）数量货币政策规则的敏感性分析。在数量货币规则中，本章将杠杆率的反应系数设定为不同的值：$\phi_l=0.3$，$\phi_l=0.5$，$\phi_l=0.7$，负向货币冲击的结果如图 11-4 所示。

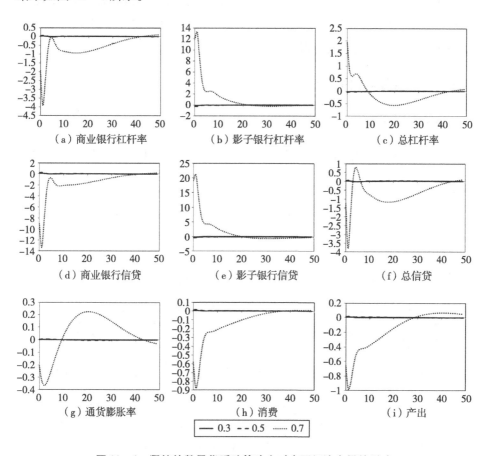

图 11-4 紧缩的数量货币政策冲击对主要经济变量的影响

图 11 - 4 显示了一单位负向货币数量冲击对主要经济变量的影响。从图 11 - 4中可以看出，数量规则对金融杠杆适度关注时（$\phi_l = 0.3$，$\phi_l = 0.5$），随着金融杠杆反应系数的增大，货币政策的效果增强，影子银行杠杆率和信贷规模进一步下降，影子银行部门的风险得到控制。同时，产出和消费出现增长的趋势说明降低货币供应量增长率可以通过消费渠道和金融"加速器"机制对产出起到促进作用，论证了货币短期非中性的观点。然而，数量规则对金融杠杆过度关注时（$\phi_l = 0.7$），产出、消费、通货膨胀率等宏观经济变量出现剧烈下跌，影子银行的杠杆率和信贷规则不仅波动幅度极大，而且方向发生变化，与此同时，商业银行的信贷活动受到很大的限制，商业银行的杠杆率和信贷规模出现明显的下降。该结果说明，为了实现影子银行监管和金融去杠杆，数量规则对金融杠杆目标应给予适当的关注，过度地关注此目标反而会增加金融杠杆并导致实体经济的衰减与剧烈波动。

11.4.2 社会福利损失分析

本章采用高阶逼近的方法可得社会福利损失函数为

$$W = \sum_{t=0}^{\infty} \beta^t \left(\frac{U_t - U}{U_C C} \right) = -\frac{1}{2} \sum_{t=0}^{\infty} \beta^t \left(\frac{\lambda_f}{\lambda} \pi_t^2 + (1 + \psi) \hat{y}_t^2 \right) \quad (11.36)$$

其中，$\lambda = (1 - \beta\iota)(1 - \iota)/\iota$。

因此，平均社会福利损失可以表示为产出缺口、通货膨胀率的函数：

$$V = -\frac{1}{2} \left(\frac{\lambda_f}{\lambda} var(\pi_t) + (1 + \psi) var(\hat{y}_t) \right) \quad (11.37)$$

不同的价格规则和数量规则下社会福利损失结果见表 11 - 2。

表 11 - 2　　不同货币政策规则下部分经济变量波动及福利损失情况

货币政策规则的不同形式及反应系数				经济变量的波动方差以及社会福利损失				
系数	α_π	α_y	α_l	产出波动	通胀波动	商业银行杠杆率	影子银行杠杆率	福利损失
价格规则	1.5	0.5	0	1.81e-06	3.73e-07	1.98e-05	1.40e-04	0.0067
	1.5	0.5	0.3	2.31e-06	6.23e-07	1.44e-05	1.97e-04	0.0086
	1.5	0.5	0.5	2.97e-06	8.75e-07	1.62e-05	2.56e-04	0.0110
	1.5	0.5	0.7	4.00e-06	1.23e-06	2.05e-05	3.45e-04	0.0148

续表

货币政策规则的不同形式及反应系数				经济变量的波动方差以及社会福利损失				
系数	α_π	α_y	α_l	产出波动	通胀波动	商业银行杠杆率	影子银行杠杆率	福利损失
数量规则	1.5	0.5	0	7.37e-05	2.18e-06	1.671e-03	1.40e-02	0.2729
	1.5	0.5	0.3	3.27e-04	6.29e-05	4.16e-03	3.88e-02	1.2132
	1.5	0.5	0.5	1.48e-03	3.89e-04	1.46e-02	0.1521	5.4804
	1.5	0.5	0.7	4.8266	1.4002	41.4455	458.8392	1.7896e+004

从表 11-2 能够看出，两者货币政策规则下，经济变量的波动方差和社福利会损失会随着金融杠杆反应系数的增大而增大。由此可以分析出，在维持通货膨胀和产出等目标的基础上，将金融杠杆纳入货币政策目标会进一步加大社会福利的损失。其中需要注意的是，央行实施数量规则时不应对金融杠杆反应系数赋予更多的权重，否则会引致影子银行杠杆大幅提升，甚至发生金融危机。

11.5　本章小结

本章构建 DSGE 理论分析框架，从理论上描述了金融机构、生产商、企业、居民、中央银行等不同部门间的货币政策传导机制，系统考察了两类货币政策规则的不同方向冲击对"去杠杆""稳增长""防风险"等目标的调控效果。根据分析结果，本章得到以下结论与启示：第一，影子银行的存在干扰了数量货币规则的实施效果，紧缩的数量规则冲击会扩大商业银行贷款和总信贷，宽松的数量规则冲击会减少商业信贷和总信贷，这些都说明数量规则的实施结果与预期相反，加大了央行制定政策规则的难度。影子银行虽然没有改变价格规则实施结果的方向，但由于影子银行信贷总是与商业银行信贷呈反向变动的关系，这在一定程度上削弱了总信贷的规模，使得货币规则的效果达不到预期水平。因此，中央银行在实施货币政策前要充分考虑商业银行与影子银行之间的流动关系，提高货币政策的效力。第二，模拟结果表明，在宽松的价格规则和紧缩的数量规则冲击下，影子银行的信贷规模和杠杆率都会出现下降的趋势，这说明宽松的利率环境和紧缩的货币环境有助于控制影子银行的规模和风险。本章将金融杠杆具体分类为商业杠杆率、影子银行杠杆率和总杠杆率，货币政策实施时，不同的金融杠杆呈现出不同的运动规律，中央银行可根据市场流动性的需求搭配不同的货币政策以实现精准的调控。第三，从社会福利损失的结果看，货币政策规则对金融杠杆的关注在合理的范围内可以加强货币政策的实施效果，较好地抑制了影子银行信贷规模和杠杆率。与此同时，各类杠杆率、信贷规模、产出、通货膨胀等主要宏观经济变量波动加大，造成了不同程度的社会福利损失。宏观审慎的货币政策规则应当根据企业信贷需求和金融机构信贷供给的情况，不断地进行调整与合理搭配，结合相关的监管措施，有效地控制影子银行乃至金融体系的风险。

第 12 章
研究结论与政策建议

本书在梳理我国影子银行发展历程、特征、运行机理及其对宏观经济影响的基础上，探究经济"新常态"背景下我国影子银行的风险、对金融体系的风险溢出效应以及其对货币政策的影响，借助 TVP – VAR 模型、VAR 模型、GARCH – CoVaR 模型、GARCH – Copula – CoVaR 模型、Copula – EVT 模型、面板数据模型、DSGE 模型等计量分析模型，通过数理模型的推演、数值模拟与实证分析等得到了一系列的结论，现汇总如下，并依据这些研究结论提出了相关的政策建议。

12.1 主要研究结论

（1）影子银行在拓宽投融资渠道、提升金融效率、服务实体经济及产业结构升级等方面具有积极的促进作用

第 2 章通过我国影子银行的发展历程和运作模式的梳理，不难发现我国影子银行的产生与发展有其合理性，它实质上是金融抑制环境下的一种金融创新，拓展了传统金融服务的边界。影子银行扩宽了融资渠道，为社会资金提供了高效、多元的投资渠道，提高了金融体系的储蓄投资转化能力与资源配置效率，解决了部分中小微企业融资难的问题，有助于优化实体经济的投资结构。从第 3、第 4 章的实证分析结果来看，影子银行的发展提升了产出、投资、消费、货币供应量的稳态水平，促进了经济增长，而且影子银行的发展对产业结构合理化产生了积极的促进作用，但同时，影子银行的扩张也助推我国房地产价格持续上涨，房地产价格的不断攀升产生了"虹吸效应"，导致影子银行体

系大部分资金流入了房地产市场，只有小部分的影子银行资金是通过为中小创新型企业发展提供资金补给而间接地推动产业结构调整升级，从而削弱了影子银行对金融资源的配置效率和对实体经济的服务功能，而且影子银行资金流向房地产、"两高一低"等部分受限制行业，易使实体经济出现"空心化"，影响经济结构调整优化，加剧实体经济风险积聚。

（2）影子银行由于金融窖藏功能，充当了资金"脱实向虚"的重要通道，从而影响金融资源的配置效率和宏观政策调控效力

我国影子银行作为传统金融机构的有益补充，起到了提升金融资源的配置效率的作用，但由于金融窖藏的原因，这一作用受到了限制。我国商业银行通过影子银行将其资产与负债业务表外化，使得银行内资金源源不断地流入影子银行体系，然而其中部分资金可能并没有流入实体经济，而是滞留在金融体系内部，形成了独立于实体经济的货币循环流，即金融窖藏。当金融资产提供的收益率高于实体投资项目时，渗漏的资金会越来越多，金融投资对实体投资产生"挤出效应"，影子银行由于趋利性和逃避监管而成为资金"漏出"的重要渠道。金融窖藏的存在使得金融服务实体经济的功能和宏观调控效果必定会大打折扣，第9章构建了一个包含存在"货币渗漏效应"的影子银行体系的 DSGE 模型，通过数值模拟和脉冲响应分析发现，无论是价格型货币政策工具，还是数量型货币政策工具，当影子银行体系存在货币窖藏，致使部分资金滞留在金融体系内时，货币政策的实施效果都被明显削弱，加大宏观调控的难度，而且影子银行的金融窖藏功能助推了资产价格泡沫的形成，加剧了金融体系的"脆弱性"。

（3）影子银行已成为我国金融复杂网络体系中的重要网络节点，其风险及其溢出效应不容忽视，但目前风险溢出强度处于可控状态

由于我国商业银行大量参控股各类影子银行机构、为影子银行提供隐性担保、为规避监管借道影子银行将其资产与负债业务表外化、广泛而密切的资金同业往来等原因，影子银行已经成为我国金融体系中重要的网络节点。同时受信贷管制、流动性收缩的影响，影子银行大量资金涌入地方政府融资平台和房地产行业，其期限错配、高杠杆和网络关联性使得其风险和溢出效应受到广泛关注。但第 5 章和第 6 章运用 GARCH - CoVaR 模型和 GARCH - Copula - Co-VaR 模型定量测度了我国各类影子银行机构对地方政府债务和传统商业银行的系统性风险溢出效应，结果发现，虽然我国影子银行业务规模扩张较快，但对

地方政府债务和商业银行的风险溢出效应未超出可控范围，这说明目前我国影子银行系统性风险处于可控状态，引发金融危机的可能性不大，具体而言，各类影子银行业务的风险溢出程度排序为：证券类 > 信托类 > 民间借贷类。此外，第 7 章引入 Copula - EVT 模型进行测算发现，金融强监管开启后，我国影子银行类金融机构的自身极端风险和整体极端风险网络关联度均明显降低，说明金融强监管与去杠杆政策取得了预期的效果。但与此同时，2018 年，我国社会融资规模增速下降，债务违约不断增加，可能与影子银行规模的大幅萎缩有关。在我国实体经济增速放缓的背景下，"一刀切"去杠杆所制造的违约风险值得警惕，尤其要防范实体经济违约风险向影子银行体系，进而向整个金融体系的传染。

（4）影子银行为高风险企业提供了一条特殊的融资渠道，但由于其高风险溢价未能有效解决企业部门杠杆率差异过大的问题，进而影响到货币政策的有效性

在高风险企业实际信贷需求大幅攀升的背景下，货币政策抑制传统渠道信贷供给的副作用显现，将新增融资需求逼入市场化利率的影子银行渠道，影子银行体系为高风险企业提供了一条特殊的融资渠道。但由于影子银行体系的信用创造仍要以商业银行体系为基础，以致资金供给规模相对有限，加之影子银行体系因多层嵌套拉长了企业融资链条，导致其资金的较高溢价率，高风险中小企业的融资难、融资贵问题难以有效解决。第 9 章将利率双轨制和影子银行同时纳入分析框架构建 DSGE 模型，利用脉冲响应方法分别模拟分析了不同企业部门杠杆率差异水平下货币政策传导的有效性，结果表明，利率双轨制环境维持得越久，货币政策通过商业银行向影子银行传导受到的阻力越大，信贷资源在两类型风险企业间配置的不平衡性就越明显；当两类型风险企业杠杆率差异维持在合理区间内，相比其他经济波动来源，货币政策冲击对总产出水平和商业银行存款利率的影响最为显著，并能有效调节企业部门杠杆率结构及信贷资金在主体间的配置，进而对主要经济变量产生影响；反之，如杠杆率差异过大，货币政策将难以降低其水平，进而对主要经济变量调控能力会大大降低，而且随着利率实现完全市场化并处于一定区间内，价格型货币政策工具在熨平突发冲击下的经济波动方面更具比较优势，而数量型货币政策工具则更适于刺激总产出的快速增长。

12.2 政策建议

（1）规范影子银行发展，合理引导其资金流向，充分发掘影子银行对实体经济和产业结构调整的积极经济效应

影子银行的产生和发展有其合理性，是基于需求导向突破金融抑制的创新尝试，不仅满足了实体经济的投融资需求，而且丰富了金融产品供给，对利率市场化推进发挥了积极的作用。当然影子银行由于业务运作不规范、监管套利、信息披露不充分等原因，也引致了一系列的问题。但金融的本质就是风险，因此，对影子银行绝不能一棍子打死，而应该"勿堵宜疏"。对影子银行的发展，一方面是通过制度进行规范监管，另一方面是借助产业政策合理引导资金流向。可以通过规范通道业务、控制表外转表内、建立防火墙和风险补偿机制等规章制度，通过穿透式监管来规范其发展，限制其进行监管套利的空间。同时合理引导影子银行资金流向，充分利用其积极作用来为实体经济发展提供资金服务；在产业结构调整方面，一方面要顺应国家的产业政策调整，采取有针对性的指导方针，提高扶持力度，促进新一代信息技术产业、生物产业、高端装备制造产业、新能源产业、新材料产业及高技术制造业等的发展；另一方面对于过剩产能、高耗能、高污染企业融资需求继续进行限制。在融资对象结构方面，由于银行资金具有逐利性和风险规避特性，国有企业、大中型制造业等规模大且信用保障强的企业往往会得到金融资源的偏好和倾向；反之，规模小、缺乏抵押品以及信用背书的中小企业融资门槛高、困难大，从而限制其发展步伐。因此，为了增加对小微企业和民营企业的金融资源支持力度，引导影子银行资金流向，来解除中小企业融资困境，降低中小企业的融资成本，支持其健康快速发展，全面释放市场经济活力。综合分析，在国家政策领域要继续对房地产行业进行限制，通过限购、征收房产税、限制商业银行对房地产公司的融资支持来控制房价上涨。此外，更重要的是要严格控制影子银行资金通过银信合作理财产品、委托贷款及其他资产管理计划等方式流向房地产和一些不符合国家产业政策的产能过剩部门，应该引导影子银行的资金流向新材料、节能环保产业、生物医药、高端装备业、"大智移云"行业和新能源企业等高新技术产业和战略性新兴产业，切实发挥金融资源服务实体经济的积

极作用，推动国家产业结构优化升级。

（2）积极落实和推进各项财税政策，加快产业结构调整和升级，提高实体经济项目的投资收益率，是防范资金"脱实向虚"和影子银行体系"资金窖藏"的治本之策

在我国经济增长下行压力加大、缺乏新动能的背景下，资金从实体经济大量流出的重要原因是实体经济自身的营商环境不佳（如整体的融资成本过高、税负过高）和缺乏高成长性优质实体项目源，导致企业微利甚至亏损。税费高是目前实体经济生存困难的主要原因之一，因此，为实体经济创造宽松良好的经营环境，首要任务就是加快税费改革，降低税负和减少各种非税收费，在税收政策上加大对中小企业的优惠倾斜力度，切实减轻企业负担。具体而言：①继续推进结构性减税，推进营业税改征增值税，逐步消除重复性征税，降低实体经济各生产环节税费，加快我国征税由生产向消费环节的转变。②扩大对中小企业的税收扶持力度和范围，减少中小企业的整体税负。加大对中小微企业所得税优惠的力度，上调中小企业增值税和营业税起征额，将现行增值税和营业税提高起征点的使用范围由个体工商户扩大到所有小微企业。③加大财政对实体经济发展的支持力度。通过中小企业发展专项资金、中小企业信用担保资金、科技型中小企业技术创新基金、税收减免、贷款贴息、加速折旧等多种支持方式，提高实业投资回报。④增加执法透明度，解决对小微企业管理过程中的权力"寻租"问题，坚决制止乱收费、乱罚款、乱摊派等现象。

优质实体项目源的缺乏是资金在金融体系"空转"，难以进入实体经济的另外一个重要原因，因此，培育优质项目和经济发展新动能是引导影子银行资金有序回流实体经济的关键举措。一方面，政府通过预算建立专项基金，专门用于支持战略性新兴产业和高技术制造业的发展，对新兴产业中的有前景的企业直接给予财政补贴，培育更多的优质实体经济项目源，进而吸引社会资金流向以新技术产业、高增长产业、有发展优势的产业和经济支柱产业；针对战略性新兴产业设立政府产业引导基金，对政府引导产业基金的绩效考核不应以保值增值为唯一目的，对投资失败实行一定的容忍机制，没有政府引导资金的前期大量投入，民间资本很难形成内生动力去服务这些风险极高的创新项目。另一方面，加快金融市场制度创新和市场开放步伐，在对影子银行进行规范的基础上，支持实力雄厚且有长期投资意向的民营企业发起设立民营科技银行，重

点对科创企业提供特色金融服务，加快科创板的建设和制度完善，增强其对影子银行资金的吸附能力。

（3）在合理控制影子银行规模基础上，防范风险是推动影子银行体系高质量、健康发展的根本保证

2018 年我国社会融资规模增速下降的一个重要原因，是影子银行规模的急剧萎缩。从本书的研究结论来看，影子银行的风险溢出效应尚处于可控范围。因此，对影子银行不能一味打压，但由于影子银行业务参与主体众多，金融机构间的关联性强，易导致风险的交叉传染，对其风险也不能忽视，防范影子银行体系可能带来的系统性风险，维护整个金融体系的稳定仍然是未来金融监管的重要目标。对影子银行体系的监管要遵循两个原则，一是适度原则，不能过分扩大影子银行的风险，监管措施要与影子银行体系的风险相对称，二是前瞻性原则，对影子银行体系风险的判断和评估，要能够根据市场形势的变化来调整风险的测度，以具有前瞻性和可调整性。基于这两个原则，未来对影子银行体系监管和风险防范的重点如下：

①规范影子银行信息披露，建立动态风险预警体系。影子银行的一个重要特征就是操作不规范、信息不透明。降低信息不对称程度，提高影子银行金融产品的透明度，让投资者充分了解相关信息，是防范影子银行风险的重要举措。我国影子银行构成复杂，因此更加需要规范业务操作的信息披露。建立统一的金融信息监测平台，定期汇总、分析、发布市场数据，确保各类影子银行业务运作的实时监测，同时要明确不同类型影子银行业务信息的内容和方式，使影子银行体系中的各参与者能及时、充分了解相关信息，降低商业银行、投资者、影子银行关联者之间的信息不对称程度。我国影子银行规模和风险也处于实时变化中，因此信息披露也要实时动态监管，建立动态的风险预警机制，实时监测风险因素变化，并运用计量统计方法科学评估影子银行业务和机构的风险管理水平，同时，将影子银行杠杆化水平纳入实时监测系统，避免影子银行体系运作的过度杠杆化和资产价格的过度膨胀。对于出现风险的机构或者业务，要建立事后风险事件应对处置方案，将风险带来的损失减少到最小，实时确保金融体系不发生系统性风险。

②建立有效的风险防火墙，强化机构自身风险管理。我国影子银行一个重要的显著特征就是与商业银行存在密切的业务往来和利益关系，形成复杂的金

融关系网，而银行系统又是我国金融系统的主要网络节点，以至于一旦影子银行爆发风险时，便会迅速传染到商业银行，然后通过商业银行系统形成不可控的系统性金融风险。因此，在各类银行与影子银行金融机构之间以及各层次金融交易市场之间建立有效的风险防火墙机制，防止金融风险在不同体系内相互蔓延传播，有利于保持金融系统稳定和健康运行。而作为影子银行风险管理的主体，各类影子银行机构自身也要增强风险管理意识，强化风险信息监测，识别各种可能的风险因素，提高风险管理水平，建立风险应对方案，通过自我风险管理与外部防火墙机制，形成全面的风险管理网络，减少各类风险事件的发生和扩散。

③防范影子银行的过度与不当创新，强化对影子银行机构的资本与杠杆率监管。一方面，防范影子银行过度金融创新可能引发的风险，在当前我国金融分业经营的背景下，信托公司、证券公司等影子银行利用其经营的灵活性，进行各类交叉性金融产品的创新，这些产品横跨信贷市场、资本市场、货币市场、衍生品市场、房地产市场等若干市场可能引致跨市场金融风险，因而，建立人民银行、银保监会、证监会的协调联合监管机制势在必行；另一方面，强化对影子银行机构的资本与杠杆率监管，加强对证券公司和信托公司资本充足率的监管，将其债务的杠杆率水平控制在合理的范围，同时，对商业银行绕开资本充足率、存款准备金率和存贷比等指标而开展的表外理财影子银行业务，要求对部分业务进行并表处理或者计提风险资本，严格控制杠杆率水平。

④加强宏观审慎框架与政策协调机制建设。影子银行的局部风险产生于非预期的不利冲击，这些冲击与宏观经济运行、政策实施、内外环境都有联系。控制局部风险，才能防止系统性风险的传染、放大，宏观审慎监管是必然的选择。宏观审慎是央行、监管部门等调控部门的共同理念，建立起协调一致的机制，确保经济运行、金融运行的稳健，这样就能有效防止影子银行风险的发生。货币政策、财政政策、产业政策与金融监管政策的实施要在一个统一的宏观审慎框架下推动，其中，逆周期政策选择要在准确把握宏观经济与金融运行规律与态势的基础上做出，要具有前瞻性与全局性。

（4）推进利率市场化，货币政策应注重优化传导效果及调节资金结构，加强价格型工具的使用

当前，我国中小企业仍然面临一定程度的融资难、融资贵等问题，影子银

行凭借其信息优势和多元化的投资方式在解决中小企业融资难方面发挥了积极的作用，但由于影子银行融资成本普遍较高，较高的融资成本一方面抑制了中小企业对影子银行的融资需求，另一方面也是导致企业主资金链断裂和跑路的重要原因。因此，要继续深化金融体制改革，疏通市场利率在货币市场、债券市场、信贷市场进而到实体经济的传导渠道，建立市场化的利率形成机制，减少影子银行资金来源的链条，只有这样，影子银行才能提高融资搜寻效率、降低融资成本，最大化地发挥其对中小企业，特别是创新型、高新技术型中小企业的融资支持。

同时，货币政策应把优化政策传导效果和调节市场流动性结构放到更加重要的位置。提升商业银行信贷定价能力和风险管理能力，加深存贷款利率市场化程度，逐步引导资金从国有及国有控股企业、政府融资平台、房地产和不具备生产前景、产能过剩的大型企业向引领科技创新且具成长性的中小型风险企业流动，逐步降低两类型风险企业的杠杆率差异，缓解企业融资难、融资贵问题。随着利率市场化程度加深，央行应更多运用价格型货币政策工具，降低利率敏感经济变量的波动幅度，形成微调和持续性影响，把保持经济稳复苏和物价稳运行作为核心，将数量型货币政策工具作为价格型货币政策工具的补充，保证市场流动性合理、充足。

参考文献

[1] 巴曙松. 加强对影子银行系统的监管 [J]. 中国金融, 2009 (14): 24-25.

[2] 巴曙松. 应从金融结构演进角度客观评估影子银行 [J]. 经济纵横, 2013 (4): 27-30.

[3] 巴曙松, 乔若羽, 郑嘉伟. 中国影子银行的特征与风险化解之道 [N]. 企业家日报, 2017-12-08 (W04).

[4] [美] 保罗·克鲁格曼著, 刘波译. 萧条经济学的回归和2008年经济危机 [M]. 北京: 中信出版社, 2009: 154.

[5] 卜林, 李政. 我国上市金融机构系统性风险溢出研究——基于 Co-VaR 和 MES 的比较分析 [J]. 当代财经, 2015 (6): 55-65.

[6] 曹琳, 原雪梅. 基于或有权益分析法的中国银行业系统性风险测度 [J]. 金融经济学研究, 2017 (3): 75-84.

[7] 蔡雯霞. 影子银行信用创造及对货币政策的影响 [J]. 宏观经济研究, 2015 (10): 44-53.

[8] 陈彦斌, 陈伟泽, 陈军, 邱哲圣. 中国通货膨胀对财产不平等的影响 [J]. 经济研究, 2013, 48 (8): 4-15.

[9] 陈守东, 王妍. 我国金融机构的系统性金融风险评估——基于极端分位数回归技术的风险度量 [J]. 中国管理科学, 2014 (7): 10-17.

[10] 崔治文, 刘建平. 影子银行影响下货币政策中介目标选择研究 [J]. 征信, 2015, 33 (3): 83-86.

[11] 范琨. 影子银行系统成因、现状、问题和治理监管策略 [J]. 科学

咨询（科技·管理），2012（4）：19－21.

[12] 范小云，王道平，方意. 我国金融机构的系统性风险贡献测度与监管——基于边际风险贡献与杠杆率的研究 [J]. 南开经济研究，2011（4）：3－20.

[13] 范小云，王道平，刘澜飚. 规模、关联性与中国系统重要性银行的衡量 [J]. 金融研究，2012（11）：16－30.

[14] 方先明，权威. 信贷型影子银行顺周期行为检验 [J]. 金融研究，2017（6）：64－80.

[15] 方先明，谢雨菲，权威. 影子银行规模波动对金融稳定的溢出效应 [J]. 经济学家，2017（1）：79－87.

[16] 方先明，谢雨菲. 影子银行及其交叉传染风险 [J]. 经济学家，2016（3）：58－65.

[17] 方意，郑子文. 系统性风险在银行间的传染路径研究——基于持有共同资产网络模型 [J]. 国际金融研究，2016，350（6）：61－72.

[18] 方意. 系统性风险的传染渠道与度量研究——兼论宏观审慎政策实施 [J]. 管理世界，2016（8）：32－57.

[19] 封思贤，居维维，李斯嘉. 中国影子银行对金融稳定性的影响 [J]. 金融经济学研究，2014，29（4）：3－12.

[20] 干春晖，郑若谷，余典范. 中国产业结构变迁对经济增长和波动的影响 [J]. 经济研究，2011（5）：4－16.

[21] 郭红兵，杜金岷. 中国综合金融稳定指数（AFSI）的构建、应用及政策含义 [J]. 金融经济学研究，2014（1）：3－14.

[22] 郭卫东. 中国上市银行的系统性风险贡献测度及其影响因素——基于 MES 方法的实证分析 [J]. 金融论坛，2013（2）：16－21.

[23] 郭卫东. 中国上市银行的系统性风险价值及溢出——基于 CoVaR 方法的实证分析 [J]. 北京工商大学学报（社会科学版），2013（4）：89－95.

[24] 龚明华，张晓朴，文竹. 影子银行的风险与监管 [J]. 中国金融，2011（3）：41－44.

[25] 郭晔，赵静. 存款竞争、影子银行与银行系统风险——基于中国上市银行微观数据的实证研究 [J]. 金融研究，2017（6）：81－94.

［26］何东，王红林. 利率双轨制与中国货币政策实施［J］. 金融研究，2011（12）：1 – 18.

［27］胡利琴，胡蝶，彭红枫. 机构关联、网络结构与银行业系统性风险传染——基于 VAR – NETWORK 模型的实证分析［J］. 国际金融研究，2018（6）：53 – 64.

［28］胡利琴，陈锐，班若愚. 货币政策、影子银行发展与风险承担渠道的非对称效应分析［J］. 金融研究，2016（2）：154 – 162.

［29］何启志，张旭阳，周峰. 基于中美对比视角的中国影子银行发展研究［J］. 财贸研究，2017，28（3）：63 – 75.

［30］何德旭，郑联盛. 影子银行体系与金融体系稳定性［J］. 经济管理，2009，31（11）：20 – 25.

［31］胡育蓉，范从来. 货币政策工具的选择：利率双轨制和利率市场化［J］. 经济评论，2015（4）：3 – 16.

［32］胡志鹏. "影子银行"对中国主要经济变量的影响［J］. 世界经济，2016，39（1）：152 – 170.

［33］胡滨. 非传统信贷视角下的中国影子银行［N］. 上海证券报，2014 – 05 – 09（A01）.

［34］黄益平，常健，杨灵修. 中国的影子银行会成为另一个次债？［J］. 国际经济评论，2012（2）：42 – 51.

［35］贾俊生，杨传霄. 影子银行的运行特征与监管［J］. 中国金融，2012（22）：81 – 82.

［36］贾俊雪，秦聪，张静. 财政政策、货币政策与资产价格稳定［J］. 世界经济，2014，37（12）：3 – 26.

［37］贾生华，董照樱子，陈文强. 影子银行、货币政策与房地产市场［J］. 当代经济科学，2016，38（3）：13 – 19.

［38］蒋海，张锦意. 商业银行尾部风险网络关联性与系统性风险——基于中国上市银行的实证检验［J］. 财贸经济，2018（8）.

［39］金雯雯，杜亚斌. 我国信贷是持续顺周期的吗——基于期限结构视角的时变参数研究［J］. 当代经济科学，2013，35（5）：12 – 19.

［40］康立，龚六堂. 金融摩擦、银行净资产与国际经济危机传导［J］.

经济研究，2014（5）：147－159.

［41］刘珺，盛宏清，马岩. 企业部门参与影子银行业务机制及社会福利损失模型分析［J］. 金融研究，2014（5）：96－109.

［42］刘荣茂，蒋怡. 影子银行对我国宏观经济运行的影响研究［J］. 价格理论与实践，2014（9）：98－100.

［43］刘喜和，郝毅，田野. 影子银行与正规金融双重结构下中国货币政策规则比较研究［J］. 金融经济学研究，2014，29（1）：15－26.

［44］李波，伍戈. 影子银行的信用创造功能及其对货币政策的挑战［J］. 金融研究，2011（12）：77－84.

［45］李丛文，闫世军. 我国影子银行对商业银行的风险溢出效应——基于 GARCH－时变 Copula－CoVaR 模型的分析［J］. 国际金融研究，2015（10）：64－75.

［46］李丛文. 中国影子银行与货币政策调控——基于时变 Copula 动态相关性分析［J］. 南开经济研究，2015（5）：40－58.

［47］龙建成，樊晓静，张雄. 利率变动、影子银行与中小企业融资［J］. 金融论坛，2013，18（7）：40－45.

［48］李建伟，李树生. 影子银行、利率市场化与实体经济景气程度——基于 SVAR 模型的实证研究［J］. 中南财经政法大学学报，2015（3）：56－62.

［49］李建军，胡凤云. 中国中小企业融资结构、融资成本与影子信贷市场发展［J］. 宏观经济研究，2013（5）：7－11.

［50］李建军，乔博，胡凤云. 中国影子银行形成机理与宏观效应［J］. 宏观经济研究，2015（11）：22－29.

［51］李建军，田光宁. 影子银行体系监管改革的顶层设计问题探析［J］. 宏观经济研究，2011（8）：24－28.

［52］李建军，薛莹. 中国影子银行部门系统性风险的形成、影响与应对［J］. 数量经济技术经济研究，2014（8）：117－130.

［53］陆小康. 影子银行体系的风险及其监管：基于流动性风险的视角［J］. 金融纵横，2011（9）：28－32.

［54］李向前，诸葛瑞英，黄盼盼. 影子银行系统对我国货币政策和金融

稳定的影响 [J]. 经济学动态, 2013 (5): 81 - 87.

[55] 李扬. 影子银行体系发展与金融创新 [J]. 中国金融, 2011 (12): 31 - 32.

[56] 李政, 梁琪, 涂晓枫. 我国上市金融机构关联性研究——基于网络分析法 [J]. 金融研究, 2016 (8): 95 - 110.

[57] 李志辉, 樊莉. 中国商业银行系统性风险溢价实证研究 [J]. 当代经济科学, 2011 (6): 13 - 20.

[58] 梁琪, 李政, 郝项超. 我国系统重要性金融机构的识别与监管——基于系统性风险指数 SRISK 方法的分析 [J]. 金融研究, 2013 (9): 56 - 70.

[59] 梁琪, 李政. 系统重要性、审慎工具与我国银行业监管 [J]. 金融研究, 2014 (8): 32 - 46.

[60] 梁琪, 涂晓枫. 银行影子的发展及其运作模式探析 [J]. 金融论坛, 2017, 22 (4): 3 - 12.

[61] 梁帅. 地方政府债务管理、财政政策转向与经济增长 [J]. 管理世界, 2017 (4): 174 - 175.

[62] 林琳, 曹勇. 基于复杂网络的中国影子银行体系风险传染机制研究 [J]. 经济管理, 2015, 37 (8): 109 - 119.

[63] 林毅夫, 孙希芳. 信息、非正规金融与中小企业融资 [J]. 经济研究, 2005 (7): 35 - 44.

[64] 刘斌. 我国 DSGE 模型的开发及在货币政策分析中的应用 [J]. 金融研究, 2008 (10): 1 - 21.

[65] 刘澜飚, 宫跃欣. 影子银行问题研究评述 [J]. 经济学动态, 2012 (2): 128 - 133.

[66] 刘永余, 王博. 利率冲击、汇率冲击与中国宏观经济波动——基于 TVP - SV - VAR 的研究 [J]. 国际贸易问题, 2015 (3): 146 - 155.

[67] 刘煜辉. 中国式影子银行 [J]. 中国金融, 2013 (4): 57 - 59.

[68] 陆晓明. 中美影子银行系统比较分析和启示 [J]. 国际金融研究, 2014 (1): 55 - 63.

[69] 吕健. 影子银行推动地方政府债务增长了吗 [J]. 财贸经济, 2014 (8): 38 - 48.

［70］吕劲松. 关于中小企业融资难、融资贵问题的思考［J］. 金融研究，2015（11）：115－123.

［71］马亚明，徐洋. 影子银行、货币窖藏与货币政策冲击的宏观经济效应——基于 DSGE 模型的分析［J］. 国际金融研究，2017（8）：54－64.

［72］马亚明，宋羚娜. 金融网络关联与我国影子银行的风险溢出效应——基于 GARCH－Copula－CoVaR 模型的分析［J］. 财贸研究，2017，28（7）：69－76.

［73］马亚明，王虹珊. 影子银行、房地产市场与宏观经济波动［J］. 当代财经，2018（1）：12－23.

［74］马亚明，常军，佟淼. 新利率双轨制、企业部门杠杆率差异与我国货币政策传导——考虑影子银行体系的 DSGE 模型分析［J］. 南开经济研究，2018（6）：57－73.

［75］马亚明，段奇奇. 中国影子银行顺周期性及其货币政策效应——基于 TVP－VAR 模型的分析［J］. 现代财经，2018，38（12）：146－157.

［76］马亚明，贾月华，侯金丹. 影子银行对我国房地产市场的影响：基于监管套利视角［J］. 广东财经大学学报，2018，33（1）：39－48.

［77］马亚明，王虹珊. 影子银行、金融杠杆与中国货币政策规则的选择［J］. 金融经济学研究，2018，33（1）：22－35.

［78］马亚明，张洁琼. 杠杆率的持续性与溢出效应：基于四部门的实证研究［J］. 南方经济，2019（2）：35－50.

［79］毛泽盛，万亚兰. 中国影子银行与银行体系稳定性阈值效应研究［J］. 国际金融研究，2012（11）：65－73.

［80］缪小林，伏润民. 地方政府债务风险的内涵与生成：一个文献综述及权责时空分离下的思考［J］. 经济学家，2013（8）：90－101.

［81］欧阳红兵，刘晓东. 中国金融机构的系统重要性及系统性风险传染机制分析——基于复杂网络的视角［J］. 中国管理科学，2015，23（10）：30－37.

［82］裴平，印文. 中国影子银行的信用创造及其规模测算［J］. 经济管理，2014，36（3）：98－107.

［83］裘翔，周强龙. 影子银行与货币政策传导［J］. 经济研究，2014，49（5）：91－105.

［84］孙国峰，贾君怡．中国影子银行界定及其规模测算——基于信用货币创造的视角［J］．中国社会科学，2015（11）：92-110.

［85］孙博，中国影子银行发展研究［D］．长春：吉林大学位，2016.

［86］史焕平，李泽成．货币政策、影子银行规模增速与经济增长［J］．金融论坛，2015，20（7）：37-48.

［87］沈悦，谢坤锋．影子银行发展与中国的经济增长［J］．金融论坛，2013，18（3）：9-14.

［88］唐安宝，何凌云．中美利率政策产出效应的比较分析：1996—2006［J］．国际金融研究，2007（11）：54-59.

［89］涂晓枫，李政．银行的影子：风险分担还是风险传染［J］．当代经济科学，2016，38（2）：20-29.

［90］万晓莉，郑棣，郑建华，严予若．中国影子银行监管套利演变路径及动因研究［J］．经济学家，2016（8）：38-45.

［91］王博，刘永余．影子银行信用创造机制及其启示［J］．金融论坛，2013，18（3）：3-8.

［92］王浮力，李建军．中国影子银行的规模、风险评估与监管对策［J］．中央财经大学学报，2013（5）：20-25.

［93］王达．论美国影子银行体系的发展、运作、影响及监管［J］．国际金融研究，2012（1）：35-43.

［94］王珏，李丛文．货币政策、影子银行及流动性"水床效应"［J］．金融经济学研究，2015，3（4）：17-31.

［95］王曼怡，张译文．金融深化改革加速进程中我国影子银行的审视与管理［J］．经济学动态，2014（2）：84-90.

［96］王文甫，明娟，岳超云．企业规模、地方政府干预与产能过剩［J］．管理世界，2014（10）：17-36.

［97］王增武．影子银行体系对我国货币供应量的影响——以银行理财产品市场为例［J］．中国金融，2010（23）：30-31.

［98］王召．对中国货币政策利率传导机制的探讨［J］．经济科学，2001（5）：75-84.

［99］王振，曾辉．影子银行对货币政策影响的理论与实证分析［J］．国

际金融研究, 2014 (12): 58 - 67.

[100] 温博慧, 李向前, 袁铭. 中国非银行金融机构系统重要性再评估——基于风险倍率扩增综合指标 [J]. 国际金融研究, 2014 (10): 53 - 63.

[101] 陈守东, 王妍. 我国金融机构的系统性金融风险评估——基于极端分位数回归技术的风险度量 [J]. 中国管理科学, 2014, 22 (7): 10 - 17.

[102] 肖崎, 阮健浓. 我国银行同业业务发展对货币政策和金融稳定的影响 [J]. 国际金融研究, 2014 (3): 65 - 73.

[103] 许少强, 颜永嘉. 中国影子银行体系发展、利率传导与货币政策调控 [J]. 国际金融研究, 2015 (11): 58 - 68.

[104] 鄢莉莉. 金融中介效率对货币政策效果的影响——基于动态随机一般均衡模型的研究 [J]. 国际金融研究, 2012 (6): 4 - 11.

[105] 阎庆民, 李建华. 中国影子银行监管研究 [M]. 北京: 中国人民大学出版社, 2014.

[106] 颜永嘉. 影子银行体系的微观机理和宏观效应——一个文献综述 [J]. 国际金融研究, 2014 (7): 46 - 52.

[107] 杨小平. 我国影子银行体系及影响 [J]. 中国金融, 2012 (16): 71 - 72.

[108] 杨有振, 王书华. 中国上市商业银行系统性风险溢出效应分析——基于 CoVaR 技术的分位数估计 [J]. 山西财经大学学报, 2013, 35 (7): 24 - 33.

[109] 姚余栋, 李法瑾. 中国货币政策传导信贷渠道的经验研究: 总量融资结构的新证据 [J]. 世界经济, 2013, 36 (3): 3 - 32.

[110] 姚余栋, 谭海鸣. 中国金融市场通胀预期——基于利率期限结构的量度 [J]. 金融研究, 2011 (6): 61 - 70.

[111] 易宪容. 美国次贷危机的信用扩张过度的金融分析 [J]. 国际金融研究, 2009 (12): 14 - 23.

[112] 易宪容. 金融监管多元化体系的确立与演进 [A]. 李扬、王国刚、何德旭主编. 中国金融理论前沿 (第三辑) [C]. 北京: 社会科学文献出版社, 2003.

[113] 殷剑峰、王增武. 影子银行与银行的影子 [M]. 北京: 社会科学

文献出版社，2013.

[114] 于建忠，刘海飞，宋素荣. 中国影子银行的行为模型 [J]. 金融研究，2016（2）：163 - 171.

[115] 袁增霆. 中外影子银行体系的本质与监管 [J]. 中国金融，2011（1）：81 - 82.

[116] 中国人民银行合肥中心支行金融稳定处课题组. 金融稳定理事会关于加强影子银行监管的政策建议及对我国的启示 [J]. 金融发展评论，2011（8）：86 - 90.

[117] 中国人民银行调查统计司与成都分行调查统计处联合课题组. 影子银行体系的内涵及外延 [J]. 金融发展评论，2012（8）：61 - 76.

[118] 战明华，张成瑞，沈娟. 互联网金融发展与货币政策的银行信贷渠道传导 [J]. 经济研究，2018，53（4）：63 - 76.

[119] 张明. 中国影子银行：界定、成因、风险与对策 [J]. 国际经济评论，2013（3）：82 - 92.

[120] 张平，周全林. "十三五"时期我国地方政府性债务风险的预测与监控 [J]. 当代财经，2017（2）：22 - 30.

[121] 张同功. 新常态下我国地方政府债务风险评价与防范研究 [J]. 宏观经济研究，2015（9）：134 - 143.

[122] 钟伟，谢婷. 影子银行系统的风险及监管改革 [J]. 中国金融，2011（12）：33 - 35.

[123] 张勇，李政军，龚六堂. 利率双轨制、金融改革与最优货币政策 [J]. 经济研究，2014（10）：19 - 32.

[124] 赵伟，朱永行，王宇雯. 中国货币政策工具选择研究 [J]. 国际金融研究，2011（8）：13 - 26.

[125] 郑兰祥，王三川. 国外金融创新影子银行行为研究综述 [J]. 国际金融研究，2014（11）：67 - 75.

[126] 周莉萍. 影子银行体系的信用创造：机制、效应和应对思路 [J]. 金融评论，2011，3（4）：37 - 53，124.

[127] 周莉萍. 论影子银行体系国际监管的进展、不足、出路 [J]. 国际金融研究，2012（1）：44 - 53.

[128] 周莉萍. 影子银行体系的顺周期性: 事实、原理及应对策略 [J]. 财贸经济, 2013 (3): 71 - 78.

[129] 周小川. 关于改变宏观和微观顺周期性的进一步探讨 [J]. 中国金融, 2009 (8): 8 - 11.

[130] 祝继高, 胡诗阳, 陆正飞. 商业银行从事影子银行业务的影响因素与经济后果——基于影子银行体系资金融出方的实证研究 [J]. 金融研究, 2016 (1): 66 - 82.

[131] 朱孟楠, 叶芳, 赵茜, 王宇光. 影子银行体系的监管问题——基于最优资本监管模型的分析 [J]. 国际金融研究, 2012 (7): 49 - 57.

[132] 庄子罐, 崔小勇, 龚六堂, 邹恒甫. 预期与经济波动: 预期冲击是驱动中国经济波动的主要力量吗? [J]. 经济研究, 2012 (6): 46 - 59.

[133] Adair T., Shadow Banking and Financial Instability [R]. Harvard Law School Forum on Corporate Governance & Financial Regulation, 2012.

[134] Acharya V. V., A Theory of Systemic Risk and Design of Prudential Bank Regulation [J]. Journal of Financial Stability, 2009, 5 (3): 224 - 255.

[135] Acharya V. V., H. Khandwala, and T. S. Oncu, The Growth of a Shadow Banking System in Emerging Markets: Evidence from India [J]. Journal of International Money and Finance, 2013, 39: 207 - 230.

[136] Acharya V. V., L. H. Pedersen, T. Philippon, and M. Richardson, Measuring Systemic Risk [J]. The Review of Financial Studies, 2017, 30 (1): 2 - 47.

[137] Acharya V. V., and T. Yorulmazer, Cash - in - the - Market Pricing and Optimal Resolution of Bank Failures [J]. Review of Financial Studies, 2008, 21 (6): 2705 - 2742.

[138] Adrian T. and H. S. Shin, Money, Liquidity, and Monetary Policy [J]. American Economic Review, 2009, 99 (2): 600 - 605.

[139] Adrian T. and H. S. Shin, The Shadow Banking System: Implications for Financial Regulation [J]. Staff Reports, 2009, 13.

[140] Adrian T. and H. S. Shin, Liquidity and Leverage [J]. Staff Reports, 2010, 19 (3): 418 - 437.

[141] Akhter S. , K. Daly, Contagion Risk for Australian Banks from Global Systemically Important Banks: Evidence from Extreme Events [J]. Economic Modelling, 2017, 63: 191 –205.

[142] Andrew Sheng, A. , "The Erosion of US Monetary Policy Management Under Shadow Banking", 2011, Thailand : International Conference on Business and Information.

[143] Angeloni I. , Faia E. , and Duca M. L. , Monetary Policy and Risk Taking [J]. Journal of Economic Dynamics and Control, 2015, 52: 285 –307.

[144] Bai C. E. , C. T. Hsieh, and Z. M. Song, Chang T H, Zheng S, The Long Shadow of a Fiscal Expansion [J]. Brookings Papers on Economic Activity, 2016 (60): 309 –327.

[145] Ban C. , Gabor D, The Political Economy of Shadow Banking [J]. Review of International Political Economy, 2016, 23 (6): 901 –914

[146] Billio M. , M. Getmansky, A. W. Lo, and L. Pelizzon, Econometric Measures of Connectedness and Systemic Risk in the Finance and Insurance Sectors [J]. NBER Working Papers, 2012, 104 (3): 535 –559.

[147] Binswanger M, The Finance Process on a Macroeconomic Level from a Flow Perspective: A New Interpretation of Hoarding [J]. International Review of Financial Analysis, 1997. 6 (2): 107 –131.

[148] Bollerslev T, Generalized Autoregressive Conditional Heteroscedasticity [J]. Journal of Econometrics, 1986 (3): 307 –327.

[149] Canvoa F. , Modelling and Forecasting Exchange Rates with a Bayesian Time – Varing Coefficient Model [J]. Journal of Economic Dynamics and Control, 1993, 17 (1): 233 –261.

[150] Cetorelli N. , and P. F. Peretto, Credit Quantity and Credit Quality: Bank Competition and Capital Accumulation [J]. Journal of Economic Theory, 2012, 147 (3): 967 –998.

[151] Chen K, J. , Ren, and T. Zha, The Nexus of Monetary Policy and Shadow Banking in China [J]. American Economic Review, 2018, 108 (12): 3891 –3936.

[152] Claessens S. , A. Kose, and M. E. Terrones, What Happens During Recessions, Crunches and Busts? [J]. Economic Policy, 2009, 24 (60): 653 – 700.

[153] Claessens S. , Z. Pozsar, L. Ratnovski, and M. Singh, Shadow Banking: Economics and Policy [J]. Imf Staff Discussion Notes, 2012, 12 (12).

[154] Crotty J. R. , and G. Epstein, Proposals for Effectively Regulating the U. S. Financial System to Avoid yet another Meltdown [J]. Working Papers, 2008, 86 (273): 178 – 184.

[155] Diamond D. W. , and P. H. Dybvig, Bank Runs, Deposit Insurance and Liquidity [J]. Journal of Political Economy, 1983, (91).

[156] Dib A. , Banks, Credit Market Frictions, and Business Cycles [R]. Bank of Canada Working Paper, No. 24, 2010.

[157] Diebold F. X. , and K. Yilmaz, On the Network Topology of Variance Decompositions: Measuring the Connectedness of Financial Firms [J]. Journal of Econometrics, 2014, 182 (1): 119 – 134.

[158] Duca J. V. , How Capital Regulation and Other Factors Drive the Role of Shadow Banking in Funding Short – term Business Credit [J]. Journal of Banking and Finance, 2015, 69: 10 – 24.

[159] Elliott D. J. , Kroeber A. R, and Yu Q. Shadow Banking in China: A primer [J]. General Information, 2015.

[160] Eugene Ludwig, Shadow Banking Will Flourish as Dodd – Frank Squeezes Banks [J]. American Banker: Bank Think, 2011 (7): 15.

[161] Fang L. , B. Q. Xiao, H. H. Yu, and Q. X. You, A Stable Systemic Risk Ranking in China's Banking Sector: Based on Principal Component Analysis [J]. Physica A: Statistical Mechanics and Its Applications, 2018, 492: 1997 – 2009.

[162] Fang L. , B. B. Sun, H. J. Li, and H. H. Yu, Systemic Risk Network of Chinese Financial Institutions [J]. Emerging Markets Review, 2018.

[163] FCIC. Shadow Banking and the Financial Crisis [R]. Preliminary Staff Report, May 4, 2010.

[164] Financial Stability Board. Global Shadow Banking Monitoring Report [R]. 2016.

[165] Financial Stability Board. Shadow Banking: Strengthening Oversight and Regulation [R]. 2011.

[166] Funke M., P. Mihaylovski, and H. Zhu, Monetary Policy Transmission in China: A DSGE Model with Parallel Shadow Banking and Interest Rate Control [J]. Social Science Electronic Publishing, 2015.

[167] Gandel S. Is Dodd – Frank Reviving the Shadow Banks? [J]. Time, Jun, 2011, 27.

[168] Gennaioli N., A. Shleifer, and R. W. Vishny, A Model of Shadow Banking [J]. The Journal of Finance, 2013, 68 (4): 1331 –1363.

[169] Goel R., and M. A. Nelson, Shining a Light on the Shadows: Identifying Robust Determinants of the Shadow Economy [J]. Economic Modelling, 2016, 58: 351 –364.

[170] Gorton G., A. Metrick, A. Shleifer, and D. K. Tarullo, Regulating the Shadow Banking System [J]. Brookings Papers on Economic Activity, 2010, 41 (41): 261 –312.

[171] Gorton G. B., and A. Metrick, Securitized Banking and the Run on Repo [J]. Journal of Financial Economics, 2012, 104 (3): 425 –451.

[172] Gross, Beware Our Shadow Banking System [J]. Fortune Magazine, 2007: 11 –28.

[173] Hardle W. K., W. N. Wang, and L. N. Yu, Tenet: Tail – event Driven Network Risk [J]. Journal of Econometrics, 2016, 192 (2): 499 –513.

[174] Harris M., C. C. Opp, and M. M. Opp, Higher Capital Requirements, Safer Banks? Macroprudential Regulation in a Competitive Financial System [J]. Macroprudential Regulation in a Competitive Financial System (March 11, 2014).

[175] Hassani B. K., Leveraging Extreme Value Theory [M]. Scenario Analysis in Risk Management. Springer, Cham, 2016: 69 –80.

[176] Hindriks J., K. Michael, and M. Abhinay, Corruption, Extortion and Evasion [J]. Journal of Public Economics, 1999, 74 (3): 395 –430.

　　［177］Hong Y. , Y. H. Liu, and S. Wang, Granger Causality in Risk and De-tection of Extreme Risk Spillover Between Financial Markets［J］. Journal of Econo-metrics, 2009, 150（2）: 271 –287.

　　［178］Huang X. , H. Zhou, and H. Zhu. , A Framework for Assessing the Systemic Risk of Major Financial Institutions［J］. Journal of Banking and Finance, 2009, 33（11）: 2036 –2049.

　　［179］Iacoviello, M. , House Prices, Borrowing Constraints, and Monetary Policy in the Business Cycle, American Economic Review, 2005, 95（3）: 739 –764.

　　［180］Iacoviello M. , Neri S. , Housing Market Spillovers: Evidence from an Estimated DSGE Model［J］. American Economic Journal: Macroeconomics, 2010, 2（2）: 125 –164.

　　［181］Igan D. , A. Kabundi, F. N. D. Simone, and N. Tamirisa. Monetary Policy and Balance Sheets［J］. Journal of Policy Modeling, 2017, 39（1）: 169 –184.

　　［182］International Monetary Fund, Global Financial Stability Report: Mov-ing from Liquidity – to Growth –Driven Markets［R］, 2014.

　　［183］Kim S. , N. Shephard, and S. Chib, Stochastic Volatility: Likelihood Inference and Comparison with ARCH Models［J］. Review of Economic Studies, 1998, 65（3）: 361 –393.

　　［184］Koliai L. , Extreme Risk Modeling: An EVT –pair –copulas Approach for Financial Stress Tests［J］. Journal of Banking and Finance, 2016, 70: 1 –22.

　　［185］Leamer E. E. , Housing Is the Business Cycle［R］. National Bureau of Economic Research, No. 13428, 2007.

　　［186］Liu C. , Ou Z. , What Determines China's Housing Price Dynamics? New Evidence from a DSGE – VAR［R］. Cardiff Economics Working Papers, 2017.

　　［187］Ludwig E. A. , Assessment of Dodd – FrankFinancial Regulatory Re-form: Strengths, Challenges, and Opportunities for a Stronger Regulatory System

［J］. Yale J. on Reg. , 2012, 29: 181.

［188］ López – Espinosa G. , A. Moreno, A. R. Serrano, and L. Valderrama, Short – term Wholesale Funding and Systemic Risk: A Global CoVaR Approach ［J］. Journal of Banking and Finance, 2012, 36 （12）: 3150 – 3162.

［189］ Mathis J. , J. McAndrews, and J. C. Rochet, Rating the Raters: Are Reputational Concerns Powerful Enough to Discipline Rating Agencies? Journal of Monetary Economics, 2009, 56: 657 – 674.

［190］ Meeks, R. , B. Nelson, P. Alessandri, Shadow Banks and Macroeconomic Instability ［R］. Working Paper No. 487, 2014.

［191］ Mistrulli P. E. , Assessing Financial Contagion in the Interbank Market: Maximum Entropy Versus Observed Interbank Lending Patterns ［J］. Journal of Banking and Finance, 2011, 35 （5）: 1114 – 1127.

［192］ Moenninghoff S. C. , S. Ongena, and A. Wieandt, The Perennial Challenge to Counter Too – Big – to – Fail in Banking: Empirical Evidence from the New International Regulation Dealing with Global Systemically Important Banks ［J］. Journal of Banking and Finance, 2015, 61: 221 – 236.

［193］ Müller J. Interbank Credit Lines as a Channel of Contagion ［J］. Journal of Financial Services Research, 2006, 29 （1）: 37 – 60.

［194］ Nakajima J. , Time – Varying Parameter VAR Model with Stochastic Volatility: an Overview of Methodology and Empirical Application ［J］. Monetary and Economic Studies, 2011, 29 （11）: 107 – 142.

［195］ Nelson B. , G. Pinter, and K. Theodoridis, Do Contractionary Monetary Policy Shocks Expand Shadow Banking ［R］. CEF. UP Working Paper, 2015, No. 521.

［196］ Nicola C. , and S. Peristiani, The Role of Banks in Asset Securitization ［J］. Federal Reserve Bank of New York Economic Policy Review, 2012.

［197］ Paul Tucker, Shadow Banking, Financing Markets and Financial Stability ［R］. Bernie Gerald Cantor （BGC） Partners Seminar, 2010.

［198］ Peery J. S. , Book Reviews: Money in a Theory of Finance. By JOHN G. GURLEY and EDWARD S. SHAW. ［J］. Political Research Quarterly, 1960,

13 (3): 812 – 814.

[199] Plantin G. , Shadow Banking and Bank Capital Regulation [J]. Review of Financial Studies, 2015, 28 (1): 146 – 175.

[200] Pozsar Z. , T. Adrian, Ashcraft A. , H. Bosky, Federal Reserve Bank of New York Staff Reports Shadow Banking [J]. Economic Policy Review, 2010, 55 (6): 774 – 798.

[201] Pozsar Z. Shadow Banking: The Money View [J]. Social Science Electronic Publishing, 2014.

[202] Primiceri G. E. , Time Varying Structural Vector Autoregressions and Monetary Policy [J]. Review of Economic Studies, 2005, 72 (3): 821 – 852.

[203] Rydstrom B. , and Richard I. Coping with the National Mortgage: Meltdown and the Collapse of the Shadow Banking System [J]. USA Today Magazine, 2007 (11).

[204] Reboredo J. C. , and A. Ugolini, Systemic Risk in European Sovereign Debt Markets: A CoVaR – Copula Approach [J]. Journal of International Money and Finance, 2014, 51: 214 – 244.

[205] Reinhart C. , and Rogoff K. S. , Is the 2007 Subprime Financial Crisis So Different? An International Historical Comparison [R]. NBER Working Paper, 2008, 137.

[206] Richard J. R. Too Much Right Can Make Wrong: Setting the Stage for the Financial Crisis [R]. Federal Reserve Bank of Chicago, 2009.

[207] Schwarcz, S. L. , Regulating Shadow Banking [J]. Review of Banking and Financial Law, 2012, 3: 619 – 641.

[208] Sheng A. , "The Erosion of US Monetary Policy Management Under Shadow Banking", Thailand : International Conference on Business and Information, 2011.

[209] Shin H. S. Securitisation and Financial Stability [J]. The Economic Journal, 2009, 119 (536): 309 – 332.

[210] Stein J. C. Securitization, Shadow Banking & Financial Fragility [J]. Daedalus, 2010, 139 (4): 41 – 51.

[211] Sunderam A. , Money Creation and the Shadow Banking System [J]. Review of Financial Studies, 2015, 28 (4): 939 – 977.

[212] Turner A. Shadow Banking and Financial Instability [C]. Speech at CASS Business School, 2012.

[213] Upper C. , Simulation Methods to Assess the Danger of Contagion in Interbank Markets [J]. Journal of Financial Stability, 2011, 7 (3): 111 – 125.

[214] Valencia, F. , Monetary Policy, Bank Leverage, and Financial Stability [J]. Journal of Economic Dynamics and Control, 2014, 47: 20 – 38.

[215] Verona F. , Martins M. M. F. , and I. Drumond, Monetary Policy Shocks in a DSGE Model with a Shadow Banking System [R]. Bank of Finland Research Discussion Papers, No. 56, 2013.

[216] Wang G. J. , C. Xie, K. He, and H. E. Stanley, Extreme Risk Spillover Network: Application to Financial Institutions [J]. Quantitative Finance, 2018, 17 (9): 1 – 23.

[217] Wang G. J. , Z. Q. Jiang, M. Lin, C. Xie, and H. E. Stanley, Interconnectedness and Systemic Risk of China's Financial Institutions [J]. Emerging Markets Review, 2018, 35: 1 – 18.